우리말로 쓰는 영단어

손길영 교수/저

서림문화사

각 항목의 표제어는 「국어 사전」의 맞춤법에 따라 가,나,다 순으로 배열하였다. 여기서 취급한 모든 낱말에는 한 두개의 활용 예문을 첨가했는데 이 예문은 모두 영영사전, 영어 명문집, 또는 영문 일간지나 잡지에 실린 글들로 모두 살아있는 영어이며 외워두면 아주 유익하리라 믿는다.

머리말

　최상의 교수법은 학생들을 「아는 데서 모르는 데로 이끄는 것이다」라고 어느 세계적 석학은 갈파했다.
　가령 중학교에 갓 입학한 여학생에게 「립스틱」이 뭔지 아느냐고 묻는다면 「물론 알죠. "립스틱 짙게 바르고"라는 노래도 있잖아요? 입술에 바르는 연지를 말하죠」라고 대답할 것이다. 그러면 이렇게 덧붙일 수 있다.「그래. '립'은 입술이란 뜻이고 '스틱'은 막대기란 뜻이지. 입술에 바르는 막대기란 말이다. '스틱'은 막대기란 뜻에서 '지팡이'를 말하기도 하지.」아마도 이 여학생은 립(=lip)과 스틱(stick)이란 두 영어 낱말을 평생 잊지 않을 것이다.
　신문 기사나 텔레비전의 방송에서 '덩크숏'이란 글과 말을 대할 때마다 귀에 거슬린다. 영어로 dunk shot일 뿐 아니라 우리 국어 사전에도 엄연히 '덩크숏'이라 나와 있는데 왜 기자나 아나운서가 자꾸 말을 비틀어버리는지 모르겠다.
　우리말에 섞어 쓰는 영어 낱말의 수효는 일일이 열거할 수 없을 만큼 많다.
　현대화⇒국제화⇒세계화의 과정을 거치면서 부지부식간에 국제어인 영어가 우리말 속에 큰 자리를 차지했고 계속 그 자리를 넓혀가고 있다.
　텔레비전이나 일간 신문에 「옴브즈맨코너」란 난이 있는데 이 난에서 「시청자나 독자의 불만 사항」을 보도하고 있다. 영미인들도 알기 힘든 이 ombudsman [ɔ́mbuzmən] 이란 낱말은 원래 스웨덴어로「정부에 대한 민원(民怨)을 조사하는 관리」를 말한다. 이런 낱말에 대한 적절한 우리말이 과연 없는가 하는 문제는 여기서 논외로 하고 여러 매스컴이 자기들의 어학 실력을 과시라도 하듯이 마구 양산하는 외래어를 우리는 어쩔 수 없이 쫓아가지 않을 수 없다는 것이 현실이다.

그러나 이 책은 매스컴이 다루는 생소한 영어 낱말의 해설서는 아니다. 기왕 알고 있는 영어 낱말의 정확한 의미, 그 말이 생겨난 연유, 그 낱말이 파생한 또 다른 낱말을 알아봄으로써 영어의 어휘력을 향상시키고 영어에 대한 자신감을 갖게 하려는데 그 목적이 있다. 기왕 알고 있는 낱말이 실제 영미인들이 어떻게 쓰고 있는가를 알려 주고 싶은 것이다.

아무리「영어는 자신이 없고 소질도 없다」는 사람이라 할지라도 그가 고교 졸업 수준의 우리말 실력이 있다면 최소한 1,000개 이상의 영어 낱말을 우리말에 섞어 쓸 것이다. 자신도 모르게 알고 있는 이 어휘를 사장시키지 말고 흥미를 갖고 개발한다면 별로 큰 수고없이 자신의 영어 실력을 향상시킬 수 있으리라는 필자의 확신이 이 책을 집필하게 만들었다.

다시 강조하지만 여러분이 알고 있는 지식을 발굴하여 다듬고 가꾸기만 해도 큰 수확이 된다는 것을 명심하기 바란다.

손길영

차례

가십/15
가이드/16
개그맨/17
개런티/17
갤러리/18
갭/18
게이지/19
골/19
그래픽/20
그랜드슬램/21
그로기/21
그로테스크/22
그린벨트/23
껌/23

냅킨/26
넌센스/27
네거티브/27
네글리제/28
네트워크/29
니힐리즘/29

다이너마이트/31
다이어트/31
다이얼로그/32
다크호스/33
닥터/33
댄스파티/35
덤프트럭/35
덩크숏/37
데마고그/37
데모/38
데이트/39
데카당/39
델리키트/40

도그매틱/40
도넛/41
도미노/42
돈가스/43
돌핀/43
듀스/44
드레싱/44
디렉토리/45
디스카운트/46
디스코테크/47
디스크자키/47
디스플레이/48
디지털/48
디렉터/49
디펜스/50
딜레마/52
딴따라/53

나르시시즘/25
나래이터/26

라벨/55
라운지/56

라이벌 /56	로케이션 /73	
라이브 /57	로켓 /74	
라이센스 /57	로큰롤 /74	
라인업 /58	로테이트 /75	
라커룸 /58	롤백 /76	마니아 /89
라켓 /59	롱런 /76	마담 /90
랑데부 /59	루머 /77	마스코트 /90
랠리 /60	루즈 /77	마에스트로 /91
램프 /61	루키 /78	마이크 /91
램 /62	루프 /79	마트 /92
레디메이드 /62	룸펜 /79	말라리아 /92
레모네이드 /63	르네쌍스 /80	매거진 /94
레미콘 /63	리그 /81	매너리즘 /94
레이더 /64	리모콘 /81	매니저 /95
레이스 /65	리바운드 /82	매니큐어 /96
레이저 /65	리베이트 /82	매머드 /96
레인지 /66	리사이틀 /83	매스 미디어 /97
레저 /67	리스 /84	매저키즘 /98
레크리에이션 /68	리스크 /84	매직 넘버 /99
레토릭 /68	리콜 /85	매트 /99
레퍼터리 /69	리포트 /86	맥시멈 /100
레포츠 /69	리허설 /86	맨션 /101
렌터카 /70	런치 /87	맨홀 /101
로맨스 /70	렁과 링크 /88	머플러 /102
로봇 /71		멀티미디어 /102
로비 /71		메가톤 /103
로열티 /72		메뉴 /104
		메달 /104

매들리/105
메리트/106
메시지/107
메이크업/107
메인 샤프트/108
멤버/109
모노레일/110
모니터/111
모델/111
모랄/113
모멘트/113
모빌/114
모션/115
모텔/115
모토/116
미네랄/116
미니멈/117
미디 스커트/118
미스테리/119

바베큐/123
바벨/124
바인더/125
바자/125
바캉스/126
바터/126
바텐더/127
발렌타인 데이/128
발리볼/130
밤퍼/130
배럴/131
배터리/132
배턴/132
백미러/133
밴드/134
뱀파이어/134
버라이어티쇼/135
버클/136
베레/137
베일/137
벤처/138
보너스/139
보닛/140
보이콧/140
볼륨/141
볼링/142
부로슈어/143

부르주아/143
부메랑/144
부티크/145
붐/145
뷔페/145
브로커/146
브리핑/147
블랭킷/147
블로킹/148
비디오/149
비스타 비젼/151
비엔날레/151
비키니/152
비타민/152
빔/155
빵꾸/155
삐삐/156

바겐세일/121
바로미터/122
바로크/122
바리케이드/123

사디즘/157
사보타즈/158
사이코 드라마/159
사인/161
사파리/163
샌드위치/164

샐러리맨/165
서클/168
센서스/173
센스/174
셀프서비스/176
소프트웨어/177
쇼맨십/177
쇼비니즘/178
쇼맨십/178
슈퍼마켓/178
스모그/180
스릴/180
스위치/181
스위트 룸/181
스카우트/182
스케일/183
스케치/184
스퀴즈 플레이/185
스크랩/185
스크립트/186
스타일/189
스태프/190
스테그플레이션/191
스테미너/191
스테인/192
스트레스/193
스트립 쇼/194

스티커/195
스파링/195
스파이/196
스페어/198
스펙터클/199
스포츠/201
스포트 라이트/202
스프레이/202
슬럼프/204
슬로건/205
시나리오/206
시니컬/206
시디(CD)/207
시리즈/208
시뮬레이션/208
시시TV/209
시엠/210
신드롬/210
싱크/211
싱크로나이즈/211

아가페/213
아나키즘/214
아날로그/214

아라베스크/215
아르바이트/216
아마추어/216
아이디어/218
아이러니/219
아니큐/219
아지트/220
아카데미/221
아케이드/222
아킬레스건/222
알레르기/223
알리바이/224
앙상블/229
앙코르/229
애니메이션/230
애드벌룬/230
엑세서리/231
앨범/232
앰뷸런스/232
앰프/233
앵커맨/234
어시스트/235
어패럴/235
언더파/236
에고이즘/236
에너지/237
에러/238

에로틱/238
에센스/239
에스오시/240
에이스/240
에티켓/241
에피소드/241
에필로그/242
엑기스/243
엑스포/243
엔트리/244
엘리베이터/245
엘리트/245
엠시/246
오디오/247
오르가즘/247
오리지널/248
오버램/248
오소독스/249
오케이/250
오토바이/251
오퍼/251
오페라/252
오펜스/253
오프더레코드/254
옴니버스/254
옵션/255
와인/256

워크숍/257
워터루프/257
위트/258
유니폼/260
이니시어티브/261
이미지/262
이미테이션/263
이벤트/263
이슈/265
이퀄/265
인센티브/266
인스턴트 푸드/267
인스퍼레이션/268
인큐베이터/264
인터넷/270
인프라/271
인플레/271
인플루엔자/272
일렉트론/274
임포/275

장르/277
재킷/282
저널리즘/283

점퍼/284
제스처/284
조깅/285
조인트/286
징크스/286

채널/287
체크/288
치어걸/288

카니발/289
카르텔/290
카리스마/291
카메라/292
카무플라즈/292
카버/293
카운슬러/293
카운터/294
카운터블로/294
카지노/297
카탈로그/298

카피라이터/298
카피라이트/299
칵테일/299
간초네/301
칼럼니스트/301
캐디/302
캐비닛/302
캐스트/303
캐주얼웨어/304
캐터필러/305
캔버스/306
캠페인/306
캡션/307
커넥션/308
커닝/309
커리어/309
커미션/312
커브/313
컨덕터/314
컨베이어/315
컨테이너/315
컴퓨터/318
컴프레서/319
케첩/320
코멘트/321
코아/322
코오디네이터/324

콘덴서/325
콘돔/326
콘사이스/326
콘택트 렌즈/328
콘테스트/329
콤비/330
콤플렉스/331
퀴즈/333
큐/333
크랭크 인/334
크레디트 카드/335
크로스바/336
클라이맥스/336
클래식/337
클러치/338
클럽/339
클레이 피전/339
클레임/340
클로스업/341
클리닉/341
클런치/342

E

타블로이드/343
타이/343

타임 캡슐/344
타임/345
태클/346
탤런트/346
탭댄스/347
터미널/347
터부/348
테러/349
테마/351
테크노크라트/352
텍스트/353
텔레파시/353
템포/354
토너먼트/355
토스/355
토익/356
토일렛/356
토큰/358
토플/358
톨게이트/359
투어/359
트랙/360
트랜스미션/361
트러스/363
트렁크/363
트레이너/364
트레이드/364

트레이드 마크/365
트레일러/366
티슈 페이퍼/366
팀/367

페스티벌/382
페이퍼 백/383
펜팔/384
펩시/383
포럼/385
포르노/385
포인트/386
포즈/387
포지티브/388
포파이/389
퓨즈/389
프라이버시/390
프렌차이즈/391
프로/391
프로젝트/392
프로펠러/394
프리랜서/395
프로필/395
프리미엄/396
플라스틱/397
피겨스케이팅/397
피날레/398
피드백/400
피알/400
피켓/401
픽션/401
핀치/403

필하모닉/403

하드웨어/405
하이라이트/406
하이잭/406
핫머니/407
해커/408
핸들/408
핸디캡/409
햄버거/410
행커치프/410
호모/411
호스텔/412
호치킷스/413
호프/413
히스테리/414
히트/414
힌트/415

파노라마/369
파마/370
파울볼/370
파일/371
파일럿/372
파티/373
판타롱/374
판토마임/374
팡파르/375
패널/376
패러독스/376
패키지 투어/377
팩스/377
펍/378
페넌트/379
페널티/380
페달/381
페미니즘/381

13

가십 (gossip)

「잡담, 뜬소문 이야기」 등으로 우리말에 자주 섞어 쓰는 이 「가십」의 영어 철자와 발음은 gossip[gásip]인데 이 낱말은 「세례의 대부모(=godparent)」를 뜻한 고대 영어 godsibb의 변형이다.

「세례의 대부모」는 「아주 친밀한 사이」이고 이것이 「아주 친한 사람끼리의 한담」으로 발전했다.

- The old ladies like to sit and gossip about the new neighbors.
  (노파들은 앉아서 새로 이사온 이웃 사람들에 대한 잡담하기를 좋아한다.)

◆ 「신문의 가십란」을 gossip column이라 하며 「가십하기를 좋아하는 사람」을 gossipmonger[gásipmʌ́ŋgər]라 한다.

가이드 (guide)

「안내자」를 뜻하는 이 guide[gaid]가 동사로 쓰이면 「안내하다」, 「지도하다」 등으로 쓰인다.

- The President skillfully guided the country through a difficult period.
  (대통령은 이 나라를 이끌고 어려운 시기를 헤쳐나갔다.)

  ◆ guide와 guard, guardian을 혼돈해서는 안된다.
  guard[gɑːrd]는 「경비병」 또는 「경계」, 「감시하다」를 뜻하며 guardian[gɑ́ːrdiən]은 「보호자, 후견인」을 뜻한다.

- Keep a guard over your tongue.
  (네 혀를 잘 감시하라.)

- A minister or priest is considered a guardian of the faith.
  (목사나 신부는 신앙의 수호자로 생각된다.)

  ◆ guide의 추상명사는 guidance[gáidəns]로 「안내, 지도」를 뜻한다.

- Common sense is usually our best guidance in difficult situation.
  (어려운 상황에서는 상식이 통상 최고의 지침이다.)

개그맨 (gagman)

「개그하는 사람」을 말하는데 gag란 임기 응변으로 나타내는 「익살·우스갯소리」로 사전에 준비된 대사에 따라 연출하는 「우스운 연극」인 코미디(=comedy)와는 약간 다르다. 그런데 이 gag의 원래 뜻은 「재갈」, 「입마개」 또는 「언론 탄압」으로 여기서 여러 과정을 거쳐 「임기 응변의 익살」로 변천했다.

- The robbers tied the watchman's arms and gagged his mouth.
  (강도들은 감시인의 양팔을 묶고 입에 재갈을 물렸다.)
- The clown's gags made the audience laugh.
  (그 광대의 개그가 청중을 웃겼다.)
- Even when he quit gagging, his audience kept on laughing.
  (그가 개그를 그쳤을 때에도 청중은 웃음을 계속했다.)

개런티 (guarantee)

배우가 받는 「출연료」를 말하는 이 guarantee[gærəntíː]의 원뜻은 「보증, 담보」 또는 「보증하다」이다. 따라서 이 「개런티」의 참뜻은 「최저 금액을 보장하는 출연료」가 되겠다.

- Wealth does not gurantee happiness.
  (부가 행복을 보장하지 않는다.)

갤러리 (gallery)

「미술관, 화랑(畵廊)」의 뜻으로 흔히 사용되는 이 gallery [gǽləri]의 원뜻은 「좁고 긴 복도」를 말한다. 때로는 「아래로 큰 홀을 내려다 보는 발코니」를 말하기도 한다.

- The pictures were hung on the walls of the gallery.
  (화랑의 벽에 그림들이 걸려 있었다.)

- Visitors to the Senate sit in the gallery and are not permitted on the floor when it is in session.
  (상원을 방문한 사람들은 상층 발코니의 방청석에 앉으며 회기 중에는 아래의 본회의실에 들어갈 수 없다.)

    ◆ 이 gallery에서 r자가 빠진 galley[gǽli]는 「옛날 노예들이 노를 젓는 큰 돛배의 전함」 즉 「갤리선」을 말한다.

- You can see the picture of a galley in that gallery.
  (당신은 저 화랑에서 갤리선의 그림을 볼수 있습니다.)

갭 (gap)

「그 두 사람은 감정의 갭이 너무 넓어 화해시키기 어렵다」라 할 경우에 쓰인 이 gap[gæp]은 「갈라진 틈」「(성격 등의) 큰 차이」를 말한다.

- There still exists in general a wide gap between the empirical facts of chemistry on one side, and the

fundamental laws of physics on the other.
(한편에서 행한 화학의 실험적 사실과 또 다른 쪽의 기본적 물리학의 법칙 사이에는 일반적으로 넓은 차이가 아직도 존재한다.)

게이지 (gauge)

「계기(計器)」를 일컫는 이 낱말의 영어 철자와 발음은 gauge [geidʒ]이다. 원뜻은 「표준」 또는 「표준 치수」를 말한다. 동사로 쓰이면 「재다, 측정하다」를 뜻한다.

- Gauges are used to measure such quantities as pressure, temperature, water level and thickness.
  (게이지는 압력, 온도, 수위와 두께 등의 수량 측정을 위해 사용된다)

- It's difficult to gauge the character of a stranger.
  (낯선 사람의 성격을 측정하기란 어렵다.)

  ◆ 이 낱말과 비슷한 꼴을 한 것에 gauze[gɔːz]가 있다. 우리 발음으로는 「가제」라 한다. 「얇은 천」을 처음 만든 팔레스타인의 Gaza란 마을 이름에서 생겼다.

골 (goal)

「농구나 축구에서의 득점」을 말하는 이 goal[goul]은 「목표, 목적지」의 뜻으로도 많이 쓰인다.

- The goal of his ambition was to be a great doctor.
  (그가 품은 야망의 목적은 위대한 의사가 되는 것이었다.)
- The other team beat us by six goals to two.
  (상대팀이 우리 팀을 6대 2의 점수로 이겼다.)

그래픽 (graphic)

「사진·그림을 주로 한 출판물」 또는 「화보(畵報)」를 말할 때 흔히 쓴다.

원래 이 **graphic**[ɡrǽfik]은 graph(=도표)의 형용사로 「도표의」 또는 「묘사적인」을 말한다.

graphic arts는 「일정한 평면에 문자·그림 등을 표시·장식·인쇄하는 기술 또는 예술」을 말하며 이런 기술을 활용한 「상업 디자인」을 **graphic design**이라 한다.

graphics[ɡrǽfiks]는 「제도법, 도학(圖學)」을 말하며 특히 「컴퓨터의 출력을 브라운관에 표시하여 다시 그것을 light pen등으로 조작하는 기술」을 말한다.

- The principal kept a graphic record of school attendance for a month.
  (교장선생님은 한 달간의 학교 출석에 대해 도표상의 기록을 유지했다.)
- The returned soldier gave a graphic account of a battle.
  (그 귀환한 용사는 어느 전투의 생생한 설명을 했다.)

그랜드 슬램 (grand slam)

「골프·테니스에서 그 시즌의 주요 경기를 모두 이겨 재패하는 일」을 말한다. 이것이 다른 경기에도 쓰이게 되어「바둑 황제 조훈현이 각종 국제 기전을 휩쓴 그랜드 슬램의 위업을 이루었다」등으로 말한다.

이 grand slam의 grand[grænd]는「웅장한」의 뜻이고 slam[slæm]은「쾅하는 소리」또는「쾅 닫다」의 뜻이다. 따라서 grand slam은 모두가 깜짝 놀랄 정도의「큰 소리」를 말한다.

■ In golf, Bobby Jones scored a grand slam when he won all the major championships in one year.
(골프에서 보비 존스는 한 해에 모든 중요한 시합에 우승하여 그랜드 슬램을 기록했다.)

◆「웅장한」을 뜻하는 grand에서 생긴 낱말로 중요한 것에 grandeur[grǽndʒər]가 있다. 우리나라의 고급 승용차이기도 한 이 낱말의 뜻은「위대함」,「웅장함」또는「위엄」을 말한다.

◆「대상(=great prize)」을 뜻하는 grand prix[grάːn príː]는 우리말에서도「그랑프리」라 섞어쓰고 있다.

그로기 (groggy)

권투에서 상대방에게 얻어맞아「비틀거리는」상태를 나타내는 말로 철자와 발음은 groggy[grɔ́gi]이다.

이 낱말은「물탄 럼주」를 가리키는 grog[grog]의 파생어로「마치 술에 취한 듯한」상태를 말한다.

■◆ A blow on the head made him groggy.
(머리에 한방 맞자 그는 비틀거렸다.)

그로테스크 (grotesque)

인간과 동물과 식물의 공상적 형상을 결합시킨 미술 용어로 「**괴상한, 기괴한**」의 뜻으로 자주 쓰인다. 이 **grotesque**[grou-ték]는 「동굴」을 뜻하는 **grotto**[grɔ́tou]에서 파생된 것으로 「동굴 속의 괴상한 그림」의 뜻을 내포하고 있다.

■◆ The book has pictures of hideous dragons and other grotesque monsters.
(이 책은 무서운 용들과 기타 기괴한 괴물들의 그림이 있다.)

그린벨트 (green belt)

「**녹색 지대**」를 뜻하는 이 **green belt**의 **belt**는 「안전 벨트」처럼 「띠, 멜빵」의 뜻으로도 쓰이고 **the cotton belt**처럼 「지대」의 뜻으로도 쓰인다.

■◆ The cotton belt is the region where mostly cotton is grown.
(목화벨트란 주로 목화가 재배되는 지역이다.)

●✦ A belt connected to the motor moves the fan in an automobile.
(모터에 연결된 벨트는 자동차의 팬을 돌린다.)

　　　◆ 이 belt가 동사로 쓰이면 「띠를 매다」가 된다.

●✦ She belted her dress.
(그녀는 옷에 벨트를 매었다.)

껌 (gum)

「씹는 고무」란 뜻의 chewing gum의 gum[gʌm]을 된소리로 발음하여 「껌」이 되었다.

이 gum은 「고무질」의 뜻 외에 「잇몸」의 뜻도 있다.

●✦ Gum is used for sticking paper and other things together.
(고무질은 종이나 기타 물질을 서로 붙이는데 사용된다.)

●✦ Gummed tape will hold the box together.
(고무질 테이프는 그 상자를 붙들어 맬 것이다.)

●✦ He chewed a mouthful of meat but it was too much to swallow.
(그는 한 입 가득히 고기를 씹었으나 삼키기에는 너무 많았다.)

나르시시즘 (narcissim)

「자기 도취증」을 narcissim[nάːrsəsizm]이라 하고 그런 증세에 빠진자 즉 「자기 도취자」를 narcissist라 한다. 이 낱말은 희랍 신화에 나오는 미모의 청년 Narcissus[nɑːrsísəs]가 물에 비친 자신의 모습에 반하여 빠져 죽어 수선화가 되었다는 이야기에서 유래한 것이다. 따라서 소문자로 시작하는 narcissus는 「수선화」를 뜻하기도 한다.
narcissistic (자기 도취증의)의 형용사 형태로도 자주 쓰인다.

> ●◆ The child comes to admire himself, that is, becomes exhibitionistic and narcissistic.
> (자신을 스스로 칭찬하는 아이는 자기 과시적이고 자기 도취적이 되기가 쉽다.)

내레이터 (narrator)

「(영화·방송·연극 등에서)줄거리를 말하는 사람」을 일컫는 narrator[nǽreitər]는 「narrate하는 사람」을 뜻한다.

narrate는 「이야기하다」를 말하고 narration은 「서술, 화법, 이야기」를 말하며 narrative[nǽrətiv]는 「이야기체의, 화술의」 또는 「이야기, 스토리」를 말한다.

- His experience in the Near East made an interesting narrative.
  (근동에서 겪은 그의 경험은 흥미있는 이야기가 되었다.)
- His narration of his trip was interesting.
  (그의 여행담은 재미있었다.)

냅킨 (napkin)

「식탁용 수건 또는 종이」를 말하는 이 napkin[nǽpkin]을 영국에서는 「기저귀(=diaper)」의 뜻으로도 쓴다.

다음 joke를 음미해 보자.

- They call her Napkin because she's always in some fellow's lap.
  (사람들은 그 여자를 「냅킨」이라 부른다. 언제나 어떤 사내놈의 무릎 위에 있으니까.)

넌센스 (nonsense)

「의미없는 말이나 행동」을 일컫는 nonsense[nánsens]는 sense 앞에 non(=not)이 붙어 「뜻이 없음, 지각이 없음, 분별이 없음」을 나타낸다.

- Father said "Nonsense!" and stalked out of the room when he heard my sister's foolish excuse.
  (누이의 어리석은 변명을 듣자 아버지는 「돼먹지 않은 소리!」라 말하고는 방을 걸어 나갔다.)
    ◆ no-nonsense란 「농담이 아닌, 진지한」을 말한다.

- It wasn't long before a stranger, a stout, no-nonsense type, suggested we find another vantage point.
  (얼마전에 뚱뚱하고 진지하게 생긴 어느 낯선 사람이 우리에게 또 다른 유리한 조건을 찾아야 한다고 말했다.)

네거티브 (negative)

「사진의 음화(陰畵)」로 「양화(陽畵)」를 뜻하는 「포지티브」의 반대말이다.

이 negative[négətiv]의 기본 뜻은 「부정의, 소극적인」을 말한다. negative capital이란 「부채」이고 negative growth란 「(경제의) 마이너스 성장」을 뜻한다.

- Long ago, the direction of electric current flow was difined as being from positive to negative.
  (옛날에는 전류가 흐르는 방향이 양전기에서 음전기로 간다 라고 정의했다.)

- A shake of the head is negative.
  (머리를 흔드는 것은 부정적 표현이다.)

네글리제 (neglige)

「여자들이 입는 헐렁한 실내복, 화장복」을 말하는 이 neglige[nèɡləʒéi]는 프랑스어가 그대로 영어에서도 쓰인다.

이 낱말과 비슷한 것에 **negligent**[néɡlədʒənt]가 있는데 「태만한, 무관심한」을 뜻한다. 이 두 낱말이 든 다음 예문을 외워 두자.

- Husband was negligent of her new neglige, which made her angry.
  (남편이 자기의 새 네글리제에 무관심했기 때문에 그녀는 화가 났다.)

  ◆ negligent는 「무관심한」의 뜻이고 negligible[néɡlədʒəbl]은 「무시해도 좋은, 하찮은」의 뜻이다.

- In buying a suit, a difference of ten cents in price is negligible.
  (양복 구입시 10센트의 가격 차이는 무시해도 좋다.)

네트워크 (network)

AFKN은 American Forces Korea Network의 두문자를 따서 만든 말로 「**한국의 미군 방송망**」을 말한다.

따라서 이 **network**는 「(라디오나 텔레비전의) 방송망」을 말한다. 때로는 「(운하·철도 등의)망상 조직」을 나타내기도 한다. 예를 들어 a network of railroads라 하면 「철도망」을 뜻한다.

- The network of the spider web hung across the broken window full of flies and gnats.
  (파리와 모기가 가득 붙은 거미줄이 부서진 창문에 걸쳐 있었다.)

니힐리즘 (nihilism)

「**허무주의**」를 말하는 이 **nihilism**[níːhəlizm]은 「허무, 무(=nothing)」를 뜻하는 **nihil**[níːhəl]을 어근으로 한 낱말이다. **nihilistic**[nìːhəlístik]은 「허무주의의」를 뜻하며 **nihilist**[níːhəlist]는 「허무주의자」를 일컫는다.

- Political nihilism advocates the complete destruction of existing political, economic, and social institutions in order to make way for new and better ones.

(정치적 허무주의는 현존하는 정치, 경제, 사회 제도의 완전한 파괴를 주장하는데 그렇게 하여야만 새롭고 보다 좋은 제도를 유도할 수 있다는 것이다.)

🔖 **If you are nihilistic in your views, no one can ever convince you of the value of anything.**
(만약 당신의 인생관이 허무주의적이라면 아무도 당신에게 어떤 것의 가치를 확신시켜 줄 수 없다.)

◆ 이 nihil을 어근으로 한 중요한 낱말에 annihilate[ənáiəlèit]가 있는데 「무로 만든다」 ⇒ 「전멸시키다」를 말한다. 명사는 annihilation[ənàiəléiʃən]으로 「전멸」을 말한다.

🔖 **When enemies are annihilated, there's nothing left of them.**
(적들이 전멸되면 남는 자는 하나도 없다.)

🔖 **Of all life on the planet, only humans are bent on self-annihilation by fighting wars, by dumping noxious chemicals into waterways, by polluting atmosphere. Those who escape these forces of destruction kill one another on the highways.**
(이 지구상의 모든 생물체 중에서 오직 인간들만이 전쟁을 치루고 유독성 화학물질을 하천에 쏟아붓고 대기를 오염시키므로써 자신의 멸망에 몰두하고 있다. 이런 파괴적 세력에서 목숨을 건진 자들은 고속도로 상에서 「자동차 사고로」 서로를 죽인다.)

다이너마이트 (dynamite)

「굉장한 위력을 가진 폭약」을 말하는 이 **dynamite**는 **power**를 뜻하는 희랍어 *dynamis*에서 생긴 말한다.

　dynamic은 「강력한(=powerful)의 뜻에서 「동적인, 역학의」를 말한다. 이 낱말의 반의어는 **static**으로 「정적인」을 말한다.

　dynamo는 「발전기」를 말하며 구어체에서 「정력가」를 말하기도 한다.

　「(물리의) 역학」을 **dynamics**라 말한다.

다이어트 (diet)

「체중 조절을 위한 식이요법」을 뜻하는 이 **diet**[daiət]는 **day**에서 유래된 말로 첫번째 의미는 「일상 음식」을 말한다.

- ☙ My diet is made up of meat, fish, vegetables, fruits, water and milk.
  (내 일상 음식은 고기, 생선, 야채, 과일, 물, 우유로 이루어진다.)
- ☙ The doctor ordered a liquid diet for the sick child.
  (의사는 병든 아이에게 유동식을 처방했다.)

다이얼로그 (dialog)

「대화」를 뜻하는 이 **dialog**는 dia(=through)+log(=speech)로 「두 사람 사이에 통하는 말」의 뜻이다. dia-가 든 주요 낱말은 다음과 같다.

diagram은 dia(=through)+gram(=writing) ⇒ 「도표, 도형, 일람표」이다.

diagnose는 dia(=through)+gnose(=know) ⇒ 「(증상을) 통해 알다」 ⇒ 「진단하다」이며 명사형은 **diagnosis**로 「진단, 분석」을 말한다.

- ☙ The doctor diagnosed her illness as pneumonia.
  (의사는 그녀의 질병이 폐렴이라고 진단했다.)
- ☙ The doctor used X-rays and blood samples in his diagnosis.
  (의사는 진단으로 엑스레이와 혈액 샘플을 사용했다.)

    ◆ diameter 「관통한 측정」 ⇒ 「지름, 직경」
    　dialect 「지방에서 통하는 말」 ⇒ 「사투리, 방언」

- The diameter of the earth is about 8,000 miles.
  (지구의 지름은 대략 8천 마일이다.)

- The Scottish dialect of English has many words and pronunciations that are not used in Standard English.
  (영어의 스코틀랜드 방언은 표준 영어로 쓰여지지 않는 많은 낱말과 발음을 갖고 있다.)

다크호스 (dark horse)

「의외의 강력한 경쟁자」를 일컫는 이 dark horse는 글자대로의 뜻은 「흑마」이나 이 dark는 「본색이 가려진」을 뜻하며 「그 존재의 특징을 알 수 없는 말」을 뜻한다. 따라서 「경마에서 뜻밖에 우승한 말」을 가리키기도 한다.

- Dark horses in both parties were bobbing up everywhere.
  (두 정당의 다크 호스들이 도처에서 고개를 내밀고 있었다.)

닥터 (doctor)

지금은 이 말을 「박사」또는 「의사」를 지칭할 때 쓰지만 원래는 「선생님」을 가리켰다. 왜냐하면 doctor의 doc-는 라틴어로 「가르치다(=teach)」를 뜻하는 어근이기 때문이다.
docile[dásəl]은 「가르치기 쉬운. 온순한」을 말한다.

- The docile pupils in the class usually get the highest marks in conduct.
(학급의 유순한 학생들은 품행 성적에서 통상 최고의 점수를 받는다.)

  ◆ doctrine[dáktrin] 역시 「가르침」에서 「교의(敎義)」.「교리」또는 「주의. 원칙」을 뜻하게 되었다.

- I wish to preach, not the doctrine of ignorant ease, but the doctrine of the strenuous life.
(나는 비굴한 삶이 아니고 투쟁적 삶의 원리를 설파하고 싶다.)

  ◆ document나 documentary는 「문서」 또는 「기록물」을 말하는데 모두 「가르치다」의 뜻을 내포하고 있다.

- A constitution is a precious document in a democracy, guaranteeing, as it does, the civil liberties of the people.
(헌법은 민주국가에서 귀중한 문서로 국민의 시민적 자유를 실제 보장하고 있다.)

- The man's own letters were documentary evidence of his guilt.
(그 사나이 자신이 쓴 편지들이 자기 범죄의 기록된 증거였다.)

- Documentaries about the history of Seoul will be on TV tonight.
(서울의 역사에 관한 기록물이 오늘밤 텔레비전에서 방영될 것이다.)

댄스파티 (dance party)

아무리 큰 영영사전을 찾아보아도 dance party란 말은 없다. 따라서 「댄스파티」란 우리식 영어이고 영어에서는 그저 dance라 표현한다. 즉 dance란 「춤」뿐 아니라 「댄스파티」의 뜻도 나타낸다. 꼭 「파티」의 의미를 첨가하고 싶으면 a dancing party라 할 수 있는데 잘 쓰이는 말은 아니다.

- My older sister is going to the high-school dance.
  (내 누님은 고등학교 댄스파티에 갈 예정이다.)

  ◆ 그러나 「댄스홀」은 영어에서도 dance hall이라 하며 「댄스 음악」도 dance music이라 한다.

  ◆ 「댄스 교습소」는 dancing school이라 하고 「댄스 교사」는 dancing master라 하며 「댄스 상대」는 dancing partner라 한다.
  ※ 입에 익도록 외울 수 밖에 없다.

덤프트럭 (dump truck)

「짐을 실은 상자를 기계의 힘으로 기울여 실은 짐을 부릴 수 있게 만든 트럭」을 말한다. 주로 쓰레기나 돌·모래 등을 나르는데 사용된다.

「덤프·트럭」의 dump[dʌmp]는 「(쓰레기를)내버리다」, 「마구 버리다」의 동사와 「쓰레기 버리는 곳」, 「쓰레기 더미」의 명사로 쓰인다.

「헐값으로 투매하는 것」을 「덤핑(=dumping)」이라 하는데 「쓰레기를 버리는 것」과 같음을 말한다.

- **The truck backed up to the hole and dumped the dirt in it.**
  (그 트럭은 구덩이까지 후진한 뒤 그 안에 오물을 쏟아부었다.)

- **A dumping duty has been applied by the Canadian government on fresh strawberry imports, which have been entering Canada at unusually low price.**
  (캐나다 정부는 수입된 신선한 딸기에 대해 덤핑 관세를 부과했다. 이 딸기들은 아주 싼 값으로 들어왔던 것이다.)

    ◆ truck은 「화물 자동차」의 뜻 외에 「교환하다. 거래하다」 또는 「교역품. 상품」을 나타내기도 한다.

- **Liberty has been too often trucked for gold.**
  (자유가 너무나 빈번하게 황금과 교환되었다.)

덩크숏 (dunk shot)

농구 경기에서 바스켓 위로부터 아래로 꽂아넣는 것을 dunk shot이라 한다. 가끔 「**덩크슛**」이라 말하는 것을 듣는데 틀린 말이다. shot이란 「발포, 시도, 찌르기」의 뜻이다.

dunk[dʌŋk]는 「빵 등을 커피나 홍차에 적시다」의 의미인데 이 낱말이 「덩크숏하다」의 뜻으로도 쓰이게 되었다. 다음은 뉴욕 타임즈의 기사 한 토막이다.

> Manny Leaks, the 6-foot-7-inch Niagara star, dunked a shot, grabbing the rim with both hands on the way down.
> (신장이 6피트 7인치의 나이아가라 선수인 마니 리크스는 덩크숏을 하고 내려올 때 양손으로 바스켓의 테를 꽉 잡았다.)

데마고그 (demagogue)

「선동 정치가」를 일컫는 이 demagogue[déməgàg]는 dem(=people)+agogue(=leader)로 「군중의 지도자」란 뜻이다. 그러나 현재 사용되는 의미는 좋은 뜻의 「지도자」가 아니라 나쁜 뜻의 「선동가」를 말한다.

> The chief aim of most demagogues is to get power.
> (선동 정치가 대다수의 주된 목적은 권력 장악이다.)

♦ agogue가 든 낱말에 pedagogue[pédəgàg]가 있는데 ped(=child)+agogue(=leader)로 「교육자」를 말한다.

☞ A new teacher usually receives a great deal of help from the more experienced pedagogues.
(신임 교사는 통상 경험이 많은 교사들로부터 많은 도움을 받는다.)

데모 (demo)

「시위(示威)」를 뜻하는 말로 demonstration[dèmənstréiʃən]의 준말인데 demo[démou]라 철자되고 발음된다.

demonstrate는 「시위하다」의 뜻 외에 「논증하다, 설명하다」를 말할 때 자주 쓰이는데 이 낱말은 라틴어로 「보여주다(=show)」를 뜻하는 *monstare*에서 생겼다. 따라서 이 낱말은 「자신의 위력을 과시」하든지 어떤 「사실의 내용을 설명」하든지 「보여주는 데」 있다.

☞ She demonstrated her love for the baby by giving it a big hug.
(그녀는 아기를 활짝 껴안으면서 아기에 대한 사랑을 보여주었다.)

☞ The tenants held a demonstration against the raise in rent.
(소작인들은 소작료의 인상에 반대하는 데모를 했다.)

데이트 (date)

「이성과의 만날 약속」 또는 「이성과 만나 함께 시간을 즐기다」의 뜻으로 쓰이는 이 date[deit]의 원래 뜻은 「날짜」이다. 따라서 **dateless**는 「날짜를 알 수 없는」이고 **date stamp**는 「날짜 인」 또는 「소인」을 말한다. **date**가 「날짜를 기입하다」의 동사로도 많이 쓰인다.

- Please date your papers before handing them in.
  (논문을 제출하기 전에 작성 일짜를 기입하세요.)
- He asked her to be his date for the school dance.
  (그는 그녀에게 학교의 댄스 파티에 자기의 데이트 상대가 되어줄 것을 요구했다.)

데카당 (decadent)

「퇴폐적인」을 뜻하는 **decadent**는 프랑스어가 그대로 영어에서도 쓰이고 있다. **de**는 down의 뜻이고 **cadent**는 fallen의 뜻으로 이 「데카당」 또는 **decadent**는 「아래로 떨어진」을 말한다. 명사는 **decadence**로 「퇴폐, 타락」을 뜻한다.

- The decadence of morals was one of the causes of the fall of Rome.
  (도덕의 타락이 로마가 멸망한 원인의 하나였다.)

델리키트 (delicate)

「(감정이)섬세한」 또는 「(신체가) 연약한」을 뜻하는 이 delicate [délikət]는 「빛깔이 아름다운」, 「기계가 정밀한」의 경우에도 자주 쓰인다.

delicious[dilíʃəs]와 혼동하기 쉬운데 이 낱말은 「음식이 아주 맛있는」의 뜻으로 delicate와는 의미가 다르다.

- Roses have a delicate fragrance.
  (장미는 기분좋은 향기를 갖고 있다.)
- The coffee smells delicious.
  (커피의 향기가 좋다.)

도그매틱 (dogmatic)

「독단적인」이란 표현을 dogmatic[dɔ́gmǽtik]이라고 흔히 쓰는데 명사형 dogma[dɔ́gmə]는 희랍어로 opinion의 뜻이다. 이 dogma는 doctrine(교리, 신조)과 동의어로도 쓰이나 주로 「독단적인 주장」을 나타낼 때 흔히 쓰인다.

- He refused to accept Biblical authority on essentials of Lutheran dogma, notably the virgin birth and Christ's physical resurrection and ascension.
  (마틴 루터교의 기본적 교리인 처녀 잉태설과 그리스도의 육

체적 부활과 승천에 관한 성서의 권위를 그는 받아들이기를 거부했다.)

- The audience disliked the speaker's dogmatic manner in stating his opinions as if they were facts.
(청중은 그 연사가 마치 자신의 의견이 사실인양 진술하는 그 독선적 태도가 싫었다.)

◆ dogmatism[dɔ́gmətizm] (독단주의) 역시 우리말에 자주 섞어 쓴다.

- The team disliked the coach's dogmatism.
(그 팀은 코치의 독선주의가 싫었다.)

- Dogmatism is likely to arouse opposition.
(독단주의는 반대를 불러일으키기 쉽다.)

◆ dogmatize[dɔ́gmətaiz]는 「독단적 주장을 하다」를 뜻한다.

- It is difficult, without intimate knowledge, to dogmatize too freely about the climate of opinion.
(깊은 지식이 없다면 여론의 향방에 대해 마음대로 독선적 주장을 펼치기란 어렵다.)

도넛 (doughnut)

맛있는 빵과자인 이 「도넛」을 여기 소개하는 것은 이 낱말이 dough와 nut의 합성어란 것이고 따라서 중요한 다른 두 낱말도 함께 안다는 데 있다.

dough[dou]는 「밀가루 반죽」을 말하며 nut[nʌt]은 「나무 열매」 또는 「(기계 부속품)너트」 또는 「즐거움을 주는 것」을 뜻한다. 또한 dough가 「속어」로 money를 가리킬 때도 많다.

👉 Do you have some dough? I'm broke.
(돈 좀 있나? 나는 무일푼이다.)

◆ 다음 명언을 음미해 보자.

👉 The optimist sees the doughnut. But the pessimist sees the hole.
(낙천가는 도넛으로 보는데 비관론자는 구멍으로 본다.)

도미노 (domino)

1970년대 초 월남이 패망하자 「도미노」 현상으로 인근 라오스·캄보디아도 공산화 되었다. 1980년대 초 구소련의 체제 붕괴는 「도미노」 이론에 따라 일시에 동구권을 무너뜨렸다.

위의 기사에서 사용된 「도미노」는 「연쇄작용」을 의미하는데 이 domino[dámənòu]는 「노름에 쓰이는 상아로 만든 골패」를 말한다. 이 골패들을 세워 놓았을 경우 「하나가 넘어지면 차례로 넘어진다」는 것에서 이 말이 쓰이게 되었다.

👉 If there is "action" on the book in the shops, the owner will order more, which means people calling up and ordering or coming in and buying it. It's the domino theory. One book bought is another book sold.
(책방에 있는 책 위에 「움직임」의 징후가 있으면 책방 주인은 더 많은 책을 주문할 것이다. 그것은 사람들이 전화로 주문하거나 찾아와 책을 살 것을 의미한다. 도미노 이론이기 때문이다. 구입된 한 권의 책은 다른 책을 팔리게 한다.)

돈가스 (pork cutlet)

영어가 아닌 「짬뽕어」이다. 「**돈가스**」의 「돈」은 돼지를 뜻하는 「豚」이고 「가스」는 「얇게 저민 고기」를 말하는 **cutlet**[kʌ́tlit] 의 변형이다. 따라서 「비프가스」도 **beef cutlet**의 변형이라 할 수 있다. 다만 「돈가스」니 「비프가스」니 하는 영어는 없다는 것이다.

- He treated me to a veal cutlet.
 (그는 송아지 고기 튀긴 것을 내게 대접했다.)
- My daughter likes a pork cutlet.
 (내 딸은 돈가스를 좋아한다.)

돌핀 (dolphin)

어린이들의 사랑을 듬뿍받는 「**돌고래**」즉 **dolphin**[dɔ́lfin] 은 작은 체구에 뛰어난 총명성을 가진 포유류이다. 이 **dolphin** 은 「프랑스 황태자의 칭호(1349~1830년 왕조시대)」인 **dauphin** [dɔ́:fin]에서 딴 것이다. 「황태자처럼 기품있고 총명하다」는 정말 멋진 이름이다.

- A dolphin has a snout like a beak and remarkable intelligence.
 (돌핀은 부리같은 주둥이와 뛰어난 총명성을 갖고 있다.)

듀스 (deuce)

「탁구·배구 등의 결승점에서 양편이 같은 경우 먼저 연속하여 2점을 획득하는 편이 이겨야 할 경우」를 말하는데 이 deuce [dju:s]의 원뜻은 「카드에서 2의 패」, 「주사위의 2」를 말한다. 「경기에서 듀스까지 온다는 것은 특이한 일이다」의 의미에서 deuce of a의 관용구로 「exceptional(=특별한)」 또는 「특별히」의 뜻으로도 쓰인다.

> We had a deuce of a good time.
> (우리는 아주 즐거운 시간을 보냈다.)

드레싱 (dressing)

「샐러드 등에 치는 양념 소스」를 말하는 이 dressing[drésiŋ]은 「의복」 또는 「옷을 입히다」를 말하는 dress의 동명사 꼴이다. dressing의 첫번 째 뜻은 「끝손질」을 말하며 「몸단장」을 나타내기도 한다.

dressing table은 「화장대」, dressing case는 「화장 도구 상자」를 말하나 dressing station은 「군대의 응급 치료소」를 말한다.

dress가 동사로 쓰일 때 중요한 의미는 「옷을 입히다」 외에 「머리 손질을 하다」, 「상처를 치료하다」, 「음식 등을 준비하다」 등이 있다.

- He is a famous hairdresser.
  (그는 유명한 미용사이다.)
- The nurse dressed the wound.
  (간호원이 그 상처를 치료했다.)
- The captain ordered the soldiers to dress their ranks.
  (대위는 병사들에게 정렬하도록 명령했다.)
- The butcher dressed the chickens by pulling out the feathers, cutting off the heads and feet, and taking out the insides.
  (그 정육점 주인은 닭의 털을 뽑고 머리와 발을 자르고 내장을 꺼내어 당장 요리할 수 있게 다듬었다.)

디렉토리 (directory)

「주소 · 성명록」을 가리키는 말로 흔히 쓰이는 이 **directory** [diréktəri]는 「바르게 안내하다」를 뜻하는 **direct**에서 생긴 말이다. 따라서 이 **directory**가 형용사로 사용되면 「지도적인」의 뜻을 나타낸다.

「전화 번호부」를 a telephone book 또는 a telephone directory라 한다. 이 **direct**는 흔히 [dairékt]라고도 발음되는데 **direct mail**이라 하면 「회사 · 백화점이 직접 소비자에게 우송하는 광고물」을 말한다.

- Direct mail costs more to reach the customer than other forms of advertising.

(직접 우송은 다른 형태의 광고보다 소비자에게 전달되는데 비용이 더 든다.)

● She was turning over the pages of a telephone directory looking for a name for her newborn baby.
(그녀는 갓난애기에게 지어줄 이름을 찾으면서 전화번호부를 넘기고 있었다.)

디스카운트 (discount)

「할인」을 뜻하는 이 낱말은 DC라 줄여서 쓰기도 하는데 discount[dískaunt]의 dis는 away 즉 「떨어져」를 뜻한다. 따라서 discount는 「셈(=count)」을 좀 「떼다」를 함축하고 있다.
「어음의 할인 시장」을 discount market이라 하며 「할인 점포, 염가 판매점」을 discount store라 함은 모두 알고 있을 것이다.
동사로 쓰이면 「할인하다」이고 발음은 [diskáunt]가 된다.

● The store discounts 10 per cent on all bills when due.
(그 가게는 지불한 모든 계산서의 10퍼센트를 할인한다.)

디스코테크 (discotheque)

「디스크 음악에 맞추어 춤을 추는 나이트 클럽이나 카바레」를 말한다.

이 **discotheque**은 프랑스어로 *disc*는 「음반(=record)」의 뜻이며 **theque**는 「문고 (=library)」의 뜻으로 원래 「레코드 가게」를 가리키다가 이것이 「카페」또는 「바」를 말하게 되었다.

- The young generation loves the noisy nightclubs and the discotheques.
  (젊은 세대는 나이트 클럽과 디스코 테크를 좋아한다.)

디스크자키 (disc jockey)

D.J.로도 불리는 disc jockey는 「**음악프로의 담당자**」를 말하는데 「레코드 음반」즉 disc를 잘 다루는 jockey[dʒɑ́ki] 즉 「(경마의)기수」를 뜻함으로 전체는 「음반을 잘 다루는 기수」이다. 이 **jockey**는 동사로도 흔히 쓰이는데 「기수로 일하다, 사기치다, 교묘하게 움직이다」를 뜻한다.

- Swindlers jockeyed him into buying some worthless land.
  (사기꾼들은 그를 속여 쓸모없는 땅을 사도록 했다.)
- The crews were jockeying their boats to get into the best position for the race.

(보트팀은 자기들의 보트를 솜씨있게 다루어 경주에 최상의 위치를 차지하려고 했다.)

디스플레이 (display)

「그 가게의 주인은 상품을 디스플레이하는 재능이 있다」라 할 경우의 「디스플레이」는 **「진열하다」**를 말한다.

이 **display**[displéi]는 라틴어 *dis*(=apart)+*plicare*(=fold)로 「펼치다」의 뜻이며 이것이 「표시하다, 나타내다」가 되었다.

- The American flag is displayed on the 4th of July.
 (미국 국기는 7월 4일에 게양된다.)
- The stores are displaying the new spring clothes in their windows.
 (상점들은 새 봄옷을 진열창에 진열하고 있다.)

　◆ 「주의를 끌기 위해 화려하게 인쇄한 신문·잡지 등의 광고」를 display advertising이라 하며 「진열 전문가」를 display artist 라 한다.

디지털 (digital)

「그 전자 제품은 디지털 방식이다」, 또는 「이것은 디지털 시계이다」 등으로 쓰이는 이 **digital**[dídʒətl]은 **「숫자를 사용하는」**을 뜻한다.

digit[díkʒit]은 「손가락」을 말하는데 옛날엔 손가락으로 수를 세었기 때문에 「숫자」를 말하게 되었다.

digital은 「아날로그(=analogue)」에 대응하는 말인데 「계수형(計數型)」이라 간단히 말 할 수 있다.

※아날로그를 참조하라.

> ● Increasing use is being made of analogue and digital computers for analysis of data and for testing theories of biological processes.
> (생물학적 과정이 이론을 실험하거나 자료의 분석을 위해 아날로그 방식 또는 디지털 방식의 컴퓨터 사용이 증가하고 있다.)

디텍터 (detector)

「검파기(檢波器)」를 가리키는 말로 전기 기술자들이 흔히 쓰는 이 detector[ditéktər]는 「탐지하다」를 뜻하는 detect에 「기구」를 뜻하는 -or가 붙은 낱말이다. 「거짓말 탐지기」를 a lie-detector라 함은 잘 알고 있을 것이다.

이 detect는 라틴어의 de(=off)+tegere(=cover)로 「뚜껑을 벗기다」⇒「발견하다, 탐지하다」로 의미나 어원이나 discover와 거의 같다.

> ● The boy was detected stealing cookies in the pantry.
> (소년은 식품 저장실의 과자를 훔치다가 발각되었다.)

♦ detective[ditéktiv] 역시 사용빈도가 높은 낱말로「형사, 탐정」의 명사와「탐지하는」의 형용사 용법이 있다.
detective story는「탐정 소설」이다.

Scientific detective methods are more accurate than guessing.
(과학적 탐구법이 추측보다 더 정확하다.)

디펜스 (defense)

「(농구나 축구 등의 경기에서)방어나 수비」의 뜻으로 흔히 쓰이는 이 낱말은「오펜스」즉「공격」의 반대말이다. 동사는 defend로「방어하다」이며 역시「공격하다」의 뜻인 offend의 반의어이다.

라틴어로「치다(=strike)」의 뜻인 *fendere*의 어근인 *fend* 앞에 away를 뜻하는 *de*-가 붙어「치는 것을 물리치다」⇒「방어하다」를 나타나게 되었고 또 *fend* 앞에 *against*를 뜻하는 *of*-가 붙어「~쪽으로 치다」⇒「공격하다」가 되었다.

offensive defense란 용어를 흔히 쓰는데「공격적 방어」란 의미이다.

특히 유의할 것은 **offend**[əfénd]에는 실제「공격하다(=attack)」라는 용법은 없고「성나게 하다, 감정을 상하게 하다」와「과오를 범하다, 위반되다」의 의미로 쓰인다. offensive 에는「공격적인」의 의미가 있으며 그 외에「불쾌한, 무례한」의 뜻이 있다.

- Our football team has a good denfense.
  (우리 축구팀은 수비가 강하다.)
- The armed forces are responsible for the defense of the country.
  (군대는 국가의 방어에 책임이 있다.)
- My friend was offended by my laughter.
  (내 친구는 내 웃음에 기분이 상했다.)

딜러 (dealer)

「자동차 판매인」 또는 「(카지노에서)카드를 돌리는 사람」을 가리키는 이 dealer[díːlər]의 원래 뜻은 「상인, 장사꾼」을 말한다. 동사 deal은 「다루다, 취급하다」를 말하는데 특히 deal in~은 「(어떤) 상품을 취급하다」를 말한다.

- A butcher deals in meat.
  (정육상은 고기를 취급한다.)
- It's your turn to deal.
  (네가 카드를 돌릴 차례다.)
- Father bought a used car from a car dealer.
  (아버지는 자동차 판매인으로부터 중고차를 샀다.)

　　　◆ 이 car dealer란 말이 나오면 생각나는 꽁뜨가 있어 여기 소개한다. 「리더스 다이제스트」에서 읽은 내용이다.

Accounts Closed (계산은 끝났다.)

Eight months after our wedding, I received a large bill for some dental work of my wife's.
(결혼후 8개월이 되었을 때 나는 아내의 치과 치료에 대한 많은 금액의 청구서를 받았다.)

I was complaining about the bill one evening when my father-in-law, a car dealer, was at our house for dinner.
(자동차 판매업을 하고 있던 장인이 마침 저녁 식사하러 우리 집에 와 있던 어느 날 저녁 나는 그 청구서에 대해 불평을 했다.)

He grabbed the bill and stuffed it into his pocket, announcing that all his products came with a complete one-year guarantee!
(장인은 그 청구서를 빼앗아 쥐고선 호주머니에 쑤셔 넣으며 말하기를 자기 제품은 만 1년간 품질을 보증한다고!)

딜레마 (dilemma)

「진퇴 양난」 또는 「궁지」를 말하는 이 dilemma[díləmə]는 희랍어가 그대로 영어에서 통용된 것으로 di(=two)+lemma(=premise) ⇒ 「두개의 전제」를 뜻하는데 이것이 「이러지도 저러지도 못하는 상태」를 나타내게 되었다.

> They may manage to find a way out to their dilemma, for there are some very canny politicians among them.

(그들 중에 아주 똑똑한 정치인들이 몇 사람 있기 때문에 그들은 어떻게 해서든 궁지를 벗어날 것이다.)

딴따라 (tantara)

몇 10년 전만해도 우리나라 사람들은 연예인을 「광대」나 「딴따라」라는 용어로 천시했다. 대부분의 사람들은 「딴따라」를 일본어인양 착각하고 있으나 사실은 영어의 **tantara**[tæntɑ́:rə]를 잘못 발음한 것인데 이 낱말의 뜻은 「나팔소리」 특히 「**트럼펫의 취주**」를 뜻했다.

프랑스어에서 나온 fanfare[fǽnfɛər] (팡파르)와 동의어이다.

- The moment the queen turned up, brisk tantara blasted.
(여왕이 모습을 나타낸 순간 활기찬 나팔소리가 울렸다.)

라벨 (label)

「꼬리표」 또는 「**부전(附箋)**」의 뜻으로 쓰이는 이 라벨의 철자와 발음은 label[léibəl]이다. 따라서 「레이블」이라 말하는 것이 옳다. 동사로 쓰이면 「꼬리표를 달다」가 된다.

- I labelled a trunk for Seoul.
  (나는 트렁크에 서울행 꼬리표를 달았다.)
- Can you read the label on the bottle?
  (그 병에 붙은 라벨을 읽을 수 있니?)

라운지 (lounge)

「휴게실」 또는 「거실」을 뜻하는 이 lounge[laundʒ]는 「어슬렁거리다」 또는 「빈둥거리다」의 뜻이 있다. 따라서 이 「휴게실」의 의미는 단순한 「홀」이나 「살롱」과 달리 「한가롭고 느긋하게 쉬는 방」 즉 글자 그대로의 「휴게실」을 의미한다. 따라서 「안락 의자」의 뜻으로 쓰이기도 한다.
　다음 예문에서 이 「라운지」의 참 뜻을 알 수 있을 것이다.

- He lounged in an old chair.
(그는 낡은 의자에 앉아 시간을 보냈다.)
- We went for a lounge in the park after dinner.
(저녁 식사후 우리는 공원에서 시간을 보내려 갔다.)
- She lounged away the weekend.
(그녀는 주말을 빈둥거리며 보냈다.)

라이벌 (rival)

「경쟁자, 적수」를 뜻하는 이 rival[ráivəl]이란 낱말은 river를 말하는 라틴어 rivus에서 유래한 것으로 원뜻은 「같은 강물을 써서 서로 겨루는 사람」이었다. 동사로도 자주 쓰이는데 「~와 경쟁하다. 맞겨루다」의 의미이다.

- The stores rival each other in beautiful window displays.

(두 가게는 진열창을 아름답게 꾸미는데 서로 경쟁한다.)

라이브 (live)

이 낱말은 「살아있는」을 뜻하는 alive[əláiv]의 두음이 소실된 낱말로 living 또는 real의 의미를 나타낸다. 「실탄」을 live shell, 「격렬한 싸움」을 live quarrel, 「정열적인 사람」을 live person, 「활기에 넘친 파티」를 live party, 「현재 진행중인」 야구 경기를 live baseball, 「생동감이 넘치는 빛깔」을 live color라 한다.

※ lively[láivli]는 「생기에 넘친」을 뜻한다.

● A good night's sleep made us all lively again.
(하룻밤의 숙면으로 우리 모두는 다시 생기를 얻었다.)

라이센스 (license)

「운전 면허」를 driver's license라 하고 「자동차 번호판」을 license plate라 함은 모두 알고 있다. 「면허」 또는 「면허장」을 말하는 이 license[láisəns]의 원래 의미는 「자유」 즉 「마음대로 할 수 있는 허가」의 뜻이다. 이 낱말은 때때로 「방종, 지나친 자유」 등으로 쓰이기도 한다.

- The policeman asked the reckless driver for his license.
  (경찰은 무모한 운전자에게 면허증의 제시를 요구했다.)
- The farmer gave us license to use his road and to fish in his brook.
  (그 농부는 우리에게 자기의 도로를 사용하고 자기의 시내에서 물고기를 잡아도 좋다는 허가를 주었다.)

라인업 (lineup)

line up이 동사구로 쓰이면 「한 줄로 늘어서다」의 뜻이 된다. 따라서 하나의 명사가 된 lineup[láinʌ̀p]은 「열(列)」 또는 「(운동 경기에서 시합 개시 때의)정렬」을 말하며 「한 팀의 진용」을 말한다.

- With the present lineup, the balance of power in the commission has shifted from conservative to progressive.
  (현재의 진용으로서는 그 위원회의 세력 균형은 보수에서 진보파로 바뀌었다.)

라커룸 (locker room)

「(체육시설・클럽 등의)갱의실」을 말하는데 locker[lákər]는 「자물쇠가 달린 장농」을 말한다. 대중 목욕탕의 「옷을 보관하는 함」도 locker라 할 수 있다.

●◆ After football practice he was always down in the locker room.
(축구 연습이 끝나면 그는 언제나 라커룸에 늘어져 있었다.)

라켓 (racket)

「정구·탁구 등 공을 치는 채」를 일컫는 이 racket[rǽkit] 는 「떠드는 소리, 소음, 법석」등을 뜻하는 말로도 흔히 쓰인다. 미국 구어 표현에서 What's racket?는 「웬 일이냐?」를 말한다.

●◆ Don't make a racket when others are reading.
(다른 사람이 독서 중일 때는 떠들지 말아라.)

랑데부 (rendezvous)

「남녀의 밀회」나 「약속하여 만남」을 말하기도 하고 「우주선들이 우주 공간에서 만나는 것」을 나타내기도 하는 이 rendezvous[rá:ndivu:]는 프랑스어가 그대로 영어에서도 쓰이는 낱말인데 철자나 발음이 까다롭다.

●◆ Each tribe usually had some fixed place of rendezvous.
(각 부족은 통상 서로 만나는 고정된 어떤 장소를 갖고 있었다.)

랠리 (rally)

테니스에서 공을 여러번 주고 받으며 치는 행위를 「랠리」라 한다. 영어의 철저와 발음은 rally[rǽli]인데 이 낱말은 re(=again)+ally(동맹하다)의 결합어로 원래 뜻은 「다시 불러 모으다」 또는 「회복」이나 「대회. 집회」의 뜻으로도 많이 쓰인다.

- We rallied all our energy for one last effort.
  (마지막 한번의 노력을 경주하기 위해 우리는 모든 정력을 일으켰다.)

- Kershaw was now increasing his own pace of stroke which led to many long rallies.
  (커쇼는 이제 자신 특유의 타격 페이스를 증가하고 있으며 길고도 수많은 랠리를 이루었다.)

램프 (ramp)

이 낱말의 영어 표기는 lamp와 ramp의 두 가지인데 여기서는 후자를 설명하려 한다. 입체 교차로 등의 「경사로, 진입로」나 「**항공기의 이동식 계단**」을 말할 때 ramp[ræmp]를 쓴다.

- The passengers walked up the ramp to board the airplane.
  (승객들은 항공기에 탑승하기 위해 램프를 걸어서 올라갔다.)

  ◆ 이 ramp에는 「미친듯이 날뛰다」의 뜻도 있다.

- It is one thing to hear a lion in captivity and quite another when he is ramping around your fragile tent.
  (울안에 갇힌 사자의 울부짖는 소리를 듣는 것과 당신의 나약한 텐트 주변을 미쳐 날뛰는 사자 소리를 듣는 것은 완전히 다르다.)

랩 (rap)

우리말에는 L과 R의 구분이 없기 때문에 이 「랩」의 영어 표기는 lap과 rap의 두가지다.

lap[læp]은 「무릎」의 뜻외에 운동 경기에서 「경주로의 한 바퀴」 또는 「경영로(競泳路)의 왕복」을 말한다.

rap[ræp]은 요즘 10대들이 즐기는 음악으로 「**즉흥적이며 리드미칼한 말을 삽입한 팝송의 한 형식**」으로 rap music이라

고도 한다. 아마도 이 말은 미국 속어로 rap이 「터놓고 이야기 하다」의 뜻에서 생긴 것 같다.

rap의 기본적인 뜻이 「톡톡 침」 또는 「톡톡 두드리다」이므로 이런 의미에서 생겼는지도 모르겠다.

- The chairman rapped on the table for order.
  (의장은 질서를 지키도록 테이블을 두드렸다.)

- I went with officers Juan Morales and Pete Dibono to the juvenile guidance center where they rap once every week with the kids in jail.
  (나는 경찰관 쥬안 모랠즈와 피트 디보노와 청소년 선도 센터에 갔는데 그 곳에서 그 경관들은 1주일에 한번 씩 교도소의 아이들과 격의없이 대화를 나눈다.)

- Who won the first lap of the race?
  (그 경주의 첫번째 랩에서 누가 이겼나?)

레디메이드 (ready-made)

「기성복의」를 나타내는 말로 흔히 쓰이는 ready-made의 ready[rédi]는 「준비된」의 뜻에서 **「지금 당장 쓸 수 있는」**의 뜻이 있다.

ready money 또는 ready cash는 「현금」을 말한다.

ready-to-eat는 「바로 먹을 수 있는」을 말한다. 따라서 ready-to-wear는 「바로 입을 수 있는」으로 ready-made와 같은 말이다.

●◆ Others prefer to make their own clothes because they feel that ready-to-wear garments have too little individuality.
(다른 사람들은 자기 자신의 옷을 만들어 입기를 좋아한다. 왜냐하면 기성복은 너무 개성이 없기 때문이다.)

레모네이드 (lemonade)

「레몬에 설탕과 물을 탄 청량 음료수」를 뜻하는 이 lemonade[lèmənéid]는 물론 lemon에서 생긴 말인데 이렇게 맛좋은 lemon이 미국 속에서는 「하찮은 것」으로 쓰인다. 아무리 좋은 것이라도 너무 흔하면 하찮은 것이란 말인지 모르겠다.

●◆ A: My car is in the garage for repairs.
B: Again? You must have gotten a real lemon.
(A: 내차는 수리하러 정비공장에 가 있다.
B: 또야? 넌 정말 똥차를 샀군.)

레미콘 (remicon)

「즉시 공사에 사용할 수 있도록 물·모래·자갈·시멘트를 믹서차에서 배합한 콘크리트」를 말하는데 ready mixed concrete 의 합성어이다. 그러나 remicon이란 말은 영영사전이나 영한 사전에도 나와 있지 않으며 따라서 영미인들은 모르는 말이다.

> ● Concrete is a mixture of cement, sand, gravel, and water that hardens as it dries.
> (콘크리트는 시멘트, 모래, 자갈과 물의 혼합물로 마를 때 단단하게 된다.)

레이더 (radar)

이 낱말은 Radio Detecting And Ranging의 두문자(頭文字)를 딴 합성어로「**전파에 의한 탐지 및 거리 측정**」을 뜻한다.

> ● In fog, rain, or snow, a ship's radar can spot other ships or icebergs in time to prevent collisions.
> (안개나 비 또는 눈속에서 배의 레이더는 충돌을 예방하기 위해 때맞게 다른 배나 빙산을 알아낼 수 있다.)
>
> ● The girl was detcted stealing apples in the pantry.
> (소녀는 식품 창고에서 사과를 훔치다가 발각되었다.)

레이스 (race)

우리말에는 R과 L의 구분이 없기 때문에 이 낱말의 영어 철자는 race와 lace 두가지다.

알다시피 race는 「**경주**」의 뜻 외에 「**인종**」의 뜻도 있고 lace
는 「끈」을 뜻한다.

race의 형용사는 **racial**[réiʃəl]로 「인종상의」를 뜻하며
racing[réisiŋ]은 「경주」 또는 「경주용의」를 말한다. **racial
integration**은 「인종차별의 철폐」를 말하고 **racing car**는 「경
주용 자동차」를 말한다.

- These shoes need new laces.
  (이 구두는 새 끈이 필요하다.)
- The Commonwealth's outstanding characteristic is that it is a multi-racial association, and that its whole future depends on the absence of racial discrimination.
  (영국 연방의 두드러진 특징은 다민족간의 협동이며 모든 미래는 인종 차별이 없는 것에 달렸다는 것이다.)

레이저 (laser)

우리가 잘 안다고 생각하는 이 **laser**도 막상 정의를 내리라고 말한다면 망설일 사람이 많을 것이다. 우선 이 **laser**란 낱말은 light amplification by stimulated emission of radiation의 두문자를 딴 합성어임을 알아야 한다. 따라서 「**유도 방출에 의하여 마이크로파보다 짧은 가시 광선을 증폭·발진하는 장치**」라 정의할 수 있다.

「레이저 광선」을 laser beam이라 한다.

> ☞ Laser beams are used to cut or melt hard materials, and remove diseased body tissues.
> (레이저 광선은 단단한 물체를 절단하거나 용해하는데 쓰이며, 신체의 병든 조직을 제거하는데 쓰인다.)

레인지 (range)

「요리용 스토브」를 일컫는 이 range[réindʒ]는 「가스 레인지」 또는 「전자 레인지」 등으로 쓰인다.

> ☞ Gas and electric ranges have replaced the coal and wood range.
> (가스와 전기 레인지가 석탄과 나무 레인지를 대치했다.)
>
> ◆ 이 range에는 위의 뜻 이외에 여러가지 의미가 있다.
> ①범위 ②열(列). ③사정(射程) ④사격장 ⑤계급. 부류 ⑥산맥 등의 명사 용법과 「정렬시키다」, 「범위에 이르다」 등의 동사 용법이 있다.
>
> ☞ The useful range of these hand-held radios is about three miles.
> (이 손에 쥐는 소형 무전기의 유효 범위는 약 3마일이다.)
>
> ☞ Our talk ranged over all that had happened on our vacation.
> (우리의 대화는 방학중에 일어난 모든 일들에 관련되어 있다.)

👉 Range the books by size.
(크기 별로 책을 정렬하라.)

♦ range에는 「배회하다」의 뜻도 있다.
여기에 -er가 붙은 ranger는 「군의 유격대원」을 말하게 되었다.

👉 Buffalo once ranged these plains.
(들소들이 과거 이 평원을 배회했다.)

레저 (leisure)

「레저 산업」이란 「대중의 여가 이용에 관련된 산업으로 여행·스키·해수욕·등산·낚시 등을 알선하는 관광업이나 그 공급 기관 또는 레저 용품의 제조·판매업의 총칭」이다.

따라서 leisure[léʒə]는 **「여가」** 즉 **「자유 시간」**을 말한다. **a life of leisure**란 「한가한 생활」을 말하며 **a lady of leisure**란 「유한 부인」을 말한다.

👉 She spends at least a part of her leisure in reading.
(그녀는 적어도 여가의 일부는 독서하며 보낸다.)

👉 A whole leisure Saturday afternoon was before him.
(한가로운 토요일 오후가 완전히 그 앞에 있었다.)

👉 Come and see me at your leisure.
(틈이 나시면 제게 놀러 오세요.)

레크리에이션 (recreation)

「기분 전환을 위한 오락」을 말하는 recreation[rèkriéiʃən]은 동사인 recreate의 명사형이다. re-는 again의 뜻인 접두사이고 create는 「창조하다」를 뜻한다. 따라서 recreate는 「다시 만들다」의 뜻과 「(재 창조를 위해)휴양하다」의 발전적 의미가 있다. 전자의 뜻으로 쓰일 때 발음은 [rí:kriéit]이고 후자의 의미로 쓰일 경우는 [rèkriéiʃən]이라 발음하며 「휴양, 기분전환의 오락」을 말한다.

> Walking, gardening, and reading are quiet forms of recreation.
> (산책, 원예와 독서는 조용한 형태의 레크리에이션이다.)

레토릭 (rhetoric)

유식층 인사들이 우리말과 함께 쓰는 이 말은 「**수사학**」 또는 「**화려한 문체**」나 「**미사여구**」를 말한다.

영어의 철자는 rhetoric[rétərik]인데 형용사는 rhetorical로 「수사학적인」을 말한다. rhetorician[rètəríʃən]은 「수사학자」를 말한다.

> Her poetry is the diary or autobiography of an acute psychologist, a wonderful rhetorician, and

one of the most wonderful writers who ever lived.
(그녀의 시는 예리한 심리학자이며 놀라운 수사학자이고 일찍이 존재한 가장 비범한 작가중 한 사람의 일기, 아니 자서전 이다.)

레퍼터리 (repertory)

「**(연극의)상연 목록**」을 말하는데 repertory[répərtɔ̀:ri]라고 쓰나 프랑스어 그대로 repertoire[rèpərtwá:]라 쓰는 사람이 많다.

▶ A repertory company is a permanent organization of actors presenting a repertoire of plays, usually producing them alternately.
(레퍼터리 극단이란 어떤 레퍼터리의 연극을 상연하는 배우들의 상설 조직체로 통상 연극들을 교대로 만든다.)

레포츠 (leports)

「오피스텔」처럼 우리식 영어의 대표적인 이 낱말은 영미인이야 알아 듣든 말든 우리말에 자주 쓰이고 있다.
「여가」를 뜻하는 leisure[léʒə]와 「운동」을 뜻하는 sports[spɔ:rts]가 결합된 말로 승부를 가리기보다 **「여가를 즐기는 운동」**을 뜻한다.

렌터카 (rent-a-car)

「임대 자동차」를 말하는 이 rent-a-car를 렌트카(rent car)라 잘못 쓰는 사람이 있다. rent는 「임대」의 뜻 외에 「지대(地代)」,「집세」,「임차료」를 말하고 동사로 사용되어 「임차하다, 임대하다」등을 말하기도 한다.

- Rent for the six-room apartment is two thousand dollars a month.
  (방 여섯개의 아파트 세는 월 2천 달러이다.)
- We rent a house from them.
  (우리는 그들의 집에 세들고 있다.)
- The landlord rents several other houses.
  (집주인은 다른 몇 채의 집도 세를 주고 있다.)

로맨스 (romance)

「연애 사건」으로 흔히 쓰이는 이 romance는 「공상, 모험 소설」의 의미에서 생겼다. romancer[roumǽnsər]라 하면 「가공 소설의 작가」나 「공상가」를 말한다.

이 romance[róumæns]는 로망스 말 즉 Romance languages (포루투갈, 스페인, 프랑스, 이탈리아, 루마니아어와 같이 라틴어에서 유래한 언어)로 쓰여진 소설에서 생겼다.

- She read a cheap romance in that magazine.
 (그녀는 그 잡지에서 싸구려 연애 소설을 읽었다.)
- "Cinderella" is the story of the romance between a beautiful girl and a handsome prince.
 (신데렐라는 아름다운 소녀와 잘 생긴 왕자 사이의 연애를 다룬 이야기다.)

로봇 (robot)

「인조 기계」나 「인조 인간」을 말하는 이 낱말은 체코의 극작가 K. Capek의 희곡에서 처음 등장했다.
robotics[roubátiks]는 「로봇 공학」을 말한다.

- A mechanical robot walks, talks, and moves its arms at the touch of a button by its 14-year-old inventor.
 (한 기계식 로봇이 14세의 발명가가 단추를 누름에 따라서 걷고 말하고 움직인다.)

로비 (lobby)

H그룹의 정회장은 「로비」의 귀재라고 한다. 이 lobby[lɔ́bi]는 큰 건물의 「복도」나 「홀」을 뜻하며 국회의원들이 외부 인

사를 만나는 「응접실」을 뜻하는 명사이다. 이것이 국회의 「로비」에서 어느 집단이 자기의 이익을 위해 「**공작을 하다**」의 의미로 발전하였다. 「로비」를 하는 자를 **lobbyist**[lɔ́bist]라 한다.

- A hotel lobby usually has chairs and couches to sit on.
 (호텔 로비에는 앉을 의자와 소파가 있다.)
- The cotton farmers from the South lobbied against a law to allow importing cotton from Egypt.
 (남부의 목화 경작자들은 이집트로부터의 목화 수입의 허용 법안을 반대하는 로비를 했다.)

로열티 (royalty)

「**특허권이나 저작권의 사용료**」를 일컫는 이 낱말의 영어 철자와 발음은 **royalty**[rɔ́ːjəlti]로 **loyalty**와 혼동해서는 안된다. 이 두 낱말은 **royal**과 **loyal**의 명사형인데 **royal**은 「왕의」 또는 「왕처럼 당당한」의 의미이고 **loyal**은 「충실한」의 의미이다. 따라서 **loyalty**는 「충실, 충성」의 뜻이고 **royalty**는 「왕위, 왕권」을 뜻한다. 이 낱말이 「저작권의 사용료, 인세」를 나타내게 된 것은 「왕의 권능」처럼 절대적인 것임에서 생겼다.

- An author receives royalties from the publishers for his books.
 (작가는 자기 책의 출판업자로부터 인세를 받는다.)

- The crown is a symbol of royalty.
  (왕관은 왕의 상징이다.)

로케이션 (location)

「야외 촬영」을 뜻하는 이 location[loukéiʃən]은 locate(~의 위치를 정하다)의 명사형으로「위치」또는「위치 선정」의 의미를 나타낸다. 이 의미가「스튜디오 밖에서의 촬영」으로 발전하였다. 형용사형인 local은「지방의」란 의미가 있다. 따라서「야외 촬영」을 뜻하는 이「로케이션」은「스튜디오 밖의 다른 지방」에서의 촬영을 의미한다.

- Most of the film was shot on location.
  (그 영화의 대부분은 야외에서 촬영되었다.)
- The scouts disputed about the location of the camp.
  (스카웃 대원들은 캠프의 위치에 대해 논쟁했다.)

로켓 (rocket)

「연료가 타면서 팽창된 가스를 분출하여 위나 앞으로 추진되는 물체」를 말하는 이 rocket[rákit]의 어원은 재미있다.

알다시피 rock은 「바위」를 말하고 -et는 「작은 것」을 나타내는 지소사(指小辭)이다. 따라서 rocket은 「작은 바위」를 말한다. 실제로 「로켓」이 작지는 않지만.

※ 「호주머니」를 pocket이라 하는데 pock는 「자루(=bag)」의 뜻으로 전체는 「작은 자루」를 말한다. cigarrette는 「작은 cigar」의 뜻이고 booklet은 「소책자」를 말한다.

「총알」을 bullet[búlit]이라 하는데 「작은 공(=ball)」이란 말에서 생겼다. 「낱장으로 된 광고」를 leaflet[líːflit]이라 하는데 leaf는 「한장의 종이」를 말한다.

로큰롤 (rock'n'roll)

「몸을 뒤흔들며 열광적으로 추는 춤」을 rock'n'roll(=rock and roll)이라 하는데 이 뜻은 「흔들고 구르다」를 말한다.

rock는 「바위」란 뜻 외에 「흔들다」의 뜻도 있다. 「흔들 의자」를 rocking chair라 하며 「흔들 목마」를 rocking horse라 한다.

☞ Mother rocked the baby to sleep.
　(어머니는 아이를 잠재우기 위해 흔들었다.)

●◆ The speaker's dramatic appeal rocked the audience.
(그 연사의 격렬한 호소가 청중의 마음을 흔들었다.)

●◆ The scandal rocked the government.
(그 스캔들이 정부를 흔들었다.)

로테이트 (rotation)

「순환, 교대」의 뜻으로 흔히 쓰고 있는 이 rotation[routéiʃən]의 원래 뜻은 「축을 중심으로 한 회전」이다. 따라서 동사 rotate도 「축을 중심으로 돌다」를 말하며 「교대하다, 윤번으로 하다」의 부가적 의미가 있다.

●◆ The seasons rotate.
(사철은 돌고 돈다.)

●◆ They rotate crops on the poor soil.
(그들은 메마른 토지에 농작물을 윤작하고 있다.)

◆ rotary[róutəri] 역시 rotate와 같은 어원에서 생긴 말로 「환상 교차로」를 말하는데 형용사로 「회전하는」을 나타낸다.

●◆ In the windmills that operate pumps the rotary motion must be changed into reciprocating (back-and-forth) motion.
(펌프를 작동시키는 풍차에서 회전 운동은 왕복 운동 〈전진 후진 운동〉으로 바뀌어야 한다.)

롤백 (rollback)

「롤백 정책」이란 「**방어 자세에서 적극적 공세의 자세로 돌아서는 정책**」을 말한다. 과거 미국이 구소련에 대해 적용한 강경 정책을 말하는데 동사구 roll back은 「격퇴하다」의 뜻과 「물가 통제로 가격을 어느 수준까지 도로 내리다」의 뜻이 있다. 이 동사구의 합성어인 **rollback**[róulbæk]에도 「물가 인하책」의 의미가 있다.

아무튼 이 **rollback**은 문자 그대로 「다시 뒤로 굴리는 것」의 의미이다.

> ☞ The government ordered the farmers to roll back the prices of crops.
> (정부는 농부들에게 농산품 가격을 종전 수준으로 인하하라고 명령했다.)

롱런 (long run)

「영화나 연극의 장기 흥행」을 말한다. 따라서 이 **long run**의 run은 「상연(上演)」을 뜻한다. 「장기 흥행되다」란 have a long run이다. long run에 대응하는 표현은 short run으로 「단기 흥행」을 말한다.

비슷한 어구에 **in the long run**이 있는데 이것은 「긴 안목으로 보면」 또는 「결국에는」을 말하는 관용구이다.

◈ The film had a long run and helped the producer avoid going bankrupt.
(그 영화는 장기 흥행되어 제작자의 파산을 막았다.)

루머 (rumor)

「풍문, 풍설」의 뜻으로 쓰이는 이 rumor[rúːmər]는 「시끄러운 소리(=noise)」를 뜻하는 라틴어를 그대로 쓴 것이다.

「소문을 퍼뜨리는 사람」을 a rumormonger[rúːmərmʌ́ŋgər]라 한다.

rumor가 동사로 쓰이면 「소문을 내다」가 된다.

◈ It was rumored that the government was going to increase taxes.
(정부가 세금을 인상할 것이라는 소문이 나돌았다.)

루즈 (rouge)

「입술 연지」를 뜻하는 이 rouge[ruːdʒ]는 red의 의미인 프랑스어가 그대로 영어화된 낱말로 동사로 쓰이면 「입술에 연지를 바르다」가 된다.

●❖ She was admirably rouged and powdered.
(그녀는 아주 멋지게 루즈와 분을 바르고 있었다.)

◆ red의 어근을 가진 낱말은 다음과 같다. ruby[rúːbi] 「밝은 적색의 보석」 rust[rʌst] 「녹」 ※rusty 「녹슨」

●❖ Be careful not to step on that rusty nail.
(그 녹슨 못을 밟지 않도록 조심하라.)

◆ robust[róubʌst] 「혈색이 좋은, 건장한」

●❖ A group of robust football players posed for a photograph.
(일단의 건장한 풋볼 선수들이 사진 촬영을 위해 포즈를 취했다.)

◆ russet[rʌ́sit] 「적갈색의」

●❖ Vicky was wearing a russet dress at the party.
(비키는 파티에서 적갈색 드레스를 입고 있었다.)

루키 (rookie)

「신병」을 뜻하는 이 rookie[rúki]가 「프로 야구의 신인 선수」를 말하게 되어 스포츠 신문에 자주 등장한다.

●❖ Last season he won twenty and was named rookie of the year in the American League.
(지난 시즌에서 그는 20승을 올려 아메리칸 리그에서 올해의 신인왕으로 지명되었다.)

루프 (loop)

「여성들이 피임을 위해 자궁 안에 장치하는 플라스틱제의 고리」를 말한다. 따라서 이 loop[lu:p]은 「둥근 고리」를 말하며 동사가 되면 「고리로 만들다」 또는 「공중제비 비행을 하다」가 된다.

- The kite looped the loop in a sudden gust of wind.
 (연은 돌풍 속에서 빙글빙글 돌았다.)

    ◆ loophole[lú:phòul]은 「총안(銃眼)」 또는 「도망칠 구멍」을 말한다. a loophole in the law는 「법의 허점」을 나타낸다.

- The clever lawyer found a loophole in the law to save his client.
 (그 총명한 변호사는 자기의 소송 의뢰인을 구하기 위한 법의 허점을 발견했다.)

룸펜 (lumpen)

「부랑자, 실업자」를 가리키는 이 lumpen[lúmpən]은 독일어가 그대로 영어에서도 사용되고 있는데 형용사로 쓰이면 「부랑자의」 또는 「사회적 지위를 잃은」을 말한다.

- The marginal members of the middle class suffer heavily during a depression and often become part of the lumpen bourgeoisie.

(중류 계급의 최하위에 속하는 부류들은 불황기에 심각한 타격을 입으며 왕왕 몰락한 브루조아 계급의 일부가 된다.)

르네쌍스 (Renaissance)

「문예 부흥」의 뜻임은 누구나 알고 있을 것이나 이 낱말이 프랑스어이기 때문에 철자와 발음이 좀 까다롭다.

Renaissance[rènəsάːns]라 표기되고 발음된다.

이 Renaissance는 re(=again) + naissance(=born) ⇒ 「다시 태어남」을 뜻한다.

- Renaissance is the great revival of art and learning in Europe during the 1300's, 1400's and 1500's.
  (문예 부흥은 1300년대와 1400년대와 1500년대에 걸쳐 유럽에서 일어난 예술과 학문의 위대한 부활이다.)

- This book led to a renaissance of interest in archaeololgy.
  (이 책은 고고학의 흥미를 다시 불러 일으켰다.)

리그 (league)

「리그전」이란 「각 팀이 번갈아 가면서 다른 팀과 대전하여 가장 많이 이긴 팀이 승리하는 경기 방식」을 말하며 간단히 「연맹전」이라고도 한다.

따라서 이 league[liːg]는 「연맹, 동맹」을 말한다. 지금의 UN 전신이었던 「국제 연맹」을 the League of Nations라 불렀고 1920년에 창설된 미국의 「여성 유권자 동맹」을 the League of the Women Voters라 한다. 동사로 쓰이면 「동맹하다, 단결하다」를 말한다.

- The two societies of doctors leagued to force inprovements in the local hospital.
  (두 의사회는 지방 병원의 개선을 강요하기 위해 결속했다.)
    - ◆ 이 league에 「함께」를 뜻하는 접두사 col-이 붙은 colleage [kɑliːg]는 「같은 직업의 동료」를 말한다.
- The teacher's colleagues taught his classes while he was ill.
  (선생님이 아팠을 때 선생님의 동료 선생들이 그의 수업을 가르쳤다.)

리모콘 (remocon)

「텔레비전 등 전자제품을 멀리서 작동시킬 수 있는 기구」를 가리키는 이 낱말은 remote controller의 약어이나 실제 영어에는 이런 약어가 없다.

remote[rimóut]는「멀리 떨어진」의 뜻인데 remove(옮기다, 이동하다)의 파생어이다.

> The North Pole is a remote part of the world.
> (북극은 세상의 먼 지역이다.)

리바운드 (rebound)

「농구에서 슛한 공이 들어가지 않고 튀어나오는 것」을 말하는 이 rebound[ribáund]는 re(=back)+bound(=spring) ⇒ 「뒤로 튀다, 되튀다」를 말한다.

> The evil deed rebounded upon him.
> (악행이 그에게 되돌아왔다.)
>
> I caught the ball on the first rebound.
> (나는 첫번째 리바운드에서 그 공을 잡았다.)

리베이트 (rebate)

「사례금, 보상금」을 일컫는 이 rebate[ribéit]는「지불한 금액의 일부를 환불하다」또는「환불」의 뜻인데 요즘은 세도가가 어떤 일을 알선해 주고 받는「사례금」또는 무기 거래상이 판매를 성사시킨 후 「판매액의 일정 금액을 판매 업자로부터 받는 돈」을 말한다. 얼마전 신문 기사에 「김씨가 과연 H 그룹으로부터 은행 대부의 알선으로 리베이트를 받았는가를 검찰은 수사했다」라는 내용이 실렸다.

> ●◆ They promised me that they would rebate one fifth of the price.
> (그들은 가격의 5분지 1을 리베이트하겠다고 내게 약속했다.)
>
> ◆ 이 내용이 「사례금」인지 「환불」인지는 전후 context에 의하여 알 수 있다.

리사이틀 (recital)

「연주회, 독창회」 등으로 쓰이는 이 recital[risáitl]은 recite의 명사형이다. cite[sait]는 「인용하다」를 뜻하는 동사로 라틴어 *citare*에서 생긴 것인데 「불러 일으키다」의 의미이다.

따라서 recite는 「다시 불러 일으키다」 ⇒ 「읊다, 암송하다」를 말한다.

> ●◆ He can recite the poem from memory.
> (그는 그 시를 암송할 수 있다.)
>
> ◆ excite[iksáit]는 「밖으로 불러내다」 ⇒ 「흥분시키다」이다.
>
> ●◆ Her new dress excited envy among the other girls.
> (그녀의 새 옷은 다른 소녀들 사이에 부러움을 불러 일으켰다.)

◆ incite[insáit]는 「안으로 불러 일으키다」 ⇒ 「자극하다, 격려하다」이다.

🎤 Agitators incited the men to strike.
(선동가들이 파업을 하도록 사람들을 자극했다.)

리스 (lease)

「리스 산업」이란 「기업체나 상점에 부동산을 제외한 각종 산업 설비를 임대하는 산업」을 말한다.

따라서 lease[liːs]란 「임대」를 뜻한다. put to lease는 「임대하다」이고 take on lease는 「임차하다」를 말한다. 물론 lease 만으로도 「임대하다」, 「임차하다」로 쓰인다.

🎤 We are to meet the landlord on Monday to sign the lease for our new apartment.
(우리가 새로 이사갈 아파트의 임대계약에 서명하기 위해 월요일에 집주인을 만나기로 되어 있다.)

🎤 We have leased an apartment for one year.
(우리는 1년간 아파트를 임차했다.)

리스크 (risk)

「그 사업은 리스크가 크다」라 할 경우 이 risk는 「위험(=danger)」을 말한다. 동사로도 많이 쓰이는데 **「위태롭게 하**

다」 또는 「모험하다」를 뜻한다.

riskful은 「위험이 많은」이고 risky는 「위험한」을 말한다.

- If you drive carefully, there is no risk of being fined.
  (조심스럽게 운전한다면 벌금을 물 위험은 없다.)
- You risk your neck in trying to climb that tree.
  (저 나무를 오르려고 한다면 목이 부러질 위험을 감수해야 한다.)
  - ◆ risk capital이란 venture capital과 같은 어구로 「위험 부담 자본」을 말한다.
- It was risk capital from the United States which sparked many of Canada's major raw material development programs.
  (캐나다의 주요한 원료 발전 계획의 많은 것에 불을 당긴 것은 미국에서 들어온 리스크 자본이었다.)

리콜 (recall)

「회사는 결함이 있는 제품을 리콜하기로 결정했다」라 할 경우 이 recall[rikɔ́:l]은 「회수하다」를 말한다.

recall은 re(=back)+call ⇒ 「도로 부르다」로 「상기하다. 소환하다. 회수하다」의 뜻이다.

- Mother can recall stories that she heard years ago.
  (어머니는 수년전에 들었던 이야기를 회상할 수 있다.)

- The ambassador was recalled.
  (그 대사는 소환되었다.)
- The four major American car makers recalled 8.7 million autos, and probably more than half the recalls involved safety.
  (미국의 4대 자동차 회사들은 870만대의 자동차를 리콜했는데 그 절반 이상이 안전 장치와 관련된 것이었다.)

리포트 (report)

「보고서」를 말하는 이 report[ripɔ́:rt]는 back을 뜻하는 re-에 carry를 뜻하는 port가 결합된 것으로 「보고 들었거나 자신이 연구한 것을 뒤로 갖고 오다」⇒「보고하다」를 나타낸다. port가 carry의 의미라 했는데 우리가 잘 아는 import(「안으로 나르다」⇒「수입하다」), exprot(「밖으로 나르다」⇒「수출하다」), portable(「나를 수 있는」⇒「휴대할 수 있는」), porter(「나르는 사람」⇒「짐꾼」) 등에서 알 수 있다.

- The reports of his death are greatly exaggerated.
  (그의 죽음에 대한 보도는 크게 과장되어 있다.)

리허설 (rehearsal)

「음악·연극·방송 등에서 공연 전에 실시하는 연습」을 말하는 이 rehearsal[rihə́ːrsəl]은 「예행 연습하다」를 뜻하는 동사 rehearse의 명사형이다. 어원은 고대 프랑스어에서 유래하는데 「반복하여 써레질하다」 또는 「반복하여 갈퀴로 긁다」이다.

- We rehearsed our parts for the school play.
  (우리는 학예회의 우리 역할을 예행 연습했다.)
- More rehearsal might have helped the cast.
  (좀더 연습했다면 배역을 맡은 배우들에게 도움이 되었을 것이다.)

린치 (lynch)

「합법적인 재판을 거치지 않고 사적인 방법으로 사람을 죽이는 것」을 「린치를 가하다」라 하며 영어로는 lynch라 쓴다. 이 낱말은 1700년대 말 미국 버지니아주의 치안판사 Charles Lynch의 이름에서 유래했다. 이 판사는 농장주에게 자위권을 부여하는 법을 만들었는데 이 법을 lynch law라 한다. 이 법은 자위권의 이름으로 사형(私刑)을 허용했다.

- The angry mob lynched an innocent man.
  (성난 폭도들은 무고한 사람을 린치했다.)

링과 링크 (ring/rink)

권투 시합장을 「4각의 링」이라 하고 스케이트 시합장을 「아이스 링크」라 한다. 혼동하지 말아야 한다. 링의 영어 철자는 **ring**이며 「링크」의 철자는 **rink**이다. ring은 「반지」나 이와 유사한 「**둥근 고리나 테**」를 말하는데 옛날엔 권투가 우리의 씨름판처럼 둥근 원안에서 이루어졌다. 레스링 시합장은 ring이나 롤러 스케이트장은 rink이다.

- The ring for a prizefight is square.
  (프로 권투의 시합장은 정사각형이다.)

마니아 (mania)

「어떤 일에 열중하는 사람」을 mania[méiniə]라 한다.

- She is a mania for dancing.
  (그녀는 댄스광이다.)
    ◆ 이 낱말이 접미사로 쓰인 중요한 것에 kleptomania[klèptə-méiniə] (병적인 도벽)와 pyromania[páirouméiniə] (방화광)가 있다.

- The millionaire who was caught shoplifting was found to be suffering from kleptomania.
  (들치기를 하다가 붙잡힌 그 백만장자는 병적 도벽이 있음이 판명되었다.)

- The person arrested for setting the fire had been suspected of pyromania on two previous occasions.
  (방화 혐의로 체포된 그 사람은 전에도 두 번이나 방화광의 혐의를 받은 바 있었다.)

마담 (madam)

우리가 쓰는 「마담」은 「술집 마담」 또는 「다방 마담」등 별로 고상한 이름은 못되나 영어에서의 **madam**[mǽdəm]은 「**부인, 마님**」의 정중한 말로 신사에 대한 호칭인 sir에 대응하는 낱말이다.

구어체에서는 ma'am[mæm, mɑːm]등으로 쓰인다.

이 madam은 my dame이 결합된 합성어인데 **dame**[deim]은 「귀부인」의 뜻이다. 물론 현재 dame은 잘 쓰지 않는다.

- Madam, will you take my seat?
  (부인, 제 자리에 앉으시겠어요?)

마스코트 (mascot)

「**행운을 가져온다고 믿으며 고이 간직하는 물건**」을 말하는 이 **mascot**[mǽskɑt]은 프랑스어 mascotte의 변형인데 sorcery(=마법, 마술) 또는 fetish(=물신: 영험한 힘이 있다고 숭배되는 물건)을 뜻한다.

- The boys kept the stray dog as a mascot.
  (그 소년들은 한 떠돌이 개를 마스코트로 길렀다.)

마에스트로 (maestro)

정명훈씨를 위대한 마에스토로라 부르는데 아무도 이의를 말하지 않을 것이다.

이 **maestro**[máistrou]는 master(=대가)를 뜻하는 이탈리아말이 그대로 영어에서도 쓰이고 있는데 이 때 의미는 「대음악가, 명지휘자」 또는 「예술의 거장」을 나타낸다.

- His appearance in the dual role of pianist and maestro, was nevertheless an impressive demonstration of a remarkable musical talent.
(피아니스트와 지휘자의 두 역할을 동시에 수행했음에도 그는 뛰어난 음악적 재능을 인상깊게 보여주었다.)

마이크 (microphone)

「소리를 크게 만드는 확성기」를 「마이크」라 하는데 이것은 **microphone**[máikrəfòun]의 준말이다. 이 micro-는 「아주 작은(=very small)」의 뜻이며 「아주 큰(=very large)」은 macro-라 한다.

「미시적 경제학」을 **micro-economics**라 하며 「거시적 경제학」을 **macro-economics**라 한다.

microscope[máikrəskoup]는 「아주 작은 것을 보는 기구」
⇒ 「현미경」

microfilm[máikrəfilm]은 「서적 등의 축소, 복사용의 아주 미세한 필름」을 말한다.

microwave[máikrəweiv]는 「극초 단파」이다.

마트 (mart)

「시장」을 뜻하는 market의 단축형에서 생긴 말이나 이 mart는 market보다 규모가 큰 뜻으로 「무역의 중심지」 또는 「거래나 장사의 중심지」를 말한다.

> ☞ New York and London are the two great marts of the world.
> (뉴욕과 런던은 세계의 양대 시장이다.)
>
> ☞ Lisbon outshone Venice as a mart for Oriental spices.
> (리스본이 동양의 향신료를 다루는 시장으로 베니스를 무색하게 했다.)

말라리아 (malaria)

「학질」이란 질병을 말하는 이 malaria는 mal(=bad) aria(=air)로 「나쁜 공기」를 말한다.

옛날에는 이 「말라리아」가 「나쁜 공기」에서 생긴 「질병」이라 생각한 모양이다.

「나쁜(=bad)」을 뜻하는 **mal**이 사용된 주요 낱말은 다음과 같다.

◆ malady「나쁜 상태」⇒「질병」

● Poverty and slums are social maladies.
(빈곤과 빈민굴은 사회의 질병이다.)

◆ malice「나쁜 생각」⇒「악의」
※ 형용사는 malicious로「악의를 품은」의 뜻.

● Lincoln asked the people of the North to act "with malice toward none, with charity for all."
(링컨은 북부의 국민에게 다음과 같이 행동하기를 요구했다.「누구에게든 악의를 품지 말고 모두에게 자비심을 갖고서 행동하라」)

● I think that story is nothing more than malicious gossip.
(나는 그 이야기가 악의에 찬 가십에 지나지 않는다고 생각한다.)

◆ malnutrition「나쁜 영양」⇒「영양 실조」
※ nutrition은「영양」의 뜻.

● People suffer from malnutrition because of eating the wrong kinds of food as well as from lack of food.
(사람들은 음식물의 부족으로써뿐 아니라 그릇된 종류의 음식물을 먹음으로써 영양 실조에 걸린다.)

◆ maltreat「나쁘게 대우하다」⇒「학대하다」

● Only very mean persons maltreat animals.
(매우 야비한 인간들만이 동물을 학대한다.)

매거진 (magazine)

「잡지」를 말하는 이 magazine[mǽgəziːn]에는 「탄약고」 「필름 통」, 「천연의 보고」 등의 의미가 있다.

- Most magazines are published either weekly or monthly.
 (대부분의 잡지들은 주간 아니면 월간으로 발행된다.)
- The enemy have evacuated the south side, after exploding their magazines.
 (적군은 자신들의 화약고를 폭파한 뒤 남쪽으로 철수했다.)
- This district is a magazine of mineral wealth.
 (이 지역은 광물 자원의 보고이다.)

매너리즘 (mannerism)

「만네리즘」이라고도 말하는 mannerism[mǽnərizəm]은 「방법, 방식, 태도」를 뜻하는 manner[mǽnər]에 「주의, 사상」을 뜻하는 접미사 -ism이 결합된 낱말로 문학·예술의 표현 수단이 타성적인 틀에 박혀 신선미가 없는 것, 또는 일을 수행하는 방식이 틀에 박혀 창의성이 없음을 말한다.

mannered[mǽnərd]는 형용사로 「매너리즘에 빠진」을 말하고 이런 사람을 mannerist라 한다.

- Tintoretto and EI Greco are sometimes referred to as essentially mannerists.
  (틴토레토와 엘 그레코는 근본적으로 매너리스트라고 종종 언급된다.)

- His reputation is declining due to his mannered style of writing.
  (그의 틀에 박힌 글 때문에 그의 명성은 기울고 있다.)

매니저 (manager)

유명 연예인들은 「매니저」를 두고서 자신의 일을 돌보게 한다. 이 낱말은 「잘 다루다, 처리하다」를 뜻하는 동사 **manage** [mǽnidʒ]에 「사람」을 나타내는 접미사 *-er*가 붙어 manager가 된 것인데 영어에서 널리 쓰이는 낱말이다. 「지배인, 경영인, 간사, 감독, 부장, 국장」 등 우리말로 옮길 때는 상황에 따라 여러가지로 번역된다.

a stage manager라 하면 「무대 감독」이 되고 **a hotel manager**라 하면 「호텔 지배인」이 되며 **a bank manager**라 하면 「은행 지점장」이 된다.

manage는 「손」을 뜻하는 라틴어 *manus*를 어근으로 취하여 **handle** 즉 「다루다」를 말한다.

- They hired a man to manage the business.
  (그들은 그 사업을 다룰 사나이를 채용했다.)

매니큐어 (manicure)

「손톱을 예쁘게 꾸미는 화장술, 또는 그 화장품」을 「매니큐어」라 하는데 영어 철자와 발음은 manicure[mǽnəkjuər]이다. 이 낱말의 전반부 mani-는 「손(=hand)」을 뜻하며 cure는 「돌보다」를 뜻하는 care의 변형이다.

manual[mǽnjuəl]은 「손의, 수동의」를 말하고 manufacture[mæ̀njufǽktʃər]은 「손으로 만든 것」 ⇒ 「제조」, 「제작하다」를 말한다. cure[kjuər]는 「치료」또는 「치료하다」를 뜻하나 이 낱말은 「걱정하다, 돌보다」를 의미하는 care[kɛər]의 변형이다.

「발(=foot)」을 뜻하는 pedi가 붙은 pedicure[pédikjuər]는 「발톱 화장술」을 말한다.

매머드 (mammoth)

「맘모스」라 발음하는 사람도 있는데 아무튼 이 낱말은 「**엄청나게 큰**」을 말한다. 「맘모스 백화점」이란 「거대한 백화점」을 뜻한다.

이 mammoth[mǽməθ]는 「신생대의 거대한 코끼리」를 일컫는 말이나 지금은 「아주 거대한 것」을 나타낼 때 쓰이고 있다.

> • Digging the Panama Canal was a mammoth undertaking.
> (파나마 운하의 발굴은 거대한 사업이었다.)

매스 미디어 (mass media)

「(신문·라디오·텔레비젼 등) 대중 전달 매개체」를 일컫는 mass media[mǽs mí:diə]의 mass는 「큰 집단, 대량」의 뜻이고 media는 「중간물, 매개체」를 뜻하는 medium의 복수형이다.

라틴어로 -um이나 -on으로 끝나는 명사의 복수형은 -a로 바뀐다.

예를 들어 bacteria[bæktíəriə](박테리아)는 bacterium의 복수형이며 「자료」를 뜻하는 data[déitə, dǽtə]는 datum의 복수형이고 「(판단·비판의) 표준, 기준」을 뜻하는 criteria[krɑitíəriə]는 criterion의 복수형이고 우리가 잘 아는 phenomena[finámənə](현상, 사건) 역시 phenomenon의 복수형이며 「비망록, 메모」의 뜻인 memorandum[mèmərǽn-dəm]은 단수형이며 복수형은 memoranda가 된다.

「(관람석으로 둘러싸인)경기장」을 stadium[stéidiəm]이라 하는데 「여러개의 경기장」을 말하려면 복수형 stadia[stéidiə]를 써야 한다.

우리가 흔히 쓰는 「매스컴」은 mass communication의 줄인 말로 역시 「대중 전달(매개체)」의 뜻이다.

communicate[cəmjúnəkèit]는 「(정보·뉴스 등을)전달하다, 의사를 소통하다」의 뜻이고 이것과 비슷한 commune[kəmjúːn]은 「친하게 사귀다, 즐겁게 이야기를 나누다」의 뜻이다.

- We have yet to communicate with the inhabitants of another planet.
(우리는 아직 다른 혹성의 주민들과 통신교환을 하지 못하고 있다.)

- He lived, feasting with the great and communing with the literary.
(그는 위대한 인물들과 잔치를 즐기면서 그리고 박식한 자들과 즐겁게 이야기하면서 살았다.)

- A good deal of adult education has been accomplished by the mass media.
(성인 교육의 큰 부분이 매스 미디어로 이루어졌다.)

매저키즘 (masochism)

「피학대 음란증」을 뜻하는 「변태 성욕」의 하나를 말하는데 이런 증세의 환자를 **masochist**라 한다. ※사디즘을 참조하라.
이 낱말은 오스트리아 소설가 Masoch(1836-1895)가 자신의 소설에 이런 「변태 성욕자」를 등장시켰다.

- Then come the masochists whose only longing is to suffer, in real or symbolic form, humiliations and tortures at the hands of the loved object.
(그 다음에 매저키스트가 등장하는데 이 자들의 유일한 갈망은 진짜건 상징적 형태로든 사랑하는 자의 손에서 굴욕과 고문을 받고 싶다는 것이다.)

매직넘버 (magic number)

「프로 야구에서 2위 팀이 전승하더라도 수위 팀이 우승하게 되는 승수(乘數)의 수효」를 말한다.

이 magic number의 magic[mǽdʒik]은 「마법」「마술같은,신비한」의 뜻이므로 magic number는 「마법수」이다. 이 「마법수」는 「하나의 핵(=nucleus)안에 있는 중성자(=neutron)나 양자(=proton)의 수」를 말하는데 magic number가 2, 8, 20, 50, 82, 126일 경우 그 핵은 아주 안정된 상태이다. 따라서 야구에서 사용되는 magic number란 「우승이 확실한 안정된 승수의 숫자」를 말한다.

매트 (mat)

「도약 · 회전과 같은 운동시 위험 방지용으로 바닥에 까는 푹신한 깔개」를 말하며 「상대방을 매트 위에 눕혔다」 등의 표현을 레스링 시합 때 자주 듣는데 역시 「폭신한 바닥」을 말한다. 이 mat[mæt]는 「현관의 신발 문지르개」나 「욕실의 매트」도 말하는데 「침대요」의 mattress[mǽtris]와 혼동하지 말아야 한다.

이 mat는 다음 예문처럼 쓰이기도 한다.

- The champion went to the mat with the challenger.
  (그 레스링 챔피언은 도전자와 겨루게 되었다.)

- The union may go to the mat with the management over wages.
  (노조는 경영자측과 임금 문제를 놓고 다투게 될 것이다.)

맥시멈 (maximum)

「최고점 · 최대량」을 뜻하는 이 maximum[mǽksəməm]은 라틴어로 great를 뜻하는 *magus*의 최상급이다.

- Drivers must not exceed a maximum of 55 miles an hour.
  (운전자는 최고 속도인 시속 55마일을 초과해서는 안된다.)

  ※ 이 낱말의 동사형은 maximize[mǽksəmàiz]로 「극대화하다」를 말한다.

- Instead of maximizing facilities for motorcars, we should maximize the advantages of urban life.
  (자동차 시설들을 극대화하는 것 대신에 교외 생활의 장점을 극대화해야 한다.)

  ◆ 「격언. 금언」을 maxim[mǽksim]이라 하는데 maximum의 준말에서 생겼다.

- "A stitch in time saves nine" and "Look before you leap" are maxims.
  (「제 때의 한 바늘은 아홉 바늘을 아낀다」와 「뛰기 전에 살펴라」는 격언이다.)

맨션 (mansion)

mansion[mǽnʃən]은 「대저택」을 말한다. 따라서 「맨션 아파트」란 영어는 없다. 아마도 대저택에 버금가는 apartment라는 의미로 만들어진 콩글리시(한국식 영어)임에 틀림없다. 이 낱말과 비슷한 것에 mason[méisən](석공)이 있다.

- The grand mansion was built by a great mason.
  (그 웅장한 저택은 어느 위대한 석공에 의하여 건축되었다.)

맨홀 (manhole)

「지하의 하수관·수도관 등의 검사나 수리·청소를 위해 사람이 드나드는 구멍」을 일컫는 이 manhole[mǽnhoul]은 글자 그대로 「사람(=man)이 출입하는 구멍(=hole)」을 뜻하는 낱말이다.

- A workman entered the sewer through the manhole.
  (노동자 한 사람이 맨홀을 통해 하수구에 들어갔다.)

머플러 (muffler)

「마후라」라고 발음하는 사람도 있는데 아무튼 「**목도리**」를 말하는 이 **muffler**[mʌ́flər]의 **muffle**은 「덮다. 감싸다」의 뜻이다. 따라서 **muffler**에는 「소리를 감싸는 기구」 ⇒ 「소음기」의 뜻도 있다.

> ●◆ She muffled her face with a scarf.
> (그녀는 스카프로 얼굴을 감쌌다.)

멀티미디어 (multimedia)

「다양한 미디어를 사용한 커뮤니케이션」을 말하는 이 **multimedia**는 multi(=many)+media(=「매개물」을 뜻하는 medium의 복수형)으로 「많은 매개물」이란 의미이다.

이 낱말에 대한 영영사전의 설명은 다음과 같다.

> ●◆ It's a combimation of various media, such as tapes, film, phonograph records, photographs and slides, to entertain, communicate, teach, and the like.
> (이것은 다양한 매개물의 결합으로 예를 들어 테이프, 필름, 전축판, 사진과 슬라이드를 써서 오락, 통신, 교육 등에 사용된다.)
>
> ◆ multi가 many의 뜻이라 했는데 이것을 사용한 낱말들이 실로 multi하다.

◆ 「음성 다중 방송」을 multiplex broadcasting이라 한다. 지난 걸프 전쟁시 위력을 발휘한 「다국적군」을 multinational forces라 한다.

◆ 「다국적 기업」은 multinational corporation이라 하는데 약어인 MNC가 흔히 쓰인다.

※ multiply「여러 겹으로 만들다」 ⇒ 「증가시키다. 곱하다」
multiplied by 3 is 15. (5×3은 15다.)
multitude「많은 상태」 ⇒ 「다수」

☛ In the multitude of counselors there is wisdom.
(여럿이 모이면 묘안이 생긴다.)

◆ multiple「여러 겹의」 ⇒ 「많은」

☛ Benjamin Franklin was a man of multiple interests.
(벤자민 프랭클린은 다양한 흥미를 가진 사람이었다.)

※ 「구구표」를 mutiplication table이라 하며 「다지 선택식 시험」을 mutiple choice test라 한다.

메가톤 (megaton)

「그의 폭탄 선언은 메가톤급 위력을 가졌다」라 할 경우 이 메가톤은 「엄청나게 큰 힘」을 말한다.

megaton[mégətʌn]의 *mega*-는 물리학에서 「100만 배」를 가리킨다. 따라서 **megaton**은 「TNT 100만톤의 폭발력」을 말한다.

이 *mega*-는 「매우 큰, 대규모의」를 뜻하는 많은 낱말을 만들었다.

「거대 기업」을 **mega-corporation**이라 하며 「거대 산업」을 **mega-industry**라 하고 「초대형 제트기」를 **megajet**라 한다. 「과대 망상증」을 **megalomania**[mègəlouméinjə]라 하고 「거대 도시」를 **megalopolis**라 한다. 「확성기」를 **megaphone**이라 함은 누구나 알 것이다. 「100만 볼트」는 **megavolt**이고 「100만 와트」는 **megawatt**이다.

메뉴 (menu)

「식단표」를 뜻하는 이 **menu**[méinju:]는 **minute**(=미세한, 상세한)에서 생긴 말로 「음식에 관하여 자세한 내용을 수록한 것」을 뜻한다.

- The waiter handed each guest a menu.
  (웨이터는 각 손님에게 메뉴를 주었다.)
   ◆ 이 menu는 「요리. 음식」의 뜻으로도 쓰인다.
- Everyone enjoyed the fine menu.
  (모두 맛있는 음식을 즐겼다.)

메달 (medal)

보통 우리는 올림픽이나 기타 운동 경기에서 수여되는 금메달, 은메달 등으로만 알고 있는데 국가 유공자에게 수여되는 훈장 역시 medal이라 한다. **Medal for Merit**는 미국의 「공로 훈장」이며 **Medal for Freedom**은 「자유 훈장」이고 **Medal for Honor**는 「명예 훈장」이다.

이 medal의 d가 t로 바뀐 **metal**은 「금속」을 말한다.

> ● What kind of metal was the medal made from?
> (그 메달은 어떤 금속으로 만들어졌나?)

메들리 (medley)

「**음악의 혼합곡**」 또는 「**체육의 혼합 계주, 혼계영**」을 말하는데 이 medley[mǽdli]의 기본 의미는 「잡동사니」이다.

필자가 중학생이었을 때 공부한 영어 참고서 이름이 「메들리 삼위일체」였는데 문법·독해·작문을 섞어서 엮은 책으로 미국의 Medley라는 사람이 외국 학생을 위해 지은 것이었다. 우연한 일치겠지만 그 사람은 자기 이름의 의미에 어울리게 영어 학습서를 집필한 결과가 되었다.

고대 프랑스어 *medlee*는 mix의 의미였는데 영어의 이 medley는 여기서 파생했다.

> ● The United States grew and thrived on its medley of peoples from Europe, Asia, and Africa.
> (미 합중국은 유럽, 아시아, 아프리카에서 온 사람들로 성장하고 번영했다.)

🕭 It was a medley of songs from several shows on Broadway.
(그것은 브로드웨이에서 공연한 몇개의 쇼에서 딴 여러 노래의 혼합이었다.)

🕭 He showed a medley air of cunning and impudence.
(그는 교활함과 무례함이 뒤섞인 태도를 보였다.)

메리트 (merit)

「그 사업의 메리트는 설비 투자가 별로 필요없다는 것이다」라고 할 경우 이 **merit**[mérit]는 「**장점, 잇점**」을 말한다. 반의어는 **demerit**[dimérit]로 「단점, 과오」를 뜻한다. **merit**가 동사로 사용되면 「(상·벌 등을) 마땅히 받을 만하다」를 말한다.

🕭 Each child will get a mark according to the merit of his work.
(각 아동은 자기 학업의 가치에 따라 점수를 받을 것이다.)

🕭 A hard-working boy merits praise.
(열심히 일하는 소년은 칭찬받을 만하다.)

🕭 The prisoner had so many demerits on his record that he was not eligible for parole.
(그 죄수는 과거 기록에 너무 많은 과오가 있었기 때문에 가석방 될 수 없었다.)

메시지 (message)

「전갈, 전언」등을 말하는 이 message[mésidʒ]는 「보내다(=send)」의 뜻인 라틴어 *missus*에서 생긴 말이다. 「메시지」를 전하는 사람을 messenger[mésənkʒər]라 한다.

먼 곳이나 우주로 날려보내는 「미사일」즉 missile[mísəl] 역시 send의 뜻을 가진 낱말이다.

▩ The servant brought him the message that someone wanted to speak with him over the telephone.
(하인이 그에게 갖고온 전갈은 누군가가 전화로 그와 이야기하고 싶다는 것이었다.)

◆ dismiss[dimís]는 dis(=away)+miss(=send) = 「멀리 보내다」
⇒ 「해고하다. 해산시키다」를 말한다.

▩ They dismissed the cook because of her poor cooking.
(요리가 서툴렀기 때문에 그들은 그 여자 요리사를 해고했다.)

메이크업 (makeup)

「화장」의 뜻으로 우리말에 섞어쓰는 이 makeup은 「짜임새, 구성」 또는 「성질, 체질」을 나타낼 때도 많이 쓰인다. 「화장품」은 cosmetics이다.

- When you have plenty of makeup on, you always get served faster.
  (네가 화장을 잔뜩하면 언제나 빠른 대접을 받는다.)
- People of a nervous makeup are excitable.
  (신경질적 성질의 사람들은 흥분하기 쉽다.)
- Coarsely cosmeticked, her face looked like an aerial photograph of Utah.
  (조잡하게 화장한 그녀의 얼굴은 마치 유타주를 찍은 항공사진과도 같았다.)

메인 샤프트 (main shaft)

「어떤 장치에 여러 개의 축이 있을 때 가장 중요한 축」즉 「주축(主軸)」을 가리키는 이 main shaft의 main[mein]은 「주된」 또는 「주요한」의 뜻이다. 이 main이 명사로 사용되면 「본관(本管)」을 말하는데 「가스관」은 gas main, 「수도관」을 water main이라 한다. 꼭 알아두어야 할 어구이다.

기타 main이 붙은 중요한 어구는 다음과 같다.
mainframe : 「컴퓨터의 본체」 또는 「대형 컴퓨터」
mainstorage : 「컴퓨터의 주 기억 장치」
mainstreet : 「큰 거리, 시의 중심가」
mainstream : 「본류, 주류」
mainland : 「본토」
mainly : 「주로, 대개」

main verb: 「본 동사, 주동사」
main dish: 「주된 음식, 주된 요리」
mainstay: 「가장 중요한 의지물」

- Loyal friends are a person's mainstay in time of trouble.
(충실한 친구는 곤경시 의지할 수 있는 중요한 존재다.)

멤버 (member)

「단체를 구성하는 일원」 즉 「회원」을 말하며 「멤버십」은 「회원의 신분」을 나타내는 말로 흔히 사용된다.

따라서 이 member[mémbər]는 「가족을 구성하는 식구」도 말하며 「어느 과(科)에 속한 동물」도 말한다.

- Every member of the family came home for Mother's Day.
(어머니날에 그 가족의 모든 식구가 집에 왔다.)

- The lion is a member of the cat family.
(사자는 호랑이과에 속한 동물이다.)

  ◆ 다음 예문을 외워 두라.

- I will remember every member of your family.
(당신 가족 모두를 저는 기억할 것입니다.)

모노레일 (monorail)

「단궤 철도」를 말하는 이 monorail[mánourèil]의 mono-는 「단 하나의」를 뜻하는 접두사로 유용한 낱말을 많이 탄생시켰다. 중요한 것을 소개하면 다음과 같다.

monocracy[mənákrəsi] : 「혼자 하는 정치: 독재정치 (=autocracy)」
monocycle[mánousàikl] : 「1륜차」
monodrama[mánoudrӕmə] : 「1인극. 모노드라마」
monogamy[mənágəmi] : 「일부 일처제」
monolog[mánəlɔ̀g] : 「독백극. 1인극」
monomania[mànəméinjə] : 「한가지 일에만 몰두함. 편집광」
monopoly[mənápəli] : 「전매. 독점」
monotheism[mɔ́nouθi:ìzəm] : 「일신교(一神敎)」
monotonous[mənátənəs] : 「단조로운」

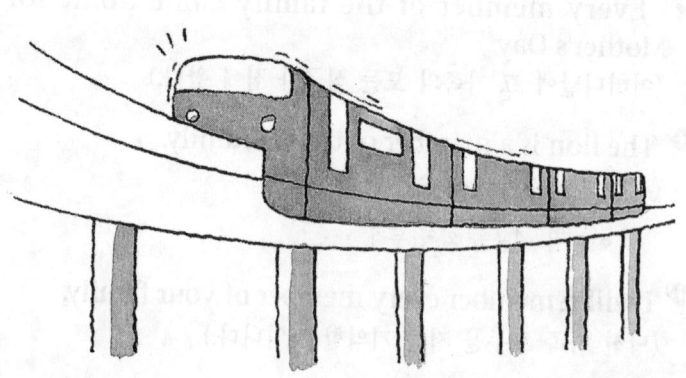

모니터 (monitor)

 방송국에서 「모니터」를 모집한다는 말을 듣고 「모니터」가 도대체 뭘 하는 사람인지 아는 사람보다 모르는 사람이 더 많을 것이다. 이 때 쓰인 monitor[mɔ́nətər]란 「방송 내용을 듣고 장단점과 기타 방송사의 요구 사항을 보고하는 사람」을 말한다. monitor의 어근인 monit는 warn, admonish의 뜻을 가진 라틴어 monere의 변형이다.
 monition[mouníʃən]은 「충고(=admonition), 경고(=waning)」의 뜻으로 자주 쓰인다. 따라서 monitor란 「충고자, 경고자」의 의미이며 「학급 반장」의 뜻으로도 많이 쓰인다.

> ● Several of the older boys in school serve as monitors on the playground.
> (학교의 몇몇 나이든 소년들이 운동장에서 감독자 역할을 수행한다.)

모델 (model)

 「모형」,「모범」,「원형」,「닮은 꼴」 또는 「전형적인 사람, 사물」을 뜻하는 이 model[mádl]은 「방법, 양식」을 뜻하는 mode[moud]의 파생어이다. mode는 라틴어 modus의 변형으로 「틀, 방법, 양식」을 말한다. 이 낱말에 최상급 형용사를 만드는 접미사 -est가 붙은 modest[mádist]가 「최상의 생활방식」 즉 「겸손한」을 뜻한다.

◆ Make your modest father your model and you will become a fine man.
(겸손한 네 아버지를 네 모델로 삼아라. 그러면 너는 훌륭한 사람이 될 것이다.)

♦ moderate[mάdərit]는 「틀에 맞춘」 ⇒ 「절제있는, 온전한」을 말한다.

◆ The party is moderate in views.
(그 정당은 정견이 온건하다.)

♦ accommodate[əkάmədèit]는 ac(=ad: ~을 지향하다)+com(=together)의 접두사가 붙어 「모두 틀안을 지향시키다」 ⇒ 「수용하다, 편의를 도모하다」를 나타낸다.

◆ This airplane is large enough to accommodate over 400 passangers.
(이 비행기는 400명 이상의 승객을 수용할 정도로 크다.)

♦ commodious[kəmóudiəs] 역시 「틀안에 모두 있을 수 있는」 ⇒ 「넓은, 널찍한」의 뜻이다.

◆ Even during change of classes, there is no crowding because the halls and stairways are commodious.
(복도와 계단이 널찍하기 때문에 수업이 바뀔 때도 혼잡하지 않다.)

♦ modify[mάdəfai]는 「틀에 맞추다」 ⇒ 「수정하다, 수식하다」가 되었다.

◆ Adverbs modify verbs, adjectives, and other adverbs.
(부사는 동사, 형용사와 다른 부사를 수식한다.)

♦ modulate[mάdʒulèit] 역시 「틀에 맞추다」가 발전하여 「조절하다」의 뜻이 되었다.

◆ He had a really noble voice which he could modulate with great skill.
(그는 큰 재주로 마음껏 조절할 수 있는 정말 멋진 목소리를 가졌다.)

모랄 (moral)

「그 여자는 모랄에 대한 개념이 전혀 없다」의 경우 이 「모랄」은 「**도덕, 윤리**」를 말한다.

이 moral[mɔ́rəl]과 「사기(士氣), 의욕」을 뜻하는 morale [mərá:l]을 혼동해서는 안된다. moral은 보통 형용사로 사용되어 「도덕의, 품행이 단정한」을 말하고 명사형은 morality [mərǽləti]로 「도덕, 덕행, 교훈」을 말한다. 「도덕 관념」 또는 「도의심」은 moral sense라 한다.

- The fall of the country was due to not only the low morale of its soldiers but also the moral corruption of its people.
  (그 나라의 몰락은 군인들의 사기 저하뿐 아니라 국민의 도덕적 부패 탓이었다.)

- He ranks very high in both intelligence and morality.
  (그는 지성과 도덕성 모두 아주 높은 수준에 있다.)

- The morale of the team was low after its defeat.
  (패배후 팀의 사기는 저하되었다.)

모멘트 (moment)

「**순간, 찰나, 계기**」의 뜻으로 우리가 흔히 쓰는 이 moment [móumənt]는 「운동량, 힘, 추진력」을 뜻하는 momentum [mouméntəm]과 같은 어원의 낱말로 「사물의 움직임」이 「시간의 움직임」 ⇒ 「순간」이 되었다.

- Do not delay; the golden moments fly.
  (지체하지 마라; 황금같은 순간들이 날아간다.)
- A falling object gains momentum.
  (떨어지는 물체는 추진력을 얻는다.)
  ◆ moment에는 「중요성(=importance)」의 뜻도 있다.
  「중요한」은 momentous이고 「순간의」는 momentary로 형용사로 쓰일 때는 다른 형태를 취한다.
- Choosing between peace and war is a momentous decision.
  (평화와 전쟁의 선택은 중요한 결정이다.)
- The danger was increasing momentarily.
  (위험은 순간적으로 증대하고 있었다.)
- We were expecting the postman momentarily.
  (우리는 이제나 저제나 하고 우체부가 오기를 기대하고 있었다.)

모빌 (mobile)

「윤활유」를 mobile[móubəl]이라 하며 「이동 주택」을 mobile home이라 하는데 이 mobile은 move의 변형이다.
「어중이 떠중이」 또는 「폭도」나 「무질서한 군중」을 mob[mɑb]라 하는데 역시 「움직이는 무리」란 뜻이다.

- The destruction and damage caused by the mobs were more extensive than was originally reported.
  (폭도들에 의하여 야기된 파괴와 손실은 최초에 보도된 것보다 훨씬 컸다.)

모션 (motion)

「동작, 몸짓」을 motion[móuʃən]이라 하는데 이 낱말은 「움직이다」를 뜻하는 라틴어의 변형이다. 「영화」를 movie 또는 motion picture라 한다.

이 motion 앞에 「함께(=together)」를 뜻하는 접두사 com-이 붙은 commotion[kəmóuʃən]은 「모두 함께 움직임」 ⇒ 「동요, 소동」을 뜻한다.

- The perpetual contest for wealth keeps the world in commotion.
  (부를 얻으려는 끊임없는 경쟁이 세상을 요란하게 한다.)

  ◆ 「밖으로」를 뜻하는 접두사 e-가 붙은 emotion[imóuʃən]은 「밖으로 움직이다」 ⇒ 「강렬한 감정, 감동」을 말한다. emotional은 「감동적인」을 나타낸다.

- Her reaction to the movie was so emotional that she began to cry.
  (그 영화에 대한 그녀의 반응은 너무나 감동적이어서 그녀는 울기 시작했다.)

모텔 (motel)

motel[moutél]은 「자동차」를 뜻하는 motor와 「호텔」의 결합어로 **「자동차 여행객을 위한 숙박시설」**이다. 따라서 일반 호텔보다 격이나 규모가 낮은 것은 아니다. 「모텔」에 대한 영영사전의 설명을 보자.

☛ Most motels have units that can be entered directly from an outdoor court where cars are parked.
(대부분의 모텔들은 자동차가 주차된 옥외의 안마당에서 바로 들어갈 수 있는 거실들을 갖고 있다.)

모토 (motto)

「좌우명·표어」를 뜻하는 이 **motto**[mátou]는 「말(=word)」을 뜻하는 라틴어 *muttum*에서 생긴 말이다.

☛ "Think before you speak" is a good motto.
(「말하기 전에 생각하라」는 말은 좋은 좌우명이다.)

미네랄 (mineral)

「미네랄 워터」란 「광물질을 함유한 물」을 말한다.
이 **mineral**[mínərəl]은 「광산」을 뜻하는 mine에서 파생한 낱말로 「광물, 무기물」 또는 「생체 기능을 원활하게 하는 광물질」을 말한다.

☛ It is easier to identify minerals than rocks, because minerals have certain definite properties that we can more or less accurately determine.

(바위보다 광물질을 식별하기가 용이하다. 그 이유는 광물질은 우리가 다소 정확하게 결정할 수 있는 어떤 명확한 특성을 소유하고 있기 때문이다.)

미니멈 (minimum)

「맥시멈」의 반대말인 이 낱말은 「**최소량, 최저 한도**」를 의미하는데 이 minimum[mínəməm]은 smallest를 뜻하는 라틴어 *minimus*에서 생긴 말이다.

- Each of the chileren had to drink some milk at breakfast; half a glass was minimum.
  (모든 아이들은 아침 식사때 우유를 좀 마셔야 했는데 최소한 반 잔은 되어야 했다.)
    ◆ 이 낱말의 동사형은 minimize[mínəmaiz]로 「극소화하다」를 말한다.

- The polar explorers took every precaution to minimize the dangers of their trip.
  (극지 탐험가들은 여행의 위험을 극소화하기 위한 모든 예방조치를 취했다.)
    ※ 「작은」을 나타내는 mini-가 사용된 주요 낱말은 다음과 같다.
    miniskirt 「짧은 치마」
    minus 「작게 한」 ⇒ 「~을 뺀」
    miniature[míniətʃər] 「소형의, 소규모의」

- Joan has a minature stapler in her purse. It takes up very little room.
  (조안은 핸드백에 작은 스테이플러를 가지고 다닌다. 그것은 별로 공간을 차지하지 않는다.)

◆ minute[minit]「분(分)」(시간을 작게 쪼갠 부분) 이 낱말을 [mainjúːt]라 발음하면「미세한. 아주 작은」을 뜻한다.

● He gave me minute instructions about how to do my work.
(그는 일하는 방법에 대한 세부 지침을 내게 알렸다.)

※ 다음 낱말의 접두사 di-는 어근을「강조」라는 역할을 한다.
diminsh「작게 하다」⇒「줄이다. 감소하다」
diminution[dimənjúːʃən]「감소. 축소」
diminutive[dimínjutiv]「소형의. 아주 작은」

● The doll's house contained diminutive furniture.
(그 인형의 집은 아주 작은 가구를 안에 갖고 있다.)

● The colonists fought to prevent any diminution of their rights by the king.
(정착민들은 왕에 의하여 그들의 권리가 감소되는 어떤 조치도 저지하기 위해 싸웠다.)

미디 스커트 (midi skirt)

「장딴지의 중간 정도 길이의 치마」를 말하며 무릎 위로 올라간 치마는「미니 스커트」가 된다. **midi**만으로도 midi skirt와 같은 뜻으로 쓰이는데 이 **midi**는「중간」을 뜻하는 **middle**에서 생긴 말이다.

즉 **mid** 또는 **med**는「중간」을 나타내는 어근으로 주요한 낱말을 많이 만들었다.

mediate[míːdièit]는「중간에서 활동하다」⇒「중재하다」이다.

☙ The mayor tried to mediate between the bus company and its employees.
(시장은 그 버스 회사와 종업원 사이에서 중재하려고 애썼다.)

◆ immediate[imíːdiit]는 im(=not)+medi(=middle)+ate(=만들다) ⇒ 「중간에 아무 것도 끼우지 않는」 ⇒ 「즉각의 직접의」 뜻이다.

☙ Please send an immdiate reply.
(즉시 회답을 보내 주세요.)

◆ mediocre[miːdióukər]는 「중간 정도의」 ⇒ 「보통의, 평범한」

☙ I don't want my son to be famous, but to be mediocre.
(나는 내 아들이 유명하기를 원하지 않고 평범하기를 원한다.)

미스테리 (mystery)

「수수께끼」 또는 「추리 소설」을 뜻하는 말로 우리가 흔히 쓰는 이 mystery[místəri]의 원뜻은 「**신비**」 또는 「**비밀**」이다. 따라서 mysterious[mistíəriəs]는 「신비한, 불가사의한」을 뜻한다.

☙ It is a mystery to me how he survived the accident.
(그가 그 사고에서 어떻게 살았는지 내게는 수수께끼다.)

☙ Let's watch a mystery on TV tonight.
(오늘 밤 텔레비전에서 추리극을 보자.)

☙ The smile of the Mona Lisa is mysterious.
(모나리자의 미소는 신비스럽다.)

바겐세일 (bargain sale)

「염가 판매」를 a bargain sale이라 하는데 이 bargain [báːrgin]은 「협정, 거래」 또는 「흥정하다, 맞바꾸다」를 뜻한다. 그런데 bargain sale이란 말은 실제 영어에서는 잘 쓰이지 않으며 그냥 sale이라고 한다.

- This store is having a sale on suits.
  (이 상점은 의류를 염가 판매하고 있다.)
- This ten-doller hat is now on sale for five.
  (이 10달러짜리 모자가 지금 5달러로 특매되고 있다.)
- Running away from home is simply bargaining one trouble for another.
  (가출은 하나의 고통을 다른 고통과 맞바꾸는 것에 지나지 않는다.)

바로미터 (barometer)

「기압계」를 뜻하는 이 낱말의 철자와 발음은 barometer [bərámətər]이다. baro-는 희랍어로 「무게, 기압」을 뜻하며 meter는 「측정 계기」를 말한다.

> ◈ When the barometer indicates a rapid drop in air pressure, it means a storm is coming.
> (기압계기 대기 압력의 빠른 하강을 보일 때 그것은 폭풍우가 접근하고 있음을 뜻한다.)
>
> ※「계기」를 뜻하는 -meter가 붙은 주요 낱말은 다음과 같다.
> 「주행기(走行器)」를 odometer[oudámətər]라 한다.
> 「광도계(光度計)」는 photometer[foutámətər]이다.
> 「속도계(速度計)」는 speedometer[spí:dámətər]이다.

바로크 (baroque)

「미술 용어로 문예부흥 후에 유럽을 풍미한 그림, 건축, 조각 등의 한 양식으로 아주 호화롭고 복잡한 장식을 갖고 있는 것」을 말하는데 통상 「바로크 양식」으로 사용된다.

이 baroque[bəróuk]는 이 양식의 창시자인 이탈리아 화가 Barocci에서 유래한 낱말이다.

> ◈ Baroque architecture prevailed in Europe from about 1550 to the late 1700's.
> (바로크 건축은 1550년 부터 1700년대 말까지 유럽을 풍미했다.)

바리케이트 (barricade)

「**철책**」 또는 「**방색(防塞)**」을 뜻하는 이 barricade[bǽrəkèid]는 원래 큰 통(=barrel)에 흙을 채워 적의 공격을 방어한 데서 생겼다.

- The soldiers cut down trees to make a barricade across the road.
 (병사들은 나무를 베어 도로를 차단하는 바리케이드를 구축했다.)
    - ◆ 이 barricade와 barrier[bǽriər]를 혼동해서는 안된다. 후자는 bar(=빗장, 장애물)에서 생긴 말로 「장벽」 또는 「장애물」을 말한다.
- Lack of water was a barrier to settling much of New Mexico.
 (물 부족이 뉴멕시코 대부분의 정착에 장애 요소였다.)

바베큐 (barbecue)

「**바베큐**」라고도 말하는데 「**고기를 통째로 불에 직접 굽는 야외 요리**」를 일컫는 이 barbecue[bá:rbikju:]는 아무래도 barbarous(=야만스러운)한 요리법이라 하겠다. 「야만인」을 **barbarian**[bɑ:rbɛ́əriən]이라 하고 「야만적임」은 **barbarism** [bá:rbərizm]이라 한다.

어원상으로 barbecue와 barbarian과는 아무 관계가 없으나 한데 묶어 외워두면 좋겠다.

- The barbecue sizzled as the sauce was poured over it.
  (바비큐는 소스를 붓자 지글지글 소리를 냈다.)
- Torture of prisoners is a barbarous practice.
  (죄수를 고문하는 것은 야만적 관행이다.)

바벨 (barbell)

「역기 (力器)」즉 「**역도용 기구**」를 말하는데 영어 철자와 발음은 **barbell**[báərbel]이다. 「아령」을 **dumbbell**[dʌ́mbel]이라 하는데 「울리지 않는(=dumb) 종」이란 뜻이 재미있다. 대신 「역기」는 「철봉(=bar)에 매단 종(=bell)」을 뜻한다.

- A barbell is a gymnastic device resembling a dumbbell but with a much longer bar, to which weights may be added, used for lifting exercises.
  (바벨은 운동 기구로 아령을 닮았으나 훨씬 긴 철봉을 가지고 그 철봉에 원반들이 첨가될 수 있으며 역도 운동에 사용된다.)

바인더 (binder)

「서류 따위를 철할 때 쓰는 딱딱한 표지」를 일컫는 이 binder는 「bind(=묶다)하는 물건」을 뜻한다. 이 bind의 과거·과거분사형은 bound인데 이 bound는 「묶인」, 「~의 의무가 있는」의 뜻 이외에 「(책이) 장정된, 표지를 단」을 말하기도 한다.

- She bound the package with a tight rope.
 (그녀는 단단한 로프로 그 꾸러미를 묶었다.)
- I feel bound by my promise.
 (나는 내 약속을 지켜야 할 의무감을 느낀다.)
- It's a book bound in cloth.
 (그것은 천으로 장정된 책이다.)

바자 (bazaar, bazar)

「자선 바자」가 있었다는 기사를 종종 읽는다. 이 「바자」는 페르시아어가 그대로 영어에서도 쓰이는 말인데 철자와 발음은 bazaar, bazar[bəzɑ́ːr]이다. 원래 「시장」의 뜻이나 「자선을 목적으로 한 시장」을 말할 때 흔히 쓴다.

- They came, mingling unobtrusively in the dusty crowds and confusion of Kabul's bazarrs and streets.
 (그들은 먼지를 덮어쓴 군중에 섞여 혼잡한 카불의 시장바닥과 거리를 조심스럽게 걸어서 왔다.)

바캉스 (vacation)

「휴가」를 뜻하는 이 낱말은 프랑서어로 영미인들은 쓰지 않는다. 영어는 **vacation**이다. 이 **vacation**은 「비어 있는」을 뜻하는 **vacant**에서 생긴 말이다. 즉 **vacation**은 「자기의 정상적 업무를 일정 기간 비워둔다는 것」을 말한다.

「진공(眞空)」을 **vacuum**이라 하고 「진공 청소기」를 **vacuum cleaner**라 하는데 모두 **emty**를 뜻하는 *vac*-의 어근을 갖고 있다.

- Where do you plan to go on your vacation?
  (휴가에 어디로 갈 계획인가요?)
- The space between the earth and the sun is a vacuum.
  (지구와 태양 사이의 공간은 진공이다.)
- The children were playing in the yard of a vacant house.
  (아이들이 빈 집의 마당에서 놀고 있었다.)

바터 (barter)

「외화가 부족한 북한은 국경선에서 중국 상인들과 바터식 거래를 했다」라 할 경우 이 **barter**[báːrtər]는 「물물 교환」을 뜻한다. 동사로도 많이 사용되는데 「물물 교환하다」를 말한다.

- Nations sometimes trade by barter instead of paying money for the things they need.
  (여러 국가들은 그들이 필요로 하는 물건을 구하는데 현금을 지불하지 않고 종종 물물 교환으로 거래를 한다.)
- The Indians bartered furs for beads and guns.
  (인디안들은 구슬과 총을 얻기 위해 털과 맞바꾸었다.)

바텐더 (bartender)

이 낱말의 영어 철자는 **bartender**이다. 따라서 이 「바텐더」는 「bar(술집)+tender(시중드는 사람)」의 의미이다.

tend란 낱말은 「~하는 경향이 있다」라는 의미 이외에 「돌보다, 시중들다」의 의미가 있다. **attend**(시중들다)란 낱말의 두음이 소실된 것이다.

이 **tend**에 사람을 나타내는 -*er*가 붙어 **tender**가 되면 「간호원, 보호자, 감독」 등을 뜻한다. 이 **tender**에는 「부드러운」의 뜻도 있고 「제출하다」의 뜻도 있다.

- A shepherd tends his flock.
  (목동은 양떼를 돌본다.)
- He did not like his job as baby tender.
  (그는 아기를 보살피는 자기 일이 싫었다.)

발렌타인 데이 (Valentine's Day)

이 St. Valentine's Day는 2월 14일로 해마다 이 날에는 애인끼리 카드나 선물을 주고 받는다. 성 발렌타인은 로마의 기독교 순교자였는데 사실은 이 축일(祝日)과 성 발렌타인과는 하등 관계가 없다. 다만 2월 중순에 로마에서 이교도에 대한 제전(祭典)이 있었을 뿐이다.

특히 이 날에 여성이 남자에게 구애할 수 있다거나 그 날에 초콜릿을 여자가 남자에게 선물로 준다거나 하는 것은 어느 약삭빠른 장사꾼이 꾸며낸 간교에 지나지 않는다.

더욱 기막힌 것은 이 날부터 꼭 한달되는 날을 White Day 라 하여 남자가 여자에게 발렌타인 데이에 받은 선물의 보답을 한다는 것은 어처구니없는 짓이다.

White Day란 영어는 없다. 왜냐하면 세계에서 간교하기가 둘째 가라면 서러워할 일본의 장사꾼들이 만든 말이기 때문이다.

몇 해전 「일본인의 상술」이란 제목으로 Time지에 실린 기사를 요약한다.

- First came Valentine's Day, a Western import that took root in the late' 50s, nearly fitting into Japan's tradition of gift giving.
(서방에서 수입된 발렌타인 데이가 1950년대 말에 정착했는데 일본의 선물 주는 관행에 거의 일치했다.)

- As the years went by, it acquired a flavor all its own; a strictly one-way transfer of chocolate from female to male, with young women giving to their beaux, "official ladies" to their bosses, and even some mothers to their son.

(세월이 지나감에 따라 일본은 그 자체의 독특한 맛을 갖게 되었다; 즉 여자가 남자에게 초콜릿을 건네는 엄격한 일방적 방식이었다. 젊은 여자가 멋쟁이 남자에게 여사원이 남자 상사에게 심지어 어머니가 아들에게 초콜릿을 주었다.)

- "All you men who got giri-choco for Valentine's Day carry out your duty," said one newspaper ad. "If you neglect giri, you're not a real man."
(「발렌타인 날에 의리의 초콜릿을 받은 모든 남성들이여. 이제 보답의 의무를 실행하라」라고 어느 신문 광고는 말했다. 「만약 의리를 저버리면 당신은 진짜 남자가 아니다」)

- "Japanese men are very shy," said Shinozaki, president of the Tokyo-based Shinozaki Confectionery.
(「일본 남자들은 매우 수줍음을 잘 탑니다」라고 동경에 본사를 둔 시노자키 과자회사의 사장인 시노자키가 말했다.)

- "They want to give but are afraid their intentions will be misinterpreted."
(「그들은 주고 싶으나 자신들의 의도가 곡해될까봐 걱정하죠」)

- "We pushed this advertising campaign so they could express themselves naturally."
(「우리는 남자들이 자연스럽게 감사의 표시를 할 수 있게 이런 광고 운동을 밀고 나갔어요」)

- Not everyone was quite that idealistic; asked about the significance of the ritual, a sales clerk at a White Day counter simply replied, "To sell candy."
(그러나 모두가 그렇게 이상적인 것만은 아니다. 이런 행사의 의의에 대한 질문을 받자 화이트 데이 상품 매장의 점원은 단지 이렇게 대답했다. 「사탕을 팔기 위해서죠」)

필자 주: 제발 2월 14일이고 3월 14일이고 더 이상 간교한 일본인의 상술을 본딴 이런 유치한 짓은 그만 두자.

발리볼 (volleyball)

「배구」를 뜻하는 이 volleyball의 volley는 「일제 사격」 또는 「일제 사격하다」를 말한다.

- A volley of arrows rained down upon the attacking knights.
  (억수같은 화살이 공격하는 기사들에게 쏟아졌다.)
- Cannon volleyed on all sides.
  (대포가 사방에서 발사되었다.)
- The volleyball players must hit the ball back and forth over the net with their hands without letting it touch the ground.
  (배구 선수들은 공을 땅에 닿지 않게 손으로 네트 넘어 앞뒤로 쳐야 한다.)

밤퍼 (bumper)

「자동차 앞뒤의 완충기」를 말하는데 「밤바」라 잘못 말하는 사람들이 있다. 영어의 철자는 bumper인데 이 낱말은 「충돌, 쿵하는 소리」 또는 「부딪치다」를 뜻하는 bump[bʌmp]에 기구를 뜻하는 접미사 -er가 붙은 것이다.

이 bump에는 「(부딪쳐 생긴) 혹」을 뜻하기도 한다.

- She bumped against the table in the dark.
  (그녀는 어둠속에서 테이블에 부딪쳤다.)
- He has a bump where a baseball hit him on the head.
  (그는 야구공에 맞은 머리에 혹이 났다.)
- Trucks had been observed moving bumper to bumper with lights on.
  (트럭들이 라이트를 켠채 꼬리에 꼬리를 물고 이동하는 것이 목격되었다.)

배럴 (barrel)

「원유 한 배럴에 20달러다」라고 말할 때 이 **barrel**[bǽrəl]은 「(중간이 불룩한) 통」으로 용량은 42갈론이다.

총이나 대포의 「총신. 포신」도 **barrel**이라 한다.

- The bullet or shell is discharged through the barrel.
  (총알 또는 포탄은 배럴을 통해 발사된다.)
- They bought a barrel of apples.
  (그들은 한 통의 사과를 샀다.)

배터리 (battery)

누구나 「**전지 (電池)**」의 뜻으로 잘 알고 있는 이 **battery** [bǽtəri]는 위의 의미 외에 여러가지 뜻이 있다. 「야구에서 투수와 포수」를 묶어 「배터리」라 한다. 플러스·마이너스 전지가 함께 전력을 배출한다는 이치에서다.

또 이 **battery**는 「치다(=bat)」의 의미를 내포한 낱말로 「포대(砲台)」를 말하기도 한다.

- The car won't start because the battery is dead.
 (전지가 수명이 다하여 그 차는 시동이 걸리지 않는다.)
- Four artillery batteries began firing on the enemy.
 (4개 포병부대의 포대가 적에게 발포하기 시작했다.)

배턴 (baton)

「바통」이라고도 말하는데 이것은 프랑스어 발음이다. 이 **baton**[bǽtən]은 릴레이 경주에서 인계 인수 선수들이 주고받는 「막대기」를 말하나 악단의 지휘자가 휘두르는 「지휘봉」으로도 많이 쓰인다.

- As the conductor lowered the baton the band began to play.
 (지휘자가 배턴을 내리자 악단은 연주를 시작했다.)

백미러 (back mirror)

「자동차의 운전대 앞에 달려 뒤쪽을 보는데 쓰이는 거울」을 말하는 back mirror의 mirror[mírər]는 알다시피 「거울」인데 미개인들에겐 「놀라운 물건」이었다. 라틴어 *mirai*는 wonderful의 뜻으로 *mir* 또는 *mar*의 어근이 몇개의 주요한 낱말을 만들었는데 mirror 역시 그 하나이다.

「기적」 역시 「놀라운 사건」으로 miracle[mírəkl]이라 한다.

- The greatest miracle in the New Testament is the resurrection of Jesus Christ.
  (신약 성경에서 최대의 기적은 예수 그리스도의 부활이다.)
    - ◆ 「신기루」 역시 사막 여행자에게 「놀라운 현상」으로 생각되어 mirage[mirá:ʒ]라 불리게 되었다.
- Mirage is an optical illusion.
  (신기루는 시각적 착각이다.)
    - ◆ 「감탄하다, 찬양하다」를 admire[ədmáiər]라 하는데 「놀라운 마음을 갖게 하다」의 뜻이다.
- All the people admired the admiral for his bravery.
  (전 국민은 그의 용기에 대해 그 해군 제독을 찬양했다.)
    - ◆ 「놀라운」 즉 wonderful의 동의어에 marvelous[má:rvələs]가 있다. marvel은 「놀라다」의 뜻이다.
- I marveled at his courage.
  (나는 그의 용기에 놀랐다.)
- All the food at the party was marvelous.
  (그 파티의 모든 음식은 놀라웠다.)

밴드 (band)

「밴드에 맞추어 선수들이 입장했다」란 「취주악 악단의 연주에 맞추어~」란 뜻이다.

이 band[bænd]는 「일단(=party)」의 뜻과 「**띠, 끈**」 또는 「**(나무 등의) 테**」를 말하기도 한다. a band of thieves라 하면 「도둑 떼」를 말하고 a military band라 하면 「군악대」를 말한다. 동사로 사용되면 「단결시키다」를 나타낸다.

- The children banded together to buy a present for their teacher.
  (아이들은 공동으로 선생님에게 드릴 선물을 샀다.)
- The oak box was strengthened with bands of iron.
  (그 참나무 상자는 철사끈으로 단단히 묶였다.)

뱀파이어 (vampire)

「흡혈귀」 또는 「요부, 창녀」의 뜻으로 유식층에서 흔히 쓰는 이 낱말의 영어 철자와 발음은 vampire[vǽmpaiər]라 하는데 「심판관」을 뜻하는 umpire[ʌ́mpaiər]와 비슷한 꼴을 하고 있다.

- The players called the umpire a vampire.
  (선수들은 그 심판을 흡혈귀라 불렀다.)

버라이어티 쇼 (variety show)

「텔리비전 등에서 노래 · 무용 · 촌극 · 곡예 등을 혼합한 쇼」를 말한다.

「변화」, 「다양성」, 「여러가지 종류」를 뜻하는 이 **variety** [vəráiəti]는 「변하다」를 뜻하는 동사 vary[vέəri]에서 생긴 말이다. vary와 very[véri]의 발음에 유의하라.

- Variety is the spice of life.
 (다양성은 삶의 양념이다.)
- The weather varied very fast.
 (날씨는 아주 빠르게 변했다.)

 ◆ vary가 파생시킨 주요 낱말은 다음과 같다.
 various[vέəriəs] 「가지 각색의」

- There have been various opinions as to the best way to raise children.
 (아이들을 기르는 최선의 방법에 대해 다양한 의견이 있었다.)

 ◆ variable[vέəriəbl] 「변하기 쉬운」

- The weather is more variable in New York than it is in California.
 (날씨는 캘리포니아보다 뉴욕이 더 잘 변한다.)

 ◆ variance[vέəriəns] 「다름. 불일치」

- The politician's actions are at variance with his promises.
 (정치가의 행위는 자신의 약속과 차이가 있다.)

◆ variation[vɛəriéiʃən] 「변화」

🔊 There was no variation in his expression, whatever his mood.
(기분이 어떻든 그의 표정에는 변화가 없었다.)

버클 (buckle)

「혁대를 죄어 고정시키는 장식물」을 말하는 이 buckle [bʌ́kl]이 동사로 쓰이면 「버클로 채우다」 또는 「구부러지다」의 뜻이 된다.

🔊 When the buckle broke his belt came loose.
(버클이 고장나 그의 벨트가 느슨하게 되었다.)

🔊 He buckled his belt.
(그는 벨트에 버클을 채웠다.)

🔊 The heavy snowfall caused the roof of the house to buckle.
(심한 폭설이 지붕을 휘어지게 했다.)

베레 (beret)

우리 국군의 공수특전단 대원들이 쓰거나 영국군이 쓰는 「베레모」는 프랑스어가 그대로 영어에서도 사용되는데 철자와 발음은 beret[bəréi] 또는 [bérei]이다. 언젠가 D여대의 졸업식 장면이 텔레비전에 나왔는데 졸업생 모두 지금까지의 4각모 대신 「베레모」를 쓴 것이 아주 신선하고 친근한 느낌을 주었다.

- A beret is a soft, round cap of wool or felt cloth with no visor.
  (베레모는 양모나 펠트천으로 된 부드럽고 둥근 모자로 챙이 없다.)

- Berets are usually somewhat flat and were originally worn especially in parts of France and Spain.
  (베레모는 약간 납작한 편이며 원래 프랑스나 스페인의 몇몇 지방에서 착용되었다.)

베일 (veil)

「베일에 가려 있다」라 할 경우 **「감추어져 있다」** 또는 **「사실이 덮혀져 있다」**의 뜻이다. 이 veil[veil]은 「사물을 가리는 덮개」 또는 「장막, 가면」의 뜻이다.

reveal[riví:l]은 「드러내다, 폭로하다」를 말하는데 *re*(=back) +*veal*(=veil) ⇒ 「덮개를 벗기다」를 말한다. 이 reveal의 명사형은 revelation[rèvəléiʃən]으로 「폭로」의 뜻 외에 성경의 「요한 계시록」을 말하기도 한다.

- Moslem women used to veil their faces before going into public.
  (모슬렘 여성들은 대중속으로 들어가기 전에 얼굴을 베일로 가렸다.)
- Promise never to reveal my secret.
  (내 비밀을 폭로하지 않겠다고 약속하라.)
- The revelation of the thieves' hiding place by one of them caused their capture.
  (도둑들 중의 하나가 그들의 은신처를 알려주어 그들을 체포할 수 있었다.)

벤처 (venture)

「모험적 사업」을 일컫는 이 venture는 「모험」을 뜻하는 adventure의 두음이 소실된 낱말이다. 일반적 의미의 「모험」을 말할 때는 adventure를 쓰지만 사업에서 투자의 위험성이 따르는 「투기」 또는 「투기적 사업」을 말할 때는 venture 또는 venture business라 한다.

- A lucky venture in oil stock has made him a rich man.
  (석유 주식에 운좋게 투기하여 그는 부자가 되었다.)

- The trip to Alask was quite an adventure for her.
  (알래스카 여행은 그녀에게는 대단한 모험이었다.)

보너스 (bonus)

받을 수록 좋고 많을 수록 좋은 것이 「보너스」이다. 영어의 bonus[bóunəns]는 「좋은(=good)」을 뜻하는 라틴어 *bonus*를 그대로 쓴 말이다. 우리말로는 「상여금, 장려금, 특별 수당」 등으로 옮길 수 있으나 역시 「보너스」가 듣기 좋다.

- The company gave each worker a vacation bonus.
  (회사는 전 종업원에게 휴가 보너스를 주었다.)

  ◆ 「보난자」란 말을 들었을 것이다.
  이 bonanza[bənǽnzə]는 스페인어로 「큰 행운」을 뜻하는데 이 말 역시 라틴어 bonus에서 생긴 말이다.
  영어에서 쓰이는 의미는 「(함유량이)풍부한 광맥」인데 「대성공, 노다지, 운수 대통」 등으로도 쓰인다.

- The oil found on the old farmer's land was a bonanza to him.
  (그 늙은 농부의 땅에서 발견된 기름은 그에게 노다지였다.)

보닛 (bonnet)

흔히 「본넷」이라고도 하는데 「**자동차의 엔진 덮개**」를 가리킨다.

이 **bonnet**[bánit]의 첫번 째 의미는 「여자나 아이들이 쓰는 턱에 매는 끈이 달린 모자」이다. 이것이 「덮개」로 발전했는데 여기서 유의할 것은 「자동차의 보닛」은 영국에서 쓰는 말이고 미국인들은 hood라 부른다.

> At the gas station they raised the hood of our car to put oil in the engine.
> (주유소에서 그들은 우리 차의 보닛을 올리고 엔진에 오일을 주입했다.)

보이콧 (boycott)

「배척」 또는 「**보이콧하다**」의 뜻으로 쓰이는 이 낱말은 Charles C. Boycott(1832-1897)이란 인명에서 생겼다. 이 사람은 영국 정부의 토지 관리인으로 아일랜드 농부들에게 높은 지대(地代)를 징수했다. 흉년이 들어 농부들이 지대의 탕감을 호소했으나 그는 이 요구를 거부했다. 격분한 농부들은 그를 「배척」했고 심지어 그가 마을에 와서 물건을 사거나 농작물을 추수하기 위해 인부를 구하는 일조차 방해했다.

◈ The Amalgamated Clothing Workers were ready to pass a boycott on Japanese textile goods.
(합동 의류 노조는 일본제 직물류에 보이콧을 가할 태세를 갖추었다.)

볼륨 (volume)

「부피」, 「음량」 또는 「(책의) 권」 등의 뜻으로 자주 쓰이는 이 volume[válju:m]은 「구르다(=roll)」를 뜻하는 라틴어 volvere의 변형으로 「두루마리」 ⇒ 「책의 크기」 ⇒ 「물건의 크기」 ⇒ 「소리의 크기」로 쓰이게 되었다.

voluminous[vəlú:minəs]는 「부피가 큰, 옷이 헐렁한, 음량이 풍부한」을 말한다.

◈ A voluminous cloak covered him from head to foot.
(두툼한 외투가 그를 머리에서 발까지 감쌌다.)

※ 「구르다」를 뜻하는 라틴어 volvere는 volv의 형태로 여러가지 의미의 영어 낱말을 만들었다.

◆ involve[inválv]는 「안으로」를 뜻하는 접두사 in-이 붙어 「안으로 구르다」 ⇒ 「포함하다, 말려들게하다」를 나타낸다.

◈ One foolish mistake can involve you in a good deal of trouble.
(어리석은 한번의 실수가 엄청난 곤란에 너를 휘말리게 할 수 있다.)

◆ evolve[iválv]는 「밖으로」를 뜻하는 e-가 붙어 「밖으로 구르다」 ⇒ 「전개하다. 진화하다」의 뜻이 되었다.

Buds evolve into flowers.
(싹이 꽃으로 발전한다.)

◆ revolve[riválv]는 「반복」을 뜻하는 re-가 붙어 「반복하여 구르다」 ⇒ 「회전하다」의 뜻이 되었다.

The moon revolves around the earth.
(달은 지구 주위를 돈다.)

※ 외제 수입차에 volvo가 있는데 그 이름만큼 잘 「굴러가는지」 모르겠다.

볼링 (bowling)

이 낱말의 영어 철자는 bowling으로 bowl[boul]에는 「나무공」의 뜻과 「공을 굴리다」의 뜻이 있다. 또한 이 bowl은 「사발, 공기」의 의미로도 많이 쓰인다.

The men bowled until their arms were sore.
(그 사나이들은 팔이 쑤시기까지 볼링을 했다.)

She had a bowl of soup for lunch.
(그녀는 점심식사로 한 사발의 수프를 먹었다.)

※ 핀을 향해 공이 굴러가는 통로를 「볼링레인」이라 하는데 영어에서는 bowling alley[ǽli]라 한다.

부로슈어 (brochure)

출판·인쇄업자나 홍보관계의 종사자들이 흔히 쓰는 낱말로 「(안내·선전용) 소책자」 또는 「가제본한 책」을 말하는데 프랑스어가 그대로 영어에서도 쓰이고 있다. 철자와 발음은 brochure[brouʃúər]이다.

➾ It's a collection of brochures on vacations abroad.
(그것은 해외 휴양지에 대한 팜플렛을 모은 것이다.)

부르주아 (bourgois)

「유산층」을 뜻하는 이 낱말은 「무산층」의 proletarian [prouləté əriən]의 반대말이다.
　이 「부르주아」의 철자와 발음은 까다롭기 때문에 유의하기 바란다. bourgois[búərzwɑ:]이다. 이 낱말은 「중산층의 시민」으로 「자치도시」 즉 borough[bʌ́rə]의 시민이란 뜻이다. 지금 이 borough가 중요하게 쓰이는 이유는 New York City의 5개 자치구 즉 Manhattan, Bronx, Brooklyn, Queens, Richmond를 borough라 부르기 때문이다.
　영국의 Edinburgh, Cantabury나 독일의 Hamburg 등 지명의 끝부분 역시 이 borough의 변형이다. 우리가 즐겨 먹는 「햄버거」는 Hamburg에서 처음 만들어졌기 때문에 생긴 말이다.

> 'Bourgeois' is an epithet which the riffraff apply to what is respectable and the 'aristocracy' to what is decent.
> (「부르조아」란 천민들이 존경할 만한 것에 적용하는 별칭이며 「귀족」이란 우아한 것에 적용하는 별칭이다.)

부메랑 (boomerang)

boomerang[búːməræŋ]은 오스트레일리아의 토착어로 원주민들이 사용한 무기의 하나이다. 홱 던지면 곡선을 그리고서 던진 사람에게 되돌아 온다. 따라서 이 낱말은 「긁어 부스럼의 논쟁」의 뜻으로 흔히 쓰인다. 동사로 쓰이면 「자신의 행위가 자신을 해친다」가 되겠다.

> The words become a boomerang and snap back with amazing ferocity.
> (말은 부메랑이 되어 놀라울 정도로 잔인하게 홱 되돌아온다.)

> The evidence one member gave against the gang boomeranged, then he was convicted with the rest.
> (갱단 단원 한 사람이 자기 갱단에 불리하게 제시한 증거는 부메랑이 되어 자신도 다른 사람과 함께 유죄선고를 받았다.)

부티크 (boutque)

길을 걷다 보면 「부티크」란 간판이 눈에 띄는데 「**여성용 팻션 용품을 파는 가게**」이다.

이 **boutque**[buːtíːk]는 프랑스어로 「작은 가게(=small shop)」를 뜻한다.

- Much of the excitement in fashion has been generated by the adventurous boutiques of London, Paris, and New York.
  (런던, 파리, 뉴욕의 모험적 부티크들이 유행에서의 큰 흥분을 야기시켰다.)

붐 (boom)

「벼락 경기」를 말할 때 「붐」이라 하는데 원래 **boom**은 「쿵하고 울리는 소리」 또는 「쿵하고 울리다」를 뜻한다.

- Our town is having such a boom that it is likely to double its size in two years.
  (우리 도시는 대단한 붐을 이루어 2년 후면 도시의 규모가 두 배로 클 것 같다.)
- The great bell of St. Peter's tolled with a deep boom.
  (성 베드로 사원의 큰 종이 쿵하고 깊게 울렸다.)

뷔페 (buffet)

「부페」라 말하는 사람도 많다. 「**여러가지 음식을 마음껏 먹을 수 있는 식당**」으로 사용되는 이 **buffet**는 프랑스어가 그대로 영어에서도 쓰이고 있는데 「간이 식당」 또는 「뷔페식 셀프 서비스 식당」을 말한다.

> ☞ The audience munched ham sandwiches and drank beer and cognac in the buffet before the show and during the intermission.
> (관객들은 쇼가 시작되기 전이나 중간 휴식 시간에 뷔페식당에서 햄 샌드위치를 우적우적 씹어 먹고 맥주와 꼬냑을 마셨다.)

브로커 (broker)

「**중개 상인**」, 「**거간꾼**」의 뜻으로 흔히 쓰는 이 **broker**[bróukər]는 「술집 웨이터」를 뜻한 고대 영어의 *brocour*의 변형이다.

> ☞ A broker is a person who acts as a middleman in negotiating bargains or contracts.
> (브로커란 흥정이나 계약을 중개인으로서 협상하는 역할을 하는 사람이다.)

브리핑 (briefing)

「간결한 요약 보고」를 말하는 이 낱말은 「짧은」을 뜻하는 brief[bri:f]에 -ing이 붙은 말이다. **brief**가 동사로 쓰이면 「요점만을 간결하게 알리다」가 된다.

- The commanding officer briefed the pilots about the rescue mission just before they took off.
  (편대장은 이륙 직전 그 구조 임무에 대해 조종사들에게 브리핑했다.)
- The President gave the reporters a briefing on the crisis in Africa.
  (대통령은 아프리카의 위기에 대해 기자들에게 브리핑했다.)
  ※ briefcase[brí:fkeis]는 「간편한 케이스」⇒「서류용 가방」
  brevity[brévəti]「간결」
- Brevity is the soul of wit.
  「간결함이 지혜의 정수」

블랭킷 (blanket)

「담요」를 뜻하는 이 **blanket**[blǽŋkit]은 「흰색(=white)」을 뜻하는 고대 프랑스어 *blanc*에서 생긴 말이다. 지금의 「담요」는 여러가지 색깔과 무늬의 다양한 것이 있으나 최초엔 「흰털」로 만들어졌기 때문에 이런 말이 생겼다. 알다시피 **blank**[blæŋk]는 「공백, 백지」의 뜻이다.

👉 Fill out this application blank and return it at once.
(이 지원서의 공백에 기입하여 즉시 돌려주시오.)

👉 The campers wrapped themselves in blankets and slept near the fire.
(야영자들은 담요를 덮고 불가까이에서 잠을 잤다.)

블로킹 (blocking)

「배구에서 전위가 상대편의 스파이크를 차단하는 행위」를 말하는 이 blocking[blʌ́kiŋ]의 block는 「방해하다」 또는 「(길을) 막다」를 말한다.

blockade[blɑkéid]는 「봉쇄하다」를 뜻하고 blockage [blɑ́kidʒ]는 「봉쇄」를 뜻하나 「방해물, 차단물」로도 많이 쓰인다.

👉 Mother's illness blocked my palns for her birthday party.
(어머니의 병으로 어머니의 생일 파티에 대한 내 계획은 좌절되었다.)

👉 The firemen blockaded the area where the fire was raging.
(소방관들은 불길이 치솟고 있는 지역을 봉쇄했다.)

비디오 (video)

「비디오 테이프」나 「비디오 게임」등의 용어는 이제 초등학생에게도 친숙한 낱말이다.

「영상 회의」를 video conference라 하고 「해적판 비디오」를 video piracy라 하는데 이렇게 우리말처럼 쓰는 이 video [vídiòu]는 「보다(=see)」를 뜻하는 라틴어 *videre*의 변형이다. video는 television의 동의어로도 흔히 사용되는데 television 역시 「tele(=멀리서)+vision(=보는 것)」으로 구성된 낱말이다. 따라서 *vid*뿐 아니라 *vis* 역시 see의 뜻이다. 이런 어근이 든 주요 낱말은 다음과 같다.

evident[évədənt] 「밖으로 보이는」⇒ 「명백한」이며 명사는 **evidence**[évədəns]로 「증거」를 뜻한다.

- Before deciding a case, the judge and the jury heard all the evidence given by both sides.
 (어떤 사건을 판결하기 전에 판사와 배심원은 〈원고·피고〉 양측이 제시하는 모든 증거를 청취했다.)

◆ provident[právədənt] 「미리 보는」⇒ 「선견지명이 있는」,「신중한」을 말한다.

- He had been provident enough to take with him some of his best working tools.
 (그는 아주 신중하게도 자신의 작업 도구 중 가장 좋은 것을 몇개 갖고 갔다.)

◆ visible[vízəbl]은 「볼 수 있는」이고 invisible은 「눈에 보이지 않는」을 말한다. vision[víʒən]은 「시력, 미래상」을 뜻하고 visibility[vìzəbíləti]는 「시계(視界)」를 말한다.

● The vision of the table loaded with food made our mouths water.
(음식이 가득 차려진 식탁을 보자 우리는 군침이 돌았다.)

● With the fog rolling in and visibility approaching zero, it was virtually impossible for planes to land.
(안개가 밀려오고 시계가 영에 가까워져 비행기가 착륙한다는 것은 사실상 불가능했다.)

♦ visa[víːzə]는 우리말의 「사증(査證)」과 뜻이 꼭 같다. 「보여진 것」 ⇒ 「허가된 것」의 의미로 「여권이 조사되어 입국이 허가되었음」을 말한다.

♦ vista[vístə]는 「멀리 내다보이는 경치」 또는 「조망이 좋은 장소」를 말한다.
「와이드 스크린의 영화」를 Vista Vision이라 하는데 「시원스럽게 보임」을 뜻한다.

● The opening between the two rows of trees afforded a vista of the lake.
(두 줄로 늘어선 나무 사이의 확 트인 공지가 호수의 경치를 보여 주었다.)

비스타 비전 (Vista Vision)

「세로와 가로의 비율이 1:1.85의 와이드 스크린의 하나」이다.
Vista Vision의 **vista**[vístə]는 이탈리아어로 「광경(=view)」을 뜻하는데 이것이 그대로 영어에서 쓰이게 되었다.
영어에서는 「멀리 내다보이는 경치, 원경」의 뜻으로 쓰인다. 따라서 「기차의 전망대」를 **vista dome**이라 한다.

> Education should open up new vista.
> (교육은 새로운 시야를 열어주어야 한다.)

비엔날레 (biennale)

1995년 9월부터 11월까지 제1회 「광주 비엔날레」가 150만명이 넘는 관객을 끈 세계 어느 비엔날레 못지않은 성공적 예술·문화 축제를 치루었다.

biennale[biennáːle]는 이탈리아어로 영어의 biennial [bàiéniəl]에 해당되는 낱말인데 뜻은 「2년에 한번 있는」 또는 「격년제의 행사」를 말한다.

이탈리아 로마에서 격년제로 「현대 회화·조각」의 전람회가 있었는데 이 대회의 명칭을 The Binnale라 불렀다. 따라서 비엔날레는 「격년제」의 「행사」임을 유의해야 한다. 1997년에 역시 광주에서 제2회 비엔날레가 열렸다.

◆◆ The Kwangju Biennale attracted more than 1.5
million viewers.
(광주 비엔날레는 150만이 넘는 관객을 끌었다.)

비키니 (bikini)

「투피스로 된 여자용 수영복을 일컫는 이 낱말은 마샬 군도의 한 환초(環礁: atoll)의 이름인 **Bikini**[bəkíːni]」에서 생긴 말이다. 이 지역 원주민들이 입은 옷 모양과 비슷하다 하여 「수영복」의 명칭이 되었다. **bikinied**라 하면「비키니를 입은」을 뜻하는 형용사이다.

◆◆ I dreamed last night that a charming, bikinied girl accosted me, asking for a kiss.
(어젯밤 나는 매혹적인 비키니 차림의 한 여자가 내게 다가와서 키스를 청하는 꿈을 꾸었다.)

비타민 (vitamine)

이 낱말의 영어식 발음은 [váitəmin] 또는 [vítəmin] 두가지지만 미국인들은 주로 [váitəmin]이라 말한다.

vitamine의 어근인 *vita*는 라틴어로 life를 뜻하며 amine은「아민」성분을 말하는데 한마디로 말하여「생명을 유지하는 필수 성분」의 뜻이다. 생명을 뜻하는 라틴어 vita는 **vital** [váitəl] (생명의, 극히 중대한, 치명적인)과 같이 그대로 어근이 되는 경우도 있고 viv와 같은 변형된 모습으로 나타나는 경우도 있다. 두드러진 예로 **vivid**[vívid]가 있는데「생기발랄한, 밝은, 생생한」을 의미한다. **vivify**[vívəfai]라 하면「~에 생명 (또는 생기)을 주다, 활기를 띠게 하다」가 되며 **vivification**[vivəfəkéiʃən]은「생기를 부여함」또는「부활, 소생」을 말한다.

- Her description of the party was so vivid that I almost felt I had been there.
  (그 파티에 대한 그녀의 묘사가 너무나 생생하여 마치 내가 그 파티에 갔던 것처럼 생각되었다.)

- The project is to vivify the desert by irrigation.
  (그 계획은 물을 끌어넣으므로써 사막에 생명력을 부여하는 일이다.)

- He tried to give a vivification into the dull conversation.
  (그는 따분한 대화에 활기를 불어 넣으려고 애썼다.)

  ◆ vive[viːv]는 감탄사로「만세!」를 뜻하는데 프랑스어를 그대로 쓰고 있다.

- "Vive la répuvliqu" means "Long live the republic".
  (「비브 라 레파브리크」란「공화국 만세」를 뜻한다.)

  ◆ 이 vive 앞에「다시」를 뜻하는 접두사 re-가 붙어 **revive** [riváiv]가 되면「소생하게 하다」를 말하며 명사형은 **revival** [viváivəl]로「재생, 부흥」을 뜻한다.
  좀 어려운 낱말로 **reviviscent**[riːvaivísnt]가 있는데「되살아나는, 부활하는」의 뜻이고 명사형은 **reviviscence**[riːvaivísns]로「소생, 부활」을 말한다.

◆ vive 앞에 over의 뜻을 가진 접두사 sur-가 붙어 survive [sərváiv]가 되면 「~보다 오래 살다. 살아남다. 생존하다」를 말한다. 명사형은 survival[sərváivəl]로 「생존」을 의미한다.

☙ Winning the baseball game revived the team's spirit.
(야구경기에 이겨 팀의 사기가 되살아났다.)

☙ On his revival from the swoon he recovered his speech and sight.
(졸도한 후 소생하자 그는 다시 말하고 볼 수 있게 되었다.)

☙ After landing at Plymouth, the Pilgrims suffered greatly; about half of them failed to survive the first winter.
(청교도들은 플리머스에 상륙한 후로 큰 고통을 겪었다. 그들 중 절반가량이 첫해를 살아남지 못했다.)

☙ President Franklin D.Roosevelt died in 1945, and his wife in 1962; she survived him by seventeen years.
(프랭클린 디 루즈벨트 대통령은 1945년에 사망했고 그의 처는 1962년에 죽었다. 그의 처가 17년을 그 보다 더 오래 살았다.)

☙ Thanksgiving Day is a survival from before the American Revolution.
(추수감사절은 미국혁명 이전부터 계승되어 온 관습이다.)

◆ viv- 어근에 형용사 접미사인 acious가 붙은 vivacious [vivéiʃəs]는 「살아있는」 ⇒ 「활기있는. 쾌활한」의 뜻이며 명사형은 vivacity[vivǽsəti]로 「생기. 활발」을 말한다.

☙ John and Betty always give very vivacious parties.
(존과 베티는 언제나 매우 활기넘치는 파티를 열고 있다.)

빔 (beam)

「대들보」를 뜻하는 이 beam[bíːm]은 「광선」의 뜻으로도 자주 쓰인다. 동사로 쓰이면 「빛나다」를 말하다.

- The beams supporting the roof and the sides were all that was left of the house after the fire.
  (지붕과 벽을 지탱하는 대들보만이 화재 후 남은 전부였다.)
- The beam from the flashlight shone on a kitten.
  (회중 전등의 불빛이 새끼고양이 위에 비쳤다.)

빵꾸 (puncture)

「내 양말에 빵꾸가 났다」 또는 「자동차 타이어에 빵꾸가 났다」 등으로 쓰이는 이 빵꾸는 「구멍」 또는 「찔러서 구멍을 내다」를 뜻하는 puncture[pʌ́ŋktʃər]의 일본식 준말이다.

- There is a puncture in this tire.
  (이 타이어는 빵꾸가 났다.)
- The sharp pin punctured the child's balloon.
  (뾰죽한 핀이 그 아이의 풍선을 터뜨렸다.)

  ※ 약간 어려운 낱말 두개를 소개한다.
  「침술」을 acupuncture[ǽkjupʌ̀ŋktʃər]라 하는데 이 낱말의 접두사 acu-는 「날카로운(=acute)」의 뜻으로 acupuncture의 전체 의미는 「날카롭게 찔러 구멍내다」로 이것이 「침술」로 쓰이게 되었다.
  「지압」을 acupressure라 하는데 「날카롭게 누르다」의 의미이다.

삐삐 (beep)

요즘 중학생도 갖고 다닐만큼 보편화된 「호출기」인 이 「삐삐」가 과연 영어일까라고 의심이 날 것이다.

영어 표기는 **beep**[bíːp]인데 영영사전의 설명은 다음과 같다.

- Beep is a sharp, short sound issued by a radio direction-finding apparatus.
  (삐삐는 무전에 의한 방향탐지 기구가 발신하는 날카롭고 짧은 소리다.)

    ※ 다음은 구 소련이 최초의 인공 위성을 발사한 직후 Time지에 실린 기사 한토막이다.

- Did the beeps from the Soviet moon awaken the American people to the realities of the scientific age?
  (소련의 인공위성에서 발신하는 삐삐 소리가 미국인들에게 과학 시대의 현실을 각성시켰는가?)

사디즘 (sadism)

「가학성 변태 성욕」을 말하는 이 sadism은 프랑스의 소설가 Marpuis Donatien de Sade(1740-1814)가 자기 소설에서 이런 「변태 성욕」을 다룬데서 생겼다.

※매저키즘을 참조하라.

> ☛ By his own principles he would stand convicted of various abnormalities, including masochism and sadism.
> (그 자신의 주의에 의하여 그는 매저키즘과 사디즘을 포함한 갖가지 변태 행위로 유죄가 입증될 것이다.)

사보타즈 (sabotage)

「작업방해」를 뜻하는 이 sabotage는 원래 프랑스 노동자들이 노동 쟁의 중에 나막신 (=sabot)을 기계안에 던져넣은 사실에서 생긴 말이다.

- A part of the syndicalist's method is sabotage, which originally refferred to throwing a sabot into a machine so as to stop production and to further revolution.
(그 노동 운동자의 한 방법은 「사보타즈」라 하는 것인데 이것은 원래 기계안에 나막신을 던져넣어 생산을 중단시키고 혁명을 촉진시키는 것을 말했다.)

사이버 마켓 (cyber-market)

엄청난 물량을 진열하는 판매장 없이 몇대의 컴퓨터 만으로 소비자와 생산자를 연결짓는 가상 시장을 「사이버 마켓」이라 한다.

수많은 출판사가 지금까지 간행한 수많은 도서에 대한 정보를 저장한 컴퓨터망을 통해 독자에게 신속히 원하는 책을 공급하는 서점을 「사이버 서점」이라 한다.

얼마전 매스콤의 보도에 의하면 경기도의 고양군은 「사이버 행정」을 통해 업무 능력을 극대화 했다고 한다.

이렇게 요즘 사이버 ○○ 이라고 흔히 쓰는 이 낱말은 결코

신어(新語)가 아니다.

「컴퓨터를 이용한 고도의 자동제어(自動制御)」를 뜻하는 cybernation[sàibənéiʃən]의 준말이다.

cybernetics[sàibənétiks]란 「생물의 제어기구와 기계의 제어기구간의 공통원리를 규명하는 학문」으로 미국 MIT의 Norbert Wiener교수가 제안했다. 이 낱말의 우리말 어역은 「인간두뇌학」이다.

이 낱말의 동사는 cybernate[sàibəneit]로 「컴퓨터를 활용하여 업무처리를 고도로 활성화 하다」인데 이 낱말은 「조종하다(=steer)」를 뜻하는 희랍어 *kybernan*에서 발전했다.

사이코 드라마 (psychodrama)

「심리극」으로 어역될 수 있는데 주로 정신병 치료를 위해 환자에게 시키는 행위를 말한다.

- Two patients volunteered to stage a psychodrama, one acting the submissive wife and the other playing the domineering husband.
  (두명의 환자가 사이코 드라마의 연출에 자원했는데 한 사람은 순종적인 아내의 역을 했고 다른 한 사람은 횡포한 남편의 역을 수행했다.)

- We need to know more about the interrelationship of the psyche and the soma, the mind and the body.

(우리는 정신과 체세포(體細胞), 마음과 육체 사이의 상관관계에 대해 더 많이 알아야 한다.)

◆ 「심리학」을 psychology[saikálədʒi]라 하며 「정신 의학」은 psychiatry[saikáiətri]라 하고 「심리학자」를 psychologist [saikálədʒist]라 하며 「정신과 의사」는 psychiatrist [saikáiətrist]라 한다. 혼동하지 말기 바란다.
　형용사인 psychiatric[sàikiǽtrik]은 「정신의학의」를 말하고 psychological[sàikəládʒikəl]은 「심리학의, 심리학적인」을 말한다.

☙ As psychology analyzes mental process, so sociology analyzes social process.
(심리학이 정신작용을 분석하는 것처럼 사회학은 사회의 발전과정을 분석한다.)

☙ The nation sought also to restore economic health, psychological self-confidence and military vigor.
(이 나라는 또한 건강한 경제와 심리적 자신감과 군사적 활력을 추구했다.)

☙ Psychiatry does not employ the technical methods of psychoanalysis.
(정신의학은 정신 분석학의 기술적 방법을 사용하지 않는다.)

☙ The psychiatrist is concerned with minds that stray from the normal.
(정신과 의사는 정상적 상태를 벗어난 정신상태를 다룬다.)

◆ psycho-로 된 단어는 엄청나게 많은데 사용빈도가 높은 것 몇 개만 알아두자.
　psychoanalysis[sàikouənǽləsis] 「정신 분석」
　phychoanatomy[sàikouənǽtəmi] 「심리 해부」
　위의 두 낱말을 혼동하지 말아라.
　psychosis[saikóusis] 「정신병」
　psychotherapy[sàikouθérəpi] 「심리 또는 정신 요법」

사인 (sign)

「그들은 우리에게 구조의 사인을 보냈다」라 할 경우 이 사인이 「**신호**」를 뜻하는 sign[sain]임을 누구나 알 것인데 우리말로 쓸 경우도 「사인」이라 발음하면 좋을 것을 왠지 몰라도 대부분 쎄게 발음하고 있다. 또한 인기인들에게 받는 「서명」을 「싸인」이라 잘못 쓰고 있는데 이 경우는 autograph라 해야 한다.

이 sign[sain]은 동사로도 자주 사용되는데 이 경우는 「서명하다」, 「신호하다」를 말한다.

이 낱말에 ad-의 변형 as-가 붙은 assign[əsáin]은 「~쪽으로 신호하다」의 의미에서 「할당하다」, 「선정하다」를 말하고 명사형 assignment[əsáinmənt]는 「(일의) 할당, 숙제」를 말한다.

이 낱말에 「아래」를 뜻하는 접두사 de-가 붙어 design[dizáin]이 되면 「디자인, 설계」 또는 「디자인하다, 설계하다」를 말한다. 이 낱말과 어원은 같고 뜻은 약간 다른 말에 designate[dézignèit]가 있다. 「지정하다, 지명하다」를 말하고 명사형인 designation[dèzignéiʃən]은 「지정, 임명」을 말한다.

「뒤로(=back)」를 뜻하는 접두사 re-가 붙은 resign[rizáin]은 「서명한 것을 철회하다」 ⇒ 「사직하다, 포기하다」가 되며 명사는 resignation[rèzignéiʃən]으로 「사직」의 의미로도 쓰이나 「체념」의 뜻으로도 자주 사용된다.

significant[signífikənt](중용한, 의미있는)도 sign의 파생어이다. 동사는 signify[sígnəfài]로 「의미하다, 표명하다」를 말한다.

☞ The captain assigned two soldiers to guard the gate.
(부대장은 두명의 병사에게 정문을 경계하는 임무를 부과했다.)

☞ Today's assignment in arithmetic consists of ten problems.
(오늘의 수학 숙제는 10문제로 되어 있다.)

☞ Red lines designate main roads on this map.
(빨간 줄은 이 지도에서 간선 도로를 나타낸다.)

☞ The designation of Cabinet officials is one of the powers of the President.
(내각 각료의 임명은 대통령 권한의 하나이다.)

☞ The manager of the local newspaper resigned his position.
(그 지방 신문의 관리자는 자신의 직책을 사임했다.)

☞ There have been so many resignations from the committee that a new one must be formed.
(그 위원회는 사퇴자가 너무 많아 새 위원회가 구성되어야 한다.)

☞ She bore the pain with resignation.
(그녀는 체념하고 그 고통을 참았다.)

☞ July 4, 1776, is a significant date for Americans.
(1776년 7월 4일은 미국인들에게 중요한 날이다.)

☞ What does it signify how we dress on a camping trip?
(우리가 캠핑가는데 어떤 복장을 하느냐가 무엇 때문에 중요한가?)

◆ 「체념」을 뜻하는 resignation이란 낱말을 대하면 다음 essay가 생각나고 학생들에게 소개하고 싶은 강한 충동을 느낀다.

🔌 It is said the suffering results in resignation, and resignation is looked upon as a solution to the perplexities of life. But resignation is a surrender to hostile whims of chance. Resignation accepts the slings and arrows of outrageous fortune and calls them good. It kisses the rod that chastens it. It is the virtue of the vanquished. A braver spirit will have no dealings with resignation; it will struggle unceasingly against circumstances, and though conscious that the struggle is unequal, fight on. Defeat may be inevitable, but it is doubly defeat if it is accepted.

(고통이 체념을 낳는다고 말하며 체념은 인생의 갖가지 어려움을 해결하는 수단으로 간주된다. 그러나 체념은 우연이라는 적대적 변덕에 대한 굴복이다. 체념은 포악한 운명의 팔매질과 화살을 받아들이며 그것을 좋은 것이라 부른다.

그런 짓은 자기를 때리는 매에게 입을 맞추는 일이다. 그것은 정복당한 자의 미덕이다. 보다 용기있는 정신은 체념과 거래하지 않는다; 용기있는 정신은 환경과 부단히 싸우며 비록 그 싸움을 감당할 수 없다고 의식한다 해도 계속 싸운다. 패배가 불가피할지 모르나 패배를 인정하는 것은 이중의 패배가 된다.)

사파리 (safari)

「**사냥** · **탐험** 등의 원정 여행」을 일컫는 이 safari[səfáːri]는 아랍어로 「여행」을 뜻하는데 이 말이 그대로 영어에서도 사용되고 있다. 「동물을 놓아 기르며 차를 타고 구경하는 동물 공원」을 **safari park**라 한다.

☛ Forsaking academe, he went on a safari in Africa.
(학구적 생활을 포기하고 그는 아프리카의 여행에 나섰다.)

샌드위치 (sandwich)

우리가 즐겨 먹는 이 「샌드위치」는 18세기의 영국 백작 Sandwich에서 생겼다. 이 백작은 도박광으로 식사시 놀음이 중단되지 않도록 「빵 사이에 고기와 야채를 넣은 간이 음식」을 고안했다. 이 낱말이 동사로 사용되면 「억지로 사이에 끼어 넣다」를 말한다.

☛ He was sandwiched between two fat women.
(그는 두 명의 뚱뚱한 여자 사이에 끼였다.)

샐러리맨 (a salaried man)

「**봉급 생활자**」를 뜻하는 이 영어 낱말의 정확한 표현은 a salaried[sǽlərid] man이다. 「봉급, 급료」를 뜻하는 **salary**[sǽləri]는 고대 로마시절 군인들에게 지급한 급료의 일부를 「소금」즉 salt로 대신했다.

따라서 salt의 의미인 라틴어 *salarium*이 변화하여 **salary**가 되었다. 또한 영어의 *salt*나 라틴어 *salarium*의 어근인 *sal*은 소금과 관계있는 몇개의 영어 낱말을 탄생시켰는데 그 중에 **salad**[sǽləd]가 있다. 이 낱말은 우리의 김치처럼 원래 「소금에 절인 야채」를 뜻했다. 물론 지금은 싱싱한 야채를 식초나 마요네즈의 드레싱과 함께 먹지만 옛날엔 소금에 절여 먹었다.

학술용어로 쓰인 **saline**[séilain]은 「염분을 함유한」을 뜻한다. **a saline lake**란 「염수호」를 말한다.

그러면 「소금」의 salt와 「일종의 간장」인 **sauce**의 상관관계는 어떤가? 고대 프랑스어로 sauce를 *saulse*라 했는데 이 *saulse*는 「salt에 절인 음식」을 뜻했다. 지금은 짜지 않는 초콜릿 소스도 있지만 옛날 소스는 우리의 간장과 마찬가지로 소금이 주성분이었다.

saucer[sɔ́ːsər]는 「컵의 받침 접시」로 쓰이고 있으나 원래는 「소스를 담는 그릇」이었다.

sausage[sɔ́ːsidʒ]는 「소시지」라고 우리말에서도 그대로 쓰고 있는데 어원은 **sauce**와 마찬가지로 「소금에 절인 음식」인데 약간 다른 철자와 발음으로 다른 음식물을 가르키게 되었다.

- How much salt do I need for this recipe?
  (이 조리법에서 소금은 얼마나 필요한가요?)
- George hopes his salary can keep up with inflation.
  (조지는 자신의 봉급이 물가상승을 따라갈 수 있기를 바란다.)
- The supermarket is having a sale on salad dressing.
  (수퍼마켓은 샐러드 드레싱을 염가판매하고 있다.)
- UFO's are called flying saucers because some people thought they looked like saucers.
  (UFO를 비행접시라 부르는데 그것들이 접시를 닮았다고 어떤 사람들이 생각했기 때문이다.)

  ※ UFO = Unidentified Flying Object의 약어로 「미확인 비행 물체」의 뜻

- This chemical process requires a saline solution.
  (이 화학처리는 염의 용액이 필요하다.)

샤머니즘 (shamanism)

「주술(呪術)을 중심으로 하는 원시 종교의 한 형태」를 말하는데 우리의 「굿거리」를 영어로 말한다면 shamanism[ʃáːmə-nizm] 또는 shamanistic rite라 하겠다.
shaman[ʃáːmən]은 「주술사, 무당」을 일컫는 말이다.

- The province of the Shaman is the world of ideas, especially about the unknown.

(샤만의 영역은 관념의 세계, 특히 미지의 것에 대한 관념의 세계이다.)

- According to traditional beliefs, the spirits of the departed can be called back to this world, usually by shamanistic rites.
(전통 신앙에 따르면 죽은 자의 영혼이 통상 굿거리에 의하여 이 세상으로 불러올 수 있다는 것이다.)

서스펜스 (suspense)

「영화・소설 등에서 마음을 조마조마하게 만드는 것」을 뜻하는 이 **suspense**[səspéns]의 원래 의미는 「**미결**」 또는 「**이도저도 아닌 상태**」이고 「**불안, 걱정**」을 말한다.

이 낱말의 동사는 suspend[səspénd]로 「매달다」 또는 「(마음을) 조마조마하게 만들다」를 뜻하는데 이 낱말은 라틴어 *sus*(=down)+*pendere*(=hang) ⇒ 「아래로 매달리다」에서 생긴 것이다.

- The detective story kept me in suspense until the last chapter.
(그 탐정소설은 마지막 장까지 나를 조마조마하게 만들었다.)
- Because of the labor dispute, the city's daily newspapers had to suspend.
(노동분쟁 때문에 그 도시의 일간지들은 일시 중단되지 않을 수 없었다.)

서클 (circle)

「같은 종류의 집단」을 뜻하는 이 circle[sə́ːrkl]은 우리말에서도 「서클」이라 그대로 사용하고 있다. 「그는 우리 서클에 가입했다」 등으로 쓴다. 그러나 이 낱말의 원뜻은 라틴어 「고리 =ring」의 뜻에서 나온 것으로 「원」을 뜻한다. 여기서는 이 circle과 그 파생어들을 정리해 보려고 한다.

「원을 그리다」, 「순환하다」 또는 「빙빙 돌다」를 뜻하는 동사는 circulate[sə́ːrkjulèit]이다. 이 동사의 명사형 즉 「순환, 유통」을 가리키는 말은 circulation[sèːrkjuléiʃən]이다. 이 낱말은 「(책등의) 발행부수」를 뜻하기도 한다.

circular[sə́ːrkjulə]는 「원의, 순환성의」를 뜻하고 circulating[sə́ːrkjulèitiŋ]은 「순환하는」을 말한다.

- The distance across the center of a circle is called the diameter.
 (원의 중심을 횡단하는 거리를 직경이라 부른다.)
- The host and hostess circulated at the party, greeting their guests.
 (주인 내외는 파티 장소를 빙빙 돌면서 손님들에게 인사했다.)
- A merry-go-round makes a circular trip.
 (회전목마는 원을 그리며 돈다.)
- Open windows increase the circulation of air in a room.
 (창문을 열면 방안 공기의 순환은 촉진된다.)
- That newspaper has a circulation of 500,0000.
 (그 신문의 발행부수는 50만이다.)

◆ circle의 변형 circum이 「원」을 뜻하는 어근이 되어 몇개의 중요한 영어 낱말을 형성했다.
1. circumstance[sə́:rkəmstæns]는 circum(=round)+stance (=standing)로 「주위에 서 있음」의 뜻인데 이것이 발전하여 「사정, 환경」으로 쓰이게 되었다. 이 경우 통상 복수꼴로 쓰인다.

● **Under the circumstances, I think we did very well.**
(그런 상황에서 우리는 아주 잘 했다고 나는 생각한다.)

2. circumference[sərkʌ́mʃərəns]는 「원의 둘레」 즉 「원주(圓周)」를 말하는데 ference는 라틴어 ferre(=carry)의 변형으로 전체는 「빙둘러 주위를 나르다」의 의미이다.

● **The circumference of the earth is almost 25,000 miles at the equator.**
(지구의 둘레는 적도를 기준으로 대략 25,000마일이다.)

3. circumlocution의 후반부 locution은 speak를 뜻하는 라틴어 loqui의 변형으로 전체는 「빙둘러 말함」을 함축하고 있는데 이것이 「완곡한 표현」으로 쓰이게 되었다.

● **The circumlocution "the game ended with a score that was not in our favor" should be replaced by "we lost the game"**
(「그 경기는 우리에게 유리하지 않는 점수로 끝났다」라는 완곡한 표현은 「우리가 그 시합에 졌다」라는 말로 대치되어야 한다.)

4. circumnavigate[sə́:rkəmnǽvigeit]의 navigate의 의미가 「항해하다」임으로 전체 뜻은 「빙둘러 항해하다」 ⇒ 「항해 일주하다」가 된다.

● **Ferdinand Magellan's expedition was the first to circumnavigate the globe.**
(페르디난드 마젤란의 원정은 세계 일주항해의 첫번째 일이었다.)

● **The rowers expected to circumnavigate the island in a couple of hours, but by evening they were less than half way around.**

(노젓는 사람들은 두 시간 정도면 그 섬을 일주하리라 예상 했는데 저녁까지 그들은 절반도 돌지 못했다.)

5. circumscribe[sə́:rkəskràib]의 scribe는 write의 의미로 전체 는 「빙둘러 그리다」인데 이것이 ⇒ 「한계를 정하다. 제한하다」 의 뜻으로 쓰이게 되었다.

☞ **A physician may decide to circumscribe the physical activities and diet of a heart disease patient.**
(의사는 심장병 환자의 육체적 활동과 식사를 제한하는 결정 을 내릴 수 있다.)

6. circumspect[sə́:rkəmspèkt]의 -spect는 라틴어 specere (=see, look)의 변형으로 전체 의미는 「빙둘러 보다」인데 이것 이 발전하여 「조심성이 있는. 신중한」을 뜻하는 형용사로 쓰이 게 되었다.

☞ **Don't jump to a conclusion before considering all the facts. Be circumspect.**
(모든 사실을 전부 고려하기 전에 성급한 결론을 내리지 말 아라. 신중하게 생각하라.)

☞ **If you had been circumspect, you would have tested the used phonograph before buying it.**
(만약 네가 신중했다면 너는 그것을 사기 전에 그 중고품 전 축을 시험해 보았을 것이다.)

7. circumvent[sə́:rkəmvént]의 vent는 come을 뜻하는 라틴 어 venire의 변형으로 전체 의미는 「빙둘러 오다」가 된다. 이 것이 「우회하다. 앞지르다. 회피하다」로 쓰이게 되었다.

☞ **To circumvent local sales taxes, shoppers often buy in the neighboring communities that do not have such taxes.**
(지방의 판매세를 피하기 위해 구매자들은 그런 세금이 없는 이웃 마을에서 흔히 물건을 산다.)

☞ **With a commonplace capacity, and with a narrow**

political education, he intended to circumvent the most profound statesman of his age.
(능력은 평범하고 정치적 식견은 얕은 그가 당대의 가장 경륜이 깊은 그 정치가를 이기려고 시도했다.)

🔹 He took a roundabout route to circumvent the traffic on the main road.
(그는 간선도로의 혼잡한 교통을 피하려고 우회로를 택했다.)

※ circus[sə́ːrkəs] 즉 「곡마단, 곡예장」은 「원형으로 된 흥행장」의 뜻에서 생긴 낱말이다.
search[sə́ːrtʃ]는 「찾다, 수색하다」를 뜻하는 기본 동사인데 circle의 변형으로 「한 바퀴 돌다」 ⇒ 「돌면서 찾다」의 의미가 발전한 것이다. 이 search에 re-가 붙은 research[risə́ːrtʃ]는 「계속 돌면서 찾다」의 의미가 발전하여 「연구하다, 조사하다」 또는 「학술 연구, 과학적 탐구」나 「수색, 조사」의 뜻으로 쓰이게 되었다.

🔹 The boys searched the entire cave for the hidden treasure.
(소년들은 숨겨진 보물을 찾으려고 동굴 전체를 수색했다.)

🔹 On these three subjects he was directed to read and research.
(이 세가지 주제에 대해 독서하고 연구하도록 그는 지시를 받았다.)

🔹 The researches of men of science have done much to lessen diseases.
(과학자들의 연구가 질병의 감소에 큰 역할을 했다.)

※ research에 관한 재미있는 재담 한 토막.

🔹 When you steal from one author, it's plagiarism; if you steal from many, it's research.
(어느 한 작가로부터 훔칠 경우 그것은 표절이 되나 많은 작가로부터 훔친다면 그것은 연구가 된다.)

※ plagiarism[pléidʒərizm] 「표절, 표절행위, 표절작품」
◆ circumlocution이 「빙둘러 말함」에서 「완곡한 표현」으로 쓰이게 되었다고 설명했다.

이 circumlocution에 관한 어느 영문 학자의 재미있는 설명을 여기 소개하겠다.

To have sexual intercourse를 copulate[kápjuleit](성교하다)라 말하지만 보통의 일상 대화에서는 쓰지 않는다. 그렇다고 fuck나 screw 등은 본격적 음담패설의 경우 말고는 역시 기피되는 낱말이다. 그럼 어떻게 말하는가?

I slept with her.가 바로 「나는 그녀와 관계를 가졌다」를 나타낸다. He sleeps around with any girl.이라 말하면 「그는 어떤 여자와도 관계를 맺는다」의 뜻이다.

intimate[íntimit]는 「친밀한」의 뜻이라고 사전에는 나와 있으나 실제는 「육체관계를 맺은」의 뜻인 경우가 많다. Were you intimate with him?이란 「당신은 그 남자와 육체관계를 맺었나요?」의 뜻이다. 「나는 그 남자와 친하다」를 I'm intimate with him.이라 말하면 오해받기 아주 쉽다.

여성지에 흔히 나오는 표현에 이런 것도 있다.
➥ Don't go all the way. You'll be sorry.
(전부를 허락하지 말아라. 그러면 너는 후회할 것이다.)

좀더 완곡한 표현으로 He did her wrong.이 있는데 우리식 표현으로 바꾼다면 「그는 그 여자를 건드렸다」가 되겠다. 간단히 I did her. 또는 Did you do her?의 표현도 쓴다.

여자가 「임신하고 있다」의 표현도 pregnant라는 말은 잘 쓰지 않으며
① She is expecting.
② She is in a delicate condition.
③ She is about to have a blessed event. 등으로 표현한다.
같은 「임신」이라도 처녀가 원치않게 아이를 배었을 경우는 She is in trouble.이라 말한다.

「죽다」의 표현도 직설적으로 die라는 말은 잘 쓰지 않는다.
① He passed away.
② He fell asleep.
③ He breathed his last.
④ He went to his rewards. 등으로 나타내는데 이 중 어떤 것은 우리말 표현과 유사하다.

센서스 (census)

「인구조사」 또는 「국세(國勢)조사」를 말하는 이 census [sénsəs]와 「의견의 일치」 또는 「여론」을 뜻하는 consensus [kənsénsəs]를 혼동해서는 안된다.

- Census is taken to find out the number of people, their age, sex, what they do to make a living, and many other facts about them.
  (국세조사는 인구의 수와 연령, 성별, 생계 수단과 기타 많은 사실을 알기 위해 실시된다.)

- I am a democrat and therefore prepared to accept the consensus of opinion in this country on the policy we should follow.
  (나는 민주주의자이기 때문에 우리가 추구해야 할 정책에 대해 우리나라의 일치된 여론을 수락할 각오가 되어있다.)

센스 (sense)

「분별, 양식」을 말하는 이 sense는 「느끼다(=feel)」를 뜻하는 라틴어 sentire의 변형이다. 이 sense는 sent, sens의 어근으로 다양한 영어 어휘를 만들었는데 중요한 것은 다음과 같다.
dissent[disént] 「다르게 느끼다」 ⇒ 「의견을 달리하다」
sentiment은 「감정, 정서」이고 형용사는 sentimental이다.

- Most of the class wanted to have a picnic, but three boys dissented.
 (학급의 대다수는 소풍가기를 원했으나 세명의 소년은 반대했다.)

- The sentimental soap opera bores many people.
 (감상적 멜로 드라마는 많은 사람들을 따분하게 만든다.)

  ◆ presentiment[prizéntəmənt] 「미리 느낌」 ⇒ 「예감, 육감」

- I have a presentiment that we're going to have an accident.
 (우리가 사고를 당할 것이라는 예감이 든다.)

  ◆ assent[əsént]와 consent[kənsént]는 모두 「함께 느끼다」 ⇒ 「동의하다, 찬성하다」를 말한다.

- Everyone assented to the plans for the dance.
 (모두 댄스 파티의 계획에 동의했다.)

- My father would not consent to my staying up past 10 p.m.
 (아버지는 내가 밤 10시가 넘도록 자지않는 것에 동의하지 않을 것이다.)

  ◆ resent[rizént]는 「뒤(=back)」를 뜻하는 접두사가 붙어

「감정을 되돌려 보내다」 ⇒ 「분개하다」를 뜻하게 되었다.

- He naturally resented the promotion of his younger colleague to a rank above his own.
(그가 자기보다 나이가 어린 동료가 자기보다 높은 자리로 승진된 것에 분개한 것도 당연하다.)

   ◆ sensory[sénsəri]와 sentient[sénʃiənt]의 용법을 혼동하지 말아야 한다.
   sensory는 「감각의, 지각의」를 뜻한다. 「지각 신경」을 a sensory nerve라 하고 「체감 온도」를 a sensory temperature라 하며 「피부로 느끼는 지수」를 a sensory index라 한다.
   sentient는 「감각력이 있는, 의식하는」을 뜻한다. 다음 두 예문을 통해 sensory와 sentient를 구분하기 바란다.

- The sensory apparatus of bats is similar to radar.
(박쥐의 감각기관은 레이다와 유사하다.)

- To call trees and flowers sentient is the hight of sentimentality.
(나무나 꽃에도 감각의 힘이 있다고 말하는 것은 최고의 감상적 표현이다.)

   ◆ sensual[sénʃuəl]과 sensuous[sénʃuəs] 역시 구분하여 사용해야 한다. 전자는 「육체적 감각의, 관능적인」의 뜻이고 후자는 「감각에 호소하는」의 뜻이다. 다음 두 예문을 통해 용법을 확실히 알아두어야 한다.

- Profligates are basically sensual people.
(난봉꾼들은 근본적으로 육체적 쾌락을 쫓는 자들이다.)

- She derives sensuous delight from traditional church music.
(그녀는 전통적 교회 음악에서 흡족한 기쁨을 얻는다.)

   ◆ 아마도 고교시절 영어선생님에게서 혼동해서는 안될 낱말로 sensible[sénsəbl]과 sensitive[sénsətiv]를 소개받았을 것이다. 전자는 「분별있는」의 뜻이고 후자는 「민감한」의 뜻이다.

- **She is too sensible to do anything foolish.**
  (그녀는 매우 분별심이 있기 때문에 바보같은 짓은 어떤 것도 하지 않을 것이다.)

- **He is amazingly sensitive to his wife's needs.**
  (그는 놀라울 정도로 자기 아내의 요구에 민감하다.)

  ※ 「상식」을 common sense라 하고 「5관」을 five senses라 한다. 「제6감」은 sixth sense이다.

- **Money is like a sixth sense, without which you cannot make a complete use of the other five.**
  (돈은 제6감과 같은 것으로 그것 없이는 다른 5관은 완전한 기능을 발휘할 수 없다.)

셀프서비스 (self-service)

요즘 「셀프서비스」 찻집이나 식당이 늘고 있다. 이 **self-service**는 「스스로 음식을 날라 먹는」의 뜻인데 self-serving 즉 「이기적인」과 혼동해서는 안된다.

- **This is a self-service restaurant.**
  (이 식당은 셀프서비스 식당입니다.)

- **He is a self-serving schemer, intent on discrediting those who stand between him and the presidency of the great corporation.**
  (그는 이기적 책략가로 자신과 대회사의 사장직 사이에 있는 자들을 헐뜯는 일에 골몰하고 있다.)

소프트웨어 (software)

「컴퓨터의 프로그래밍에 관한 시스템이나 서비스의 총칭」을 말한다. ※하드웨어를 참조하라.

「소프트웨어 패키지」란 「특정한 작업을 위해 작성된 프로그램으로 제작회사에 의하여 상품화된 것이며 낱개로 살 수 있는 것」을 말한다. 이 software[sɔ́ftwɛər]의 soft는 알다시피 「부드러운」을 뜻하고 ware는 「제품」을 뜻한다.

- Softweare is the general term used to describe various levels of the language of computer instructions.
  (소프트웨어란 다양한 수준의 컴퓨터 지시어를 묘사하기 위해 사용되는 일반 용어이다.)

쇼맨십 (showmanship)

「쇼맨의 수완」 또는 「쇼맨의 기질」을 말하는데 showman이란 「흥행사」 또는 「연기적 재능이 있는 사람」으로 어역할 수 있다. showmanly[ʃóumənli]란 「쇼맨다운」의 뜻이다.

- The famous blues are played and sung in showmanly style.
  (그 유명한 블루스가 쇼맨 스타일로 연주되고 노래되었다.)
- Showmanship is the skill of a showman.
  (쇼맨십이란 흥행사의 재능이다.)

쇼비니즘 (chauvinism)

「맹목적이며 배타적 애국주의」를 말하는 이 chauvinism [ʃóuvinizm]은 나폴레옹의 맹목적 추종자였던 프랑스의 군인 니콜라스 쇼빈의 이름에서 생겼다. 이런 「맹신주의자」를 chauvinist 라 한다.

> He is a terrific chauvinist about things Korean.
> (그는 한국 풍물에 대한 굉장한 예찬자이다.)

슈퍼마켓 (supermarket)

골목길의 손바닥만한 가게 간판에서 「슈퍼마켓」을 보면 웃음이 난다. 왜냐하면 「슈퍼마켓」이란 「**초대형 상점**」의 뜻이기 때문이다.

> The function of the supermarket is to provide the housewife with all necessities — for her table, her home, her family.
> (슈퍼마켓의 역할은 가정 주부에게 모든 필수품을 제공하는 것이다. 식탁에 올려 놓을 것과 집안의 생활 도구와 가족의 필수품 등을 제공한다.)
>
> ◆ super[súːpər]는 「초과, 과도」의 뜻을 가진 접두사로 수많은 낱말을 만들었다.

superman이나 superwoman은 「초인적 남자」 또는 「초인적 여자」를 말한다.
superabundant는 「너무 많아 남아도는」을 뜻하며 superb[su:pə́:rb]는 「최고의, 아주 좋은」의 뜻이다.

●◆ The actor gave a superb performance.
(그 배우는 최고의 연기를 보여주었다.)

◆ supercomputer는 「초고속 전자 계산기」를 말하며 superconductor는 「초전도체」를 말한다.
superfluous[su:pə́:rfluəs]는 flu가 「흐르다」의 뜻이므로 전체는 「흘러 넘치는」 ⇒ 「남아도는, 불필요한」을 말한다.

●◆ In your sentence, "She refused to accept my invitation to the party" omit the words "to accept"; they are superfluous.
(「그녀는 파티에 대한 내 초대를 수락하기를 거부했다」라는 당신의 문장에서 「수락하기를」의 어구는 삭제하라; 불필요한 말이다.)

◆ superhighway는 「다차선의 고속도로」를 말하고 superimpose는 「포개 놓다, 첨가하다」를 뜻한다.
superintend는 「감독하다」이고 superintendent는 「감독자」를 말한다.

●◆ My father has worked as a superintendent of a factory for ten years.
(제 아버지는 어느 공장의 감독관으로 10년간 일해 왔다.)

◆ supernatural은 「초자연의, 불가사의한」을 뜻하고 supersonic은 「초음속의」를 말한다.
supervise는 「위에서 보다」 ⇒ 「감독하다」이고 supervisor는 「감독자」를 말하며 supervision은 「감독」을 말한다.

●◆ The house was built under the careful supervision of an architect.
(그 집은 어느 건축가의 조심스런 감독아래 건축되었다.)

스모그 (smog)

「서울 하늘은 언제나 스모그로 부옇다」라 할 때 이 「스모그」는 공장이나 자동차의 매연으로 하늘을 가린 연무(煙霧)를 말하는데 이 낱말은 「연기」를 뜻하는 smoke와 「안개」를 뜻하는 fog의 합성어이다.

- Automobile exhaust fumes are one of the major causes of smog.
  (자동차가 배출하는 매연이 스모그를 일으키는 주요한 원인의 하나이다.)

스릴 (thrill)

「전률」즉 「간담을 서늘하게 하거나 아슬아슬한 느낌」을 말하며 그런 느낌을 주는 영화나 소설 등을 「스릴러」라 한다.
이 thrill[θril]이 동사로 쓰이면 「오싹하게 만들다」의 뜻이 된다.

- Stories of adventure thrilled me.
  (모험담이 나를 흥분시켰다.)

- There has been no better thriller since the war than "Dial M for Murder."
  (「살인을 위해 다이얼 엠을 돌려라」보다 더 좋은 스릴러는 전후에 없었다.)

스위치 (switch)

「전기의 흐름을 연결 또는 차단하는 장치」를 「스위치」라 함은 누구나 알고 있는데 이것의 의미가 발전하여 「**변경, 전환**」 또는 「**바꾸다, 교체하다**」로도 쓰인다.

- He lost the election when his supporters made a switch of their votes to the other candidate.
  (그는 지지자들이 다른 후보로 투표를 바꾸어 선거에서 패배했다.)
- Asia's awakening nations could switch the balance of world power.
  (아세아의 부상하는 국가들이 세계의 힘의 균형을 바꿀 수 있을 것이다.)

스위트 룸 (suite room)

호텔의 「스위트 룸」이란 침실·욕실·거실 등이 이어진 마치 아파트와 같은 「**최고급 객실**」을 말한다.

이 suite[swi:t]의 기본적 의미는 「일행·수행원」 또는 「한 벌, 한 줄」을 말한다.

- The queen traveled with a suite of twelve.
  (여왕은 12명의 수행원과 함께 여행했다.)

- ● She has a suite of rooms at the hotel — a living room, bedroon, and bath.
 (그녀는 그 호텔에서 거실과 침실과 욕실이 있는 스위트 룸에 묵고 있다.)

스카우트 (scout)

「Boy Scouts나 Girl Scouts의 한 사람」을 뜻하는 말로 잘 알려진 이 scout[skaut] 는 고대 프랑스어 *escoute*(듣다)에서 생긴 말로 군대에서 「정찰병」「수색대원」의 뜻으로 사용되고 있다. 동사로 사용되면 「정찰하다. 찾아다니다」의 뜻이며 이 의미가 발전하여 「(어떤 운동선수를) 스카우트하다」 등으로 쓰이고 있다.

- ● Go and scout for firewood for the picnic.
 (가서 피크닉에 쓸 땔나무를 찾아보아라.)

스캔들 (scandal)

「추문(醜聞)」을 말하는 이 scandal은 「덫(=trap)」을 뜻하는 희랍어 *skandalon*의 변형인데 이 어원에서 생긴 또 다른 말에 slander가 있으며 「중상, 비방」을 의미한다.

- It was a scandal for the city treasurer to take tax money for his own use.
  (시의 회계관이 사용(私用)을 위해 세금을 편취한 것은 하나의 스캔들이었다.)

- The most worthless people are the most injured by slander.
  (가장 하찮은 인간들이 중상으로 가장 큰 상처를 입는다.)

스케일 (scale)

「스케일이 크다」란 「규모가 크다」를 말하는데 이 scale [skeil]에는 여러가지 의미가 있다.
「저울 접시」 또는 「저울로 달다」로도 쓰인다.

- The buthcher weighed the turkey on the scales.
  (정육점 주인은 칠면조 고기를 저울로 무게를 달았다.)
  ◆ 「(산등을) 오르다」의 뜻도 있다.
- They scaled the wall by ladders.
  (그들은 사다리로 벽을 올랐다.)

◆ 「(생선의) 비늘」 또는 「비늘을 벗기다」로도 쓰인다.

☙ The handle of the pocketknife has an ivory scale on each side.
(그 휴대용 칼의 손잡이 양쪽은 상아로 된 얇은 껍질이 덮혀 있다.)

☙ He scaled the fish with a sharp knife.
(그는 예리한 칼로 생선에서 비늘을 벗겼다.)

◆ scale teeth라 하면 「치아를 스케일링하다」를 말한다.

스케치 (sketch)

미술에서 「스케치」는 「대략적인 그림, 약도」를 말한다. 따라서 이 sketch[sketʃ]는 「초고, 초안, 줄거리, 소품」 또는 「개요를 말하다, 간단히 기술하다」로도 쓰이게 되었다.

☙ The artist made many sketches in pencil before painting the portrait.
(그 화가는 초상화를 그리기 전에 연필로 많은 스켓치를 그렸다.)

☙ Montesquieu sketched a government which should make liberty its end.
(몬테스큐는 자유를 최종 목표로 삼아야할 정부를 묘사했다.)

☙ He gave us a sketch of the accident leaving out the gory details.
(그는 피를 흘린 세부적 일을 빼고 사고의 간략한 개요만 우리에게 말했다.)

스퀴즈 플레이 (squeeze play)

「야구에서 3루의 주자를 타자의 번트로 생환시키는 공격법」을 말하는 이 「스퀴즈 플레이」의 squeeze[skwi:z]는 「꽉 쥐다, 짜내다」를 뜻한다.

- The dictator squeezed money from the people.
  (그 독재자는 국민으로부터 돈을 착취했다.)
- She squeezed juice from a lemon.
  (그녀는 레몬에서 즙을 짜냈다.)

  ※ 「눌러서 내용물을 짜내는 병」을 squeeze bottle이라 한다. 「이용가치가 없어진 사람이나 물건」을 squeezed orange라 하는데 재미있는 표현이다.

스크랩 (scrap)

「(신문·잡지 등에서)오려낸 것」을 말하며 이런 것들을 철한 책을 「스크랩북」이라 한다.
이 scrap[skræp]의 원뜻은 「조각」을 말하며 「먹다 남은 것」을 뜻하기도 한다.

- I gave some scraps of meat to the dog.
  (나는 약간의 고기 조각들을 개에게 주었다.)
- She read aloud scraps from the letter.
  (그녀는 편지의 몇 부분을 큰 소리로 읽었다.)

◆ 이 낱말의 끝에 -e가 붙은 scape[skreip]는 「문지르다. 긁어 내다」를 뜻한다.

☞ She fell and scraped her knee on the sidewalk.
(그녀는 넘어져 보도에 무릎이 긁혔다.)

스크립트 (script)

「(영화 · 라디오 · 연극 등의)대본」을 뜻하는 이 script[skript] 는 「손으로 쓴 것(=handwriting)」을 말한다. a film script는 「영화 대본」이고 scripter 또는 scriptwriter는 「대본 · 각본의 작가」를 말한다.

「쓰다(=write)」를 뜻하는 라틴어는 scribere인데 scrib 또는 script의 어근으로 중요한 영어 낱말을 많이 배출했다.

scribe[skraib]는 writer나 author 또는 journalist의 통칭 으로 사용된다.

☞ Both candidates used professional scribes to prepare their campaign speeches.
(두 후보자는 선거 연설문을 작성하기 위해 전문 작가를 이 용했다.)

◆ prescribe[priskráib] 「미리 쓰다」 ⇒ 「처방하다. 규정하다」 의 뜻이며 명사는 prescription[priskrípʃən]으로 「처방. 법규」 의 뜻이다.

☞ The doctor prescribed a complete rest for her.
(의사는 그녀에게 완전한 휴식을 처방했다.)

◆ describe[diskráib]는 write down의 뜻으로 「기술하다. 묘사하다」를 말하며 명사형은 description[diskrípʃən]으로 「기술, 서술」을 말한다.

■◆ There are no books which I more delight in than in those books that describe remote countries.
(먼 나라들을 서술한 책보다 내게 더 큰 기쁨을 주는 책은 없다.)

◆ inscribe[inskráib]는 「안에쓰다」 ⇒ 「새기다」이고 명사는 inscription[inskrípʃən]으로 「비명(碑銘)」을 말한다.

■◆ His tombstone was inscribed with his name and the date of his death.
(그의 묘비에는 이름과 사망일자가 새겨져 있었다.)

◆ subscribe[səbskráib]는 「밑에 기술하다」 ⇒ 「서명하다. 기부하다. 예약구독하다」의 뜻이며 명사는 subscription[sʌbskrípʃən]으로 「신청. 응모. 예약구독. 기부」를 말한다.

■◆ Your subscription to the newspaper expires next week.
(당신의 신문 예약구독은 내 주에 기한이 끝난다.)

◆ conscribe[kənskráib]는 「누구나 모두 쓰다」의 의미가 발전하여 「징집하다」를 말한다. conscript[kánskript]라고도 한다. 「징병제도」는 conscription[kənskrípʃən]이다.

■◆ With war impending, the nation hastened to conscript all able-bodied men.
(전쟁이 임박하자 국가는 모든 건장한 남자들을 서둘러 징집했다.)

◆ circumscribe[sə́ːrkəmskráib]는 「빙 둘러」의 접두사가 붙어 「원을 그리다. 둘러싸다. 한계를 정하다」를 말하며 명사인 circumscription[sə́ːrkəmskrípʃən]은 「둘러쌈. 한계. 제한」을 말한다.

● The principal circumscribed the activities of the boy.
(교장선생님은 그 소년의 활동을 제한했다.)

◆ transcribe[trænskráib]는 「옮겨쓰다」⇒「베끼다. 고쳐쓰다」이며 transcript[trǽnskript]는 「베낀 것. (학교의) 성적 증명서」를 말한다.

● The minutes of their meeting were entirely transcribed in the bulletin.
(그들의 회의록은 회보에 완전히 전재되었다.)

● The college wanted a transcript of the student's high-school record.
(대학은 학생의 고등학교 성적증명서를 요구했다.)

◆ ascribe[əskráib]는 「~쪽으로 쓰다」⇒「~으로 돌리다」를 말한다.

● He ascribed his failure to bad luck.
(그는 자신의 실패를 불운의 탓으로 돌렸다.)

◆ manuscript[mǽnjuskript]는 「손으로 쓴 것」⇒「원고」를 말한다.

● Your manuscript is both good and original; but the part that is good is not original, and the part that is original is not good.
(자네의 원고는 훌륭하고 독창적이다: 그러나 훌륭한 부분은 독창적이 아니고 독창적 부분은 훌륭하지 않구나)

◆ scribble[skribl]은 「혼잡」의 뜻을 첨가하는 접미사 -ble이 붙어 「마구 쓰다. 갈겨 쓰다」를 말한다.

● No scribbling on the wall!
(벽에 낙서 금지!)

◆ script에 명사형 접미사 -ure가 붙은 scripture[skríptʃər]는 「성서(=the Bible)」를 뜻하는데 보통 Scripture라 표기한다.

● The devil can cite Scripture for his purpose.
(악마도 자신의 목적을 위해서라면 성경을 인용할 수 있다.)

스타일 (style)

「유행하는 형」 또는 「행동 방식」이나 「양식」등을 말하는 이 style[stail]은 「철필」을 뜻하는 stylus[stáiləs]에서 유래된 것으로 「쓰는 방식」⇒「문체」⇒「양식」의 의미로 발전하였다.

● Books for children should have a clear and easy style.
(아동용 서적은 명료하고 쉬운 문체여야 한다.)

● Paris, London, Rome and New York set the style of dress for the world.
(파리, 런던, 로마와 뉴욕이 세계의 복장 스타일을 정한다.)

스태프 (staff)

「직원」 또는 「간부」를 뜻하는 이 staff[stæf]는 「(군의) 참모」「막대기」를 나타내기도 한다. 군에서 「참모 장교」를 staff officer라 한다. 동사로 사용되면 「직원을 배치하다」가 된다.

- The old man leaned on his staff.
  (노인은 지팡이에 의지했다.)
- Our school has a staff of twenty teachers.
  (우리 학교는 교직원이 20명이다.)
- Staffing the administrative services of the new republic has also been difficult.
  (그 신생 공화국의 행정 기관에 직원 배치가 또한 곤란한 일이 되었다.)

스턴트맨 (stunt man)

「영화에서 위험한 장면을 대역하는 배우」를 말하는 이 stunt man의 stunt는 「묘기, 곡예, 아슬아슬한 재주」를 뜻한다.

- Circus riders perform stunts on horseback.
  (서커스의 기수는 말 위에서 아슬아슬한 묘기를 연출한다.)
  ※ 이 stunt에서 t자가 빠진 stun은 「기절시키다」,「어안이 벙벙하게 하다」,「대경실색케하다」를 말한다.

●◆ All the children were stunned at the berathtaking feats of the stunt man.
(모든 아이들은 그 스턴트맨의 아슬아슬한 묘기에 넋이 나갔다.)

스태그플레이션 (stagflation)

「경기 침체속의 인플레이션」을 뜻하는 이 낱말은 「흐르지 않고 정체된」을 의미하는 stagnant[stǽgnənt]와 「물가 상승」을 뜻하는 inflation의 합성이다.
stagnate[stǽgneit]는 「(액체가) 흐르지 않다, 괴다」의 뜻이고 stagnation[stægnéiʃən]은 「침체, 불경기」를 말한다.

●◆ During the summer, business is often stagnant.
(하절기에는 사업이 침체될 때가 많다.)

●◆ France is the country of Catholicism and disbelief, tradition and impiety, stagnation and drama, order and anarchy.
(프랑스는 카톨릭 신앙과 불신, 전통과 불경, 침체와 극적인 요소, 질서와 무질서의 국가이다.)

스태미너 (stamina)

stamina[stǽmənə]는 「정력(精力)」의 의미로 우리가 흔히 쓰고 듣는 말인데 이 낱말은 「꽃가루(=pollen)를 담고 있는

꽃의 일부분」 즉 「수술」을 말하는 stamen[stéimin]의 복수형이다.

또한 **stamina**는 라틴어에서 「운명의 여신(=the Fates)이 잣는 인간수명의 실」을 뜻하기도 했다.

- When the flower is fully open numerous stamina revealed, forming a circle just inside the ring of petals.
(꽃이 활짝 피면 수많은 수술이 나타나 꽃잎들의 둥근 테 바로 안쪽에 원형을 이룬다.)

- The pioneers who lived through the first bitter winters in the rugged wildness must have had remarkable stamina.
(그 거친 광야에서 최초의 혹독한 겨울을 살아남은 개척자들은 놀라운 정력을 가졌음에 틀림없었다.)

스테인 (stain)

「얼룩지지 않은 그릇」을 흔히 「스테인 그릇」이라 말하는데 바른 말은 「스테인레스 그릇」이라야 한다.

왜냐하면 stain[stein]은 「**얼룩, 흠, 착색**」 또는 「**더럽히다, 얼룩지게 하다, 착색하다**」의 뜻이기 때문에 「~이 없는」을 뜻하는 접미사 -less가 붙은 **stainless**[stéinlis]라야 「얼룩지지 않는」이 되는 것이다.

- The tablecloth is stained where food has been spilled.
  (식탁보는 음식이 엎지러진 곳에 얼룩져 있다.)
- His crimes stained the family honor.
  (그의 범죄는 가족의 명예를 더럽혔다.)
- Stainless steel contains a high percentage of chromium, making it very resistant to rust and corrosion.
  (스테인레스 강철은 고도의 크롬을 함유하여 녹슬고 부식하는 것을 크게 막아준다.)

스트레스 (stress)

「압박(=press)」 또는 「긴장(=strain)」을 뜻하는 이 stress는 「고뇌」나 「괴롭히다」를 뜻하는 distress[distrés]의 두음 dis-가 소실된 낱말이다.

이 stress가 strain과 동의어임에도 왕왕 두 낱말이 함께 쓰인다.

- All of us are always under stress and strain.
  (우리 모두 언제나 스트레스를 받고 있다.)
  ※ stress는 「중요성의 강조」를 나타낼 때도 흔히 쓰인다.
- More high schools today lay stress upon science and mathematics.
  (오늘날 과학과 수학에 중점을 두는 고등학교가 늘고 있다.)

스트립 쇼 (strip show)

「옷을 벗는 나체 춤의 쇼」를 말하는 이 strip show의 strip [strip]은 「(껍질을) 벗기다」 또는 「(옷을) 벗다」를 뜻한다.

strip show를 striptease라고도 한다. 따라서 striptease란 「스트립쇼의 무희」를 말한다.

「(마약·무기 등을 찾기 위해) 발가 벗겨 조사하다」를 strip-search라 한다.

- ◐ The monkey stripped the banana by taking off the skin.
  (원숭이는 바나나의 껍질을 벗겼다.)

    ◆ strip과 혼동하기 쉬운 낱말에 stripe[strɑip]가 있는데 「줄무늬」를 말한다.

- ◐ The American flag has thirteen stripes.
  (미국 국기는 13개의 줄무늬가 있다.)

- ◐ Zebras are striped.
  (얼룩말은 줄무늬가 있다.)

스티커 (sticker)

「풀칠이 되어 있는 라벨」을 일컫는 이 sticker[stíkər]의 stick은 「막대기」라는 기본 의미 외에 「찌르다」, 「내밀다」, 「(풀 등으로) 붙이다」, 「옴쭉 못하게 하다」 등의 뜻이 있다.

- Don't stick your head out of the window.
  (창 밖으로 머리를 내밀지 말아라.)
- Stick a stamp on the envelope.
  (봉투에 우표를 붙여라.)
- Our work was stuck by the breakdown of the machinery.
  (기계 고장으로 우리 일은 중단되었다.)

스파링 (sparring)

「권투에서 실전과 똑같이 하는 연습」을 말하는 이 sparring은 「가볍게 치고 덤비다, 말다툼하다」를 뜻하는 spar[spɑːr]의 동명사이다.

- The two old man were sparring about who would win the election.
  (그 두 노인은 누가 선거에서 이길 것인가를 놓고 승강이하고 있었다.)

● A sparring partner is a boxer hired to keep another in practice while training for a fight.
(스파링 파트너란 시합을 대비한 훈련시 선수를 연습할 수 있게 고용된 복서를 말한다.)

스파이 (spy)

「간첩」을 뜻하는 이 spy[spai]는 「염탐하다」 또는 「알아내다」의 뜻을 가진 동사로도 자주 쓰인다.

● He saw two men spying on him from behind a tree.
(그는 두 사나이가 나무 뒤에서 그를 염탐하고 있는 것을 보았다.)

● She was the first to spy the rescue party in the distance.
(그녀가 맨 먼저 멀리서 오는 구조대를 발견했다.)

스파이크 (spike)

「배구에서 공을 상대방 쪽으로 강하게 내려치는 행위」 또는 「구두 바닥에 박힌 뾰죽한 쇠」를 말하는 이 spike[spaik]가 동사로 사용되면 「큰 못으로 박다」 또는 「공을 강하게 내려치다」를 말한다.

- Runners wear spiked shoes to keep from slipping.
  (주자들은 미끄러지지 않도록 스파이크가 박힌 신발을 신는다.)
- He caught his pants on a spike while climbing over the iron fence.
  (그는 철책을 넘어가던 도중 뾰죽한 철사에 바지가 걸렸다.)
- Wearing spikes is forbidden in football, since in this game spikes can cause serious injuries.
  (풋볼에서 스파이크화를 신는 것은 금지되고 있다. 왜냐하면 이 경기에서 스파이크화는 심각한 부상을 일으킬 수 있기 때문이다.)

스퍼트 (spurt)

「경주나 수영에서 전속력을 내는 역주(力走) 또는 역영(力泳)」을 말한다.

마라톤 경주의 중계 방송을 들으면 꼭 이런 말을 듣게 된다. 「이봉주 선수, 마지막 스퍼트를 시작했습니다」

이 spurt[spəːrt]의 원 뜻은 「용솟음, 분출, (감정의) 격발」을 말하며 동사가 되면 「분출하다, (경기의 끝판에서) 전속력으로 달리다」를 뜻한다. 이 spurt는 spirit에서 생긴 말이다.

- The runner spurted near the end of the race.
  (그 주자는 경주의 목적지 가까이서 역주했다.)
- Blood spurted from the wound.
  (상처난 곳에서 피가 분출했다.)

- Spurts of flame broke out all over the building.
  (건물의 사방에서 불길이 터져나왔다.)
    - spurt에서 t자가 빠진 spur[spəːr]는 「박차, 자극」 또는 「박차를 가하다, 격려하다」의 뜻이다.
- Ambition was the spur that made him work.
  (야망이 그를 일하게 만든 자극제였다.)
- Pride spurred the boy to fight.
  (자존심이 그 소년을 싸우도록 고취시켰다.)

스페어 (spare)

「예비 부품」을 「스페어 파트」라 하고 「예비 타이아」를 「스페어 타이아」라 부르는 데서 알 수 있듯이 이 spare[spɛər]는 「예비의, 여분의」 또는 「보결의」 의미로 우리말에 섞어 쓴다. 그러나 이런 의미 외에 이 spare는 여러가지 뜻을 내포하고 있다.

동사로 사용되면 ① 「용서하다」 ② 「아끼다」 ③ 「할애하다」의 뜻이 된다.

- I hope to see you again if I am spared.
  (목숨이 붙어 있으면 다시 당신을 만날 수 있기를 바랍니다.)
- Spare the rod and spoil the child.
  (매를 아끼면 자식을 망친다.)
- I cannot spare time for it.
  (나는 그것에 시간을 할애할 수 없습니다.)

스펙터클 (spectacle)

「장관(壯觀)」 또는 「웅장하고 화려한 구경거리」의 뜻으로 자주 쓰며 영화 광고 등에서 흔히 보는 이 낱말의 영어 철자는 spectacle[spéktəkl]이다.

- The children at play among the flowers made a charming spectacle.
  (꽃사이서 노는 아이들이 매혹적 광경을 이루었다.)
    - ◆ 「안경」을 eye-glasses라 하나 spectacles라 말하기도 한다.
      이 낱말의 어근인 spect는 라틴어 spectare의 준말로 「보다(=see)」를 뜻한다.
      spectator[spékteitər] 「구경꾼. 관객」
      spectacular[spektǽkjulər] 「장관의. 눈부신」

- Motion pictures present spectacular scenes like battles, processions, storms, or races.
  (영화는 전투, 행렬, 폭풍우, 경주와 같은 눈부신 극적 장면을 제공한다.)
    - ◆ 「보다」를 뜻하는 어근인 spect앞에 다양한 접두사가 붙어 여러가지 낱말을 만들었다.
      inspect[inspékt]는 「안을 보다」 ⇒ 「검사하다」이고, 명사는 inspection이다.

- Government officials inspect all factories and mines to make sure that they are safe for workers.
  (정부 관리들은 모든 공장과 광산들이 노동자들에게 안전한가를 확인하기 위해 검열한다.)
    - ◆ respect[rispékt]는 「다시 보다」 ⇒ 「존경하다」
      respectable[rispéktəbl] 「존경할 만한」
      respectful[rispéktfəl] 「경의를 표하는」

● Respectable citizens obey the laws.
(훌륭한 시민들은 법을 준수한다.)

● He was always respectful to older people.
(그는 언제나 노인들을 존경한다.)

◆ conspicuous[kənspíkjuəs]는 「함께」의 뜻인 con에 spect와 같은 뜻인 spic가 붙은 말로 「함께 보는」⇒「눈에 잘 띄는」을 말한다.

● A traffic sign should be placed where it is conspicuous.
(교통 표지판은 눈에 잘 띄는 곳에 설치되어야 한다.)

◆ suspect[səspékt]는 sub의 변형인 sus가 붙은 말로 「아래로부터 보다」⇒「수상쩍게 생각하다. 짐작하다」를 말한다.

● I suspect his knowledge did not amount too much.
(나는 그의 지식이 대단한 것이 못되었다고 생각한다.)

※ [sʌ́spekt]라 발음하면 「용의자」 또는 「수상스러운」을 뜻한다. prospect[práspekt]는 「앞을 보다」⇒「전망. 조망. 예상. 기대」를 말한다.

● Prospest is often better than possession.
(기대가 소유보다 나을 때가 종종 있다.)

◆ introspect[intrəspékt]는 「안을 들여다 보다」⇒「내성하다. 자신을 성찰하다」를 말한다.

● In classical Freudian psychoanalysis, the therapist asks patients to introspect and report whatever comes into their minds, no matter how trivial, illogical, or irrelevant.
(고전적 프로이드의 정신분석학에 있어서 진료의사는 환자들에게 자기성찰을 할 것과 아무리 사소하거나 비논리적이거나 무관한 일이라도 생각나는 것은 무엇이나 보고하도록 요구한다.)

스포츠 (sport)

「운동 경기」를 뜻하는 이 **sport**는 **disport**[dispɔ́ːrt]의 두 음이 소실된 낱말이다. **disport**는 통상 재귀대명사를 수반하여 「흥겹게 놀다, 즐기다」의 뜻이다.

● People laughed at the clumsy bears disporting themselves in the water.
(사람들은 물속에서 장난질 치는 뒤뚱거리는 곰들을 보고 웃었다.)

◆ sports는 sport의 복수꼴로 쓰이기도 하나 그 자체가 형용사 역할을 한다. 따라서 「운동가」는 sportsman이고 신문의 「스포츠란」은 sports column이라 한다.

◆ 「스포츠를 좋아하는」 또는 「경기용의」는 sporting이고 「장난을 좋아하는, 명랑한」은 sportive라 한다.

● The old dog seemed as sportive as the puppy.
(그 늙은 개는 강아지처럼 장난을 좋아하는 것처럼 보였다.)

스포트라이트 (spotlight)

「무대의 한 지점을 밝게 비추는 조명」으로「세인의 주목, 주시」를 뜻하기도 한다.

이 **spotlight**의 spot[spat]는「장소, 점(點)」을 뜻하므로 **spotlight**는「어느 한 곳에 대한 집중 조명」을 말하며 동사가 되면「한 곳을 비추다」⇒「~을 특히 눈에 띄게 하다」를 나타낸다.

- The newspaper will spotlight an industry that few Americans know about.
  (신문은 미국인들이 잘 모르는 어떤 산업을 집중 조명할 것이다.)

- From this spot you can see the ocean.
  (이 지점에서 당신은 바다를 볼 수 있다.)

스프레이 (spray)

「분무기」또는「향수 뿌리개」로 우리가 잘 아는 이 **spray** [sprei]는 중세기 화란어 *sprayen*에서 생긴 말로 **sprinkle** (끼얹다, 물을 뿜다)의 뜻이다.

이 **spray**의 첫번째 뜻은「물보라」또는「튀는 물방울」을 말하며「물을 뿌리다」의 동사로도 쓰인다.

- We were wet with the sea spray.
  (우리는 바닷물이 튀는 물보라에 젖었다.)

- Spray this paint on the cupboard.
  (찬장에 이 페인트를 뿌려라.)
- They sprayed the enemy with bullets.
  (그들은 적군에게 총탄 세례를 퍼부었다.)

스프링클러 (sprinkler)

「살수기 (撒水器)」를 말하는 이 sprinkler의 sprinkle은 「뿌리다, 끼얹다」 또는 「물을 뿜다」의 뜻이다.

- He sprinkled sand on the icy sidewalk.
  (그는 얼어붙은 보도 위에 모래를 뿌렸다.)
- She sprinkled the flowers with water.
  (그녀는 꽃에 물을 뿌렸다.)

  ※ sprinkler system은 「자동 소화 장치」를 말한다.

- Fire departments encourage the use of automatic sprinkler systems.
  (소방서는 자동 스프링클러 장치의 사용을 권장한다.)

슬라이딩 (sliding)

「야구에서 주자가 베이스로 미끄러져 들어가는 동작」을 sliding이라 하는데 slide[slaid]는 「미끄러지다」를 말한다.

명사로 쓰인 slide는 「미끄러짐, 활주」의 뜻 외에 「환등기에 끼워 쓰는 슬라이드」 또는 「산사태(=landslide)」 등의 의미도 있다.

- When the snow-storm stops, let's go sliding down the hill.
  (눈보라가 그치면 언덕에서 슬라이딩하러 가자.)
- He slid a pistol into his pocket.
  (그는 권총을 호주머니 안으로 가만히 쑤셔 넣었다.)
- The small playground had a slide, a seesaw, and two swings.
  (그 작은 운동장에는 미끄럼틀 한대와 시소 한 대 그리고 두 개의 그네가 있었다.)

슬럼프 (slump)

「불경기」나 「인기하락」 또는 「활동의 부진」등을 나타낼 때 흔히 쓰는 이 slump[slʌmp]는 boom의 반의어로 원뜻은 「쿵 떨어지다, 폭락하다, 쇠퇴하다」이다.

- She slumped into a chair and gasped with the heat.
  (그녀는 의자에 폭삭 주저 앉아 더위로 숨을 헐떡였다.)

●✛ The stock market slumped.
   (주식 시장이 슬럼프에 빠졌다.)
   ※ slump와 inflation의 합성어인 slumpflation은 「불황속의 인플레이션」을 말한다.

●✛ Stagflation changed into the still more unspeakable slumpflation.
   (경기 침체속의 인플레이션은 더 한층 형언하기 어려운 경기 하락속의 인플레이션으로 변했다.)

슬로건 (slogan)

주로 사업 집단이나 정치 단체가 내거는 「**표어, 모토**」를 말하는 이 slogan[slóugən]은 아일랜드의 게일족 언어인 *sluagh-ghairm*의 변형인데 이 뜻은 「군대의 함성」이다.

이 낱말의 동사는 sloganize[slóugənàiz]로 「슬로건으로 영향을 주다」를 말한다.

●✛ "Safety first" is our slogan./ "Service with a smile" is the store's slogan.
   (「안전 제일」이 우리의 슬로건이다./ (「미소로 봉사하자」가 그 가게의 슬로건이다.)

●✛ I found the American people "sloganized" and the students "stereotyped".
   (나는 미국인들이 구호에 영향받고 학생들은 판에 박은 듯 진부하다는 것을 알았다.)

시나리오 (scenario)

「**영화의 각본**」을 뜻하는 이 scenario는 이탈리아어가 그대로 영어에서 쓰이고 있다. 「각 장면 즉 각 scene마다 배우의 대사나 행동을 기술한 대본」을 말한다.

> The new style strategists constructed scenarios in which hypothetical opponents would engage in various levels of violence over unstated political objectives.
> (새로운 스타일의 책략자들은 가상적 반대파들이 밝히지 않은 정치 목적에 대해 다양한 수준의 폭력을 행사할 것이라는 시나리오를 작성했다.)

시니컬 (cynical)

「그의 말투는 언제나 시니컬하다」의 경우 이 cynical[sínikəl]은 「**빈정대는, 냉소적인**」을 뜻한다.

cynic[sínik]은 희랍어로 「개와 같은」을 뜻하는데 당시의 「냉소적 인간」을 이렇게 불렀다.

> He cast a cynic's doubting eye on every good deed in a naughy world.
> (그는 이 더러운 세상에서의 모든 선행에 냉소적이며 의심스러운 시선을 던졌다.)

- The boys made several cynical remarks to cover up their disappointment at being left out of the play.
  (소년들은 연극에서 제외된 그들의 실망을 감추기 위해 몇마디 냉소적인 말을 했다.)

시디 (CD)

「콤팩트 디스크」의 약어이다. 요즘 「시디롬」이란 말을 흔히 듣는데 이것은 Compact Disc Read Only Memory의 두문자를 따서 만든 말로 「많은 양의 디지털화한 판독 데이터를 저장할 수 있는 콤팩트 디스크」를 말한다. disc는 「원반」을 말하며 compact[kəmpǽkt]는 「꽉 들어찬」을 뜻한다. 이 compact가 명사로 쓰이면 [kǽmpækt]라 발음하며 「휴대용 분갑」 또는 「소형 자동차」를 가리킨다.

- The leaves of a cabbage are folded into a compact head.
  (양배추의 잎들이 서로 겹쳐 단단한 머리를 이루고 있다.)
- News reporters must learn to write compact sentences.
  (신문 기자들은 간결하고 알찬 문장을 쓰는 법을 배워야 한다.)

시리즈 (series)

「출판물이나 영화 등의 연속물」을 말하는 이 낱말의 영어 철자와 발음은 series[síəri:z]이다. 이런 「연속물」을 가리키는 말에 serial[síəriəl]이 있는데 series는 「**한 작품, 한작품이 완결되면서 계속되는 것**」을 말하고 serial은 「**클라이맥스로 끝나고 다음으로 이어지는 연속물**」을 말한다.

- The film is an extension of the popular television serial.
 (그 영화는 인기있는 텔레비전 연속물을 연장한 것이다.)
- He wrote a series of books about Eskimo life.
 (그는 에스키모인들의 생활에 대한 일련의 책들을 저술했다.)

시뮬레이션 (simulation)

컴퓨터 용어로도 자주 쓰이는 이 낱말의 뜻은 「흉내」「모의(模擬)」 또는 「모의 훈련」을 말한다.

이 simulation[sìmjuléiʃən]은 「흉내내다」 또는 「모의 실험을 하다」를 뜻하는 simulate의 명사형이다.

simulator는 「실제와 똑같은 상황을 재현하는 모의 실험 장치」를 말한다.

similar[símələr](=유사한)와 마찬가지로 라틴어 simuare (=like, same)에서 파생한 낱말이다.

- She simulated interest to please her friend.
  (그녀는 친구를 즐겁게 하려고 재미있는 것처럼 가장했다.)

- What the computer did is called simulation. Working from data given it, the computer calculated, or simulated, the satellite's position at various instants and produced the picture on microfilm.
  (컴퓨터가 한 일을 시뮬레이션이라 부른다. 주어진 자료로 컴퓨터는 각 시점에서의 위성의 위치를 계산 즉 시뮬레이트 하여 마이크로 필름에 화면을 나타내었다.)

- Simulation is a pretence of what is not, and dissimulation a concealment of what is.
  (가장이란 실체가 아닌 것이 그런 체 꾸민 것이며 이화(異化) 란 실체인 자기 존재를 감추는 것이다.)

- The airline has installed half a dozen new simulators within the past year to train pilots to land when visibility is bad.
  (그 항공사는 작년에 6개의 새로운 시뮬레이터를 설치하여 시계가 나쁠 때 조종사들이 착륙하는 훈련을 할 수 있게 했다.)

시시 TV

출퇴근시의 혼잡한 교통 상황을 경찰의 「시시TV」가 잡은 화면을 우리는 볼 수 있다.

CCTV는 **closed-circuit television**의 약어로 「폐쇄회로 텔레비전」을 말하는데 「특정 수상기에만 송신되는 유선 TV방식」이다.

> Guests can tune in the kitchen by means of a closed-circuit TV, see what the cook is whipping up for dinner.
> (손님들은 폐쇄회로 TV를 주방에 맞추어 요리사가 식사로 무엇을 장만하고 있는지 볼 수 있다.)

시엠 (CM/commercial message)

「라디오나 텔레비전의 광고 방송」을 CM이라 하는데 이것은 commercial message의 두문자를 딴 약어이다. 「시엠송」은 이런 광고 방송에 나오는 노래를 뜻한다. commercial [kəmə́ːrʃəl]만으로도 「광고 방송」을 나타내기도 하나 이 낱말은 「상업」을 뜻하는 commerce[kəmə́ːrs]의 형용사로 쓰인다.

「상업 은행」을 commercial bank라 하며 「상업 학교」를 commercial school이라 하고 「상업 방송」을 commercial broadcasting이라 한다. 이 낱말의 동사는 commercialize [kəmə́ːrʃəlàiz]로 「상업화하다」를 말한다.

신드롬 (syndrome)

「여러 개의 징후(=symptom)가 모인 형상」 즉 「증후군」을 말하는 이 syndrome[síndroum]은 syn(=togerther)+drome (=run) ⇒ 「함께 흐르다」 ⇒ 「여러 현상이 함께 하나의 특징을 이룸」을 말하는데 다음과 같이 쓰인다.

- In many cases of rheumatoid sydrome the joint structure may be little or not at all involved.
  (류머티즘 증후군의 많은 경우에 관절 구조가 별로 또는 전혀 관련이 없을 수도 있다.)
- Fever is a symptom of illness.
  (열은 질병의 한 징후이다.)

싱크 (sink)

보통 「씽크」라고도 말하는데 「**부엌 설거지대의 수조(水槽)부분**」을 가리킨다. 이 sink[siŋk]의 원뜻은 「가라앉다, 하락하다, 빠지다」이다. sink의 과거형은 sank이고 과거분사는 sunk이다.

- The boat sank to the depths of the sea.
  (보트는 깊은 바다 밑으로 가라앉았다.)
- The flames have sunk down.
  (불길이 약해졌다.)

싱크로나이즈 (synchronize)

올림픽 경기에서 예쁜 여자 선수들이 나와 음악에 맞추어 행하는 「**수중 발레**」를 말하는데 영어로는 sychronized swimming 이라 한다.

synchronize[síŋkrənaiz]는 *syn*(=together)+*chron*(=time)+ize(=만들다) ⇒「시간을 같도록 만들다」⇒「동시에 일어나게 하다. 동시성을 갖게 하다」를 말한다.

- The town's people used to synchronize their timepieces with the clock outside the village bank.
(그 마을 사람들은 마을 은행 바깥에 있는 시계에 그들의 시계를 맞추곤 했다.)

   ◆ chron이「시간」을 뜻한다고 했는데「시대」의 의미도 있다. anachronism[ənǽkrənizm]은「시대 착오」를 말한다. ana는 back을 뜻하는 희랍어 접두사이다.

- To speak of the ancient Greeks as using machine guns or cannon at the seige of Troy is an anachronism.
(트로이의 포위 공격시 희랍인들이 기관총이나 대포를 썼다라고 말하는 것은 시대 착오이다.)

아가페 (agape)

기독교인이면 누구나 알고 있을 낱말로 「**신의 사랑**」을 말하며 이것이 「**자신을 희생한 헌신적 사랑**」으로 쓰이게 되었다.

이 **agape**[ɑːgɑ́ːpei]는 「남녀간의 육체적 사랑」 즉 「성애(性愛)」를 뜻하는 **eros**와 대조되는 낱말이다.

> ☞ Thus, it is from repression of agape, love of one's fellow men, that anxiety springs.
> (아가페 즉 자기 동포에 대한 사랑의 억압에서 걱정이 솟는다.)

아나키즘 (anarchism)

「무정부주의」를 뜻하는 이 anarchism[ǽnərkizm]은 anarchy를 신봉하는 주의(主義)를 말한다. anarchy는 희랍어 *an*(=whithout)+*archos*(=ruler)에서 생긴 것으로 「무정부 상태」를 의미한다.

- After its defeat in war the country was in a state of anarchy.
  (전쟁에 패배한 후 그 나라는 무정부 상태에 빠졌다.)

- Believers in anarchism think that all systems of government and law are harmful and prevent individuals from reaching their greatest development.
  (무정부주의의 신봉자들은 모든 통치와 법률 체제는 해로우며 각 개인이 최고의 발전을 이루는 것을 방해한다고 생각한다.)

아날로그 (analogue)

「디지털」에 대응하는 이 analogue[ǽnəlɔːg]는 「데이터나 물리량을 연속적으로 변화하는 양(量)으로 나타내는 것」을 말한다.

한마디로 말한다면 digital이란 계수형(計數型)이고 analogue란 물리적 계량형(物理的 計量型)이라 정의할 수 있다.

이 **analogue**는 희랍어 *analogos*의 변형으로 「비례하는, 유사한」을 뜻한다. 「비슷한 물건」, 「동류어(同類語)」 또는 「상사기관(相似器官)」을 **analogue**라 한다.

> ◆ An analog computer is an electronic calculating machine or automatic control which deals directly with physical quantities, such as weights, voltages, or lengths, rather than with a numerical code.
> (숫자 부호가 아니고 무게, 전압, 길이 등과 같은 물리량을 직접 다루는 전자계산기 또는 자동 제어장치를 아날로그 컴퓨터라 한다.)

아라베스크 (arabesque)

「아라비아식 무늬」를 말하는데 **「다양성 있는 문학 작품」**이나 **「화려한 장식이 많은 악곡(樂曲)」** 등을 일컫는다.

이 **arabesque**[ærəbésk]는 Arabia에 형용사 접미사 *esque* (예: picturesque)가 붙은 말로 「아라비아풍의」를 뜻한다.

> ◆ Arabesque ornament is a fancifully combined pattern, which is used especially for the decoration of Arabian Oriental rugs and for walls and ceilings.
> (아라베스크 장식이란 환상적으로 결합된 무늬로 아라비아의 동양풍 융단의 장식이나 벽과 천장의 장식에 사용된다.)

아르바이트 (arbeit)

「학생들의 부업」을 흔히 「아르바이트(=arbeit)」라 하는데 이것은 영어가 아니고 독일어이며 뜻도 「일, 일하다」이고 「부업」의 의미는 없다. 「아르바이트」의 영어는 a part-time job이며 「아르바이트하다」는 work part-time이다.

- I'd like to work part-time at the cafeteria.
  (나는 카페테리아에서 아르바이트를 하고 싶어요.)
- I'm looking for a part-time job.
  (나는 아르바이트할 일자리를 찾고 있어요.)

아마추어 (amateur)

professional은 아니나 단지 좋아서 어떤 일을 행하는 사람을 amateur[ǽmətjuər]라 하는데 적절한 우리말이 없기 때문에 그냥 「아마추어」라 쓰고 있다.

라틴어 *amor*는 love를 뜻한다. 이 라틴어가 그대로 또는 단축된 *am*-의 형태로 어근이 되어 중요한 영어 낱말을 상당수 형성했다.

우선 amity[ǽmiti]가 있는데 「우호, 친선, 다정한 관계」를 말한다. 「적대 관계, 적의(敵意)」를 뜻하는 enmity와 혼동하지 말기 바란다.

◉ We must look ahead to the time when the dispute is over and enmity is altered into amity.
(우리는 분쟁이 종식되어 적대감이 친선관계로 바뀌어질 때를 기대해야 한다.)

♦ amiable[éimiəbl]과 amicable[ǽmikəbl]을 혼동하지 말아라. amiable은 「사랑스러운, 상냥한」의 의미이고 amicable은 「적대적이 아닌」 또는 「우호적인」을 뜻한다. 다음 예문을 통해 구분하기 바란다.

◉ Charlotte is an amiable child; everybody likes her.
(샤롯데는 상냥스런 아이다. 누구나 그녀를 좋아한다.)

◉ Let us try to settle our differences in an amicable manner.
(우리의 견해차이를 우호적 방법으로 해결토록 노력하자.)

♦ amorous[ǽmərəs]는 「사랑하고 있는」의 뜻이고 enamored [inǽmərd]는 「사랑에 빠진」인데 이 enamored는 통상 of를 수반하여 술부를 형성하는 보어로 쓰인다.

◉ After his first success as a screen lover, the actor was cast only in amorous roles.
(영화의 연인역에서 처음으로 성공을 거둔 뒤 그 배우는 애정물 역할에만 배역되었다.)

◉ In the famous balcony scene, the amorous Romeo expresses undying love for Juliet.
(그 유명한 발코니 장면에서 사랑에 불타는 로미오는 쥬리엣에게 불멸의 사랑을 나타낸다.)

◉ John Rolf, an English settler, became enamored of the Indian princess Pocahontas and married her.
(영국 정착민인 존 롤프는 인디안 공주 포카혼타스에게 반하여 그와 결혼했다.)

● It is hard for a conceited person to like anyone because he is so enamored of himself.
(자부심이 강한 자가 남을 좋아하기란 어렵다. 왜냐하면 그는 너무나 자기자신에게 빠져있기 때문이다.)

※ 다음은 amateur에 관한 어느 essay의 한 부분이다.

● The Englishman, in any walk of life, has always prided himself upon his status as an amateur. He has preferred to do things for himself to having them done for him more efficiently by somebody else.
(영국인은 어느 계층에 속하든 아마추어로서의 자기 신분에 자부심을 갖는다. 영국인은 남에게 시켜서 더 효율적으로 일을 수행하게 만들기보다는 스스로의 힘으로 일하기를 더 좋아한다.)

아이디어 (idea)

우선 「아이디어」와 「아디얼」의 두 낱말을 혼동하지 말아야 한다. idea[aidíːə]는 「**생각, 관념**」을 뜻하고 ideal[aidíːəl]은 「이상」 또는 「이상적인」을 말한다.

I have no idea. (= I don't know.)

● Her mother is her ideal.
(그녀의 어머니가 자기의 이상형이다.)
● It's a good idea, if you can carry it out.
(네가 실행할 수 있다면 그건 좋은 생각이다.)

- Religion holds up high ideals for us to follow.
  (종교는 우리가 추종할 고매한 이상을 치켜들고 있다.)

아이러니 (irony)

「**비꼼, 풍자**」 또는 「**얄궂은 일**」을 말하는 이 **irony**[áiərəni]는 「가장, 위선」을 뜻하는 희랍어 *eiron*에서 생긴 말이다. 형용사 **ironical**[airánikəl]은 「비꼬는, 반어적인」을 뜻한다.

- By the irony of fate the farmers had rain when they needed sun and sun when they needed rain.
  (얄궂은 운명으로 농부들은 해가 필요할 때 비가 왔고 비가 필요할 때 햇빛이 났다.)
- His ironical laugh showed that he was not the least bit amused.
  (그의 아이러니컬한 웃음은 자기가 조금도 즐겁지 않다는 것을 나타냈다.)

아이큐 (IQ)

「**지능 지수**」를 말하는 **intelligence quotient**의 약어로 IQ라 쓴다. **intelligence**[intélədʒəns]는 「지능, 지성, 정보」를 뜻하며 **quotient**[kwóuʃənt]는 「지수, 비율, 계수」를 말한다. 요즘은 EQ라는 말도 자주 쓰는데 emotion quotient의 약어로 「정서 지수」를 말한다.

- Overambitious parents frequently pressure their children beyond their IQ capacities in the effort to get them into prestige colleges.
(자녀를 명문 대학에 넣으려고 애쓰는 지나치게 야심많은 부모들은 자녀의 IQ능력 이상으로 그들에게 압력을 가한다.)

아지트 (agitating point)

「불법적 운동의 근거지, 집회소 또는 지도 본부」로 agitating point의 준말이다.

agitation[ǽdʒətéiʃən]은 「선동, 동요」를 말하며 agitate[ǽdʒətèit]는 「선동하다, 흔들다」이고 agitator[ǽdʒətèitər]는 「선동가」를 말한다.

유사한 말에 「프락치」가 있는데 러시아어 fraksiya로 「좌익 활동의 일부를 담당하는 개인」을 뜻하며 영어의 fraction에 해당된다.

- There was much agitation for and against slavery before the Civil War.
(남북전쟁 전에 노예제의 찬성과 반대에 대한 요란한 논의가 많았다.)

- She was much agitated by the unexpected news of her brother's illness.
(그녀는 남동생의 예기치 못한 병환의 소식을 듣고 마음이 크게 동요되었다.)

아카데미 (academy)

철학자 Plato가 강론한 아테네 부근의 언덕 이름인 Akademia에서 생긴 이 academy[əkǽdəmi]는 현재 「**학원(學園)**」 「**대학**」「**학술원**」「**사관학교**」 등으로 사용된다.

academic[æ̀kədémik]은 「학구적인」의 뜻으로 주로 쓰이며 academe[ǽkədìːm]은 「학구적 생활」을 말한다.

academia[æ̀kədíːmiə]는 「학구적 세계」를 뜻하는 듣기좋은 낱말이다.

- West Point is a military academy.
  (웨스트 포인트는 육군사관학교이다.)
- The academic year begins when school opens in September.
  (학년은 9월에 개학시 시작된다.)

아케이드 (arcade)

「둥근 지붕이 있는 상점가」를 말하는 이 arcade[ɑːrkéid]는 「활모양」을 뜻하는데 arch[ɑːrtʃ](활)에서 생긴 말이다.

> ☞ Some buildings have arcades with small stores along either side.
> (어떤 건물들은 양쪽에 작은 가게들이 있는 아케이드를 갖고 있다.)
>
> ◆ 「궁수(弓手)」를 archer[ɑ́ːrtʃər]라 하며 「궁술, 양궁」을 archery[ɑ́ːrtʃəri]라 한다.

아킬레스건 (Achilles' heel)

이 낱말은 「발뒤꿈치의 뼈 위에 붙은 심줄」로 보행·운동에 극히 중요한 부분이다. 따라서 「그의 아킬레스건을 건드렸다.」라 하면 「그의 아주 예민한 부분 또는 약점을 들추었다」가 된다.

「아킬레스건」을 영어로는 Achilles' tendon이라 하나 「유일한 급소 약점」의 뜻으로 Achilles' heel이 많이 쓰인다.

Achilles는 희랍 신화에서 트로이를 공격한 용사의 이름이다. 그의 모친은 아들 아킬레스를 용감하게 만들려고 아들의 발 뒤꿈치를 붙잡은채 강물속에 담구었다. 불사신이었던 그도 훗날 발 뒤꿈치에 패리스의 화살을 맞고 죽었다.

●❖ Despite chronic shortage of some foods, farm production cannot be considered the Achilles' heel of Russia's economy.
(어떤 식량의 만성적 부족에도 불구하고 농산품을 러시아 경제의 약점으로 간주할 수는 없다.)

알레르기 (allergy)

「특이한 민감증」을 말하는 이 「알레르기」는 독일식 발음이고 영어는 allergy[ǽlərdʒi] 이다.

allergic[ələ́ːrkʒik]은 「알레르기의」를 말하고 allergenic [æ̀lərdʒénik]은 「알레르기를 일으키는」을 말한다.

●❖ Hay fever is an allergic reaction.
(건초열은 알레르기성 반응이다.)

●❖ Asthma is an allergenic condition that affects the bronchi of the lung.
(천식은 알레르기를 일으킨 상태로 폐의 기관지에 영향을 끼친다.)

◆ 「알레르기」와 유사한 낱말에 allegory[ǽligɔ̀ːri]가 있는데 「우화」, 「교훈적 이야기」를 말한다.

●❖ I have an allergy to any kind of allegory.
(나는 어떤 종류의 교훈적 이야기도 지긋지긋하다.)

●❖ Bunyan's "Pilgrim's Progress" is a well-known allegory.
(번얀의 「천로역정」은 유명한 교훈적 이야기다.)

알리바이 (alibi)

「현장 부재 증명」의 뜻인 이 alibi[ǽləbài]는 라틴어로 「어느 딴 곳에」 즉 elsewhere를 뜻한다. 보통 이 낱말은 법률 용어로 「사건 당시 딴 곳에 있었다는 증명」을 말하나 이것이 발전하여 단순한 **「변명」** 또는 **「변명하다」**로 쓰일 경우가 있다.

- What is your alibi for failing to do your homework?
  (숙제하지 못한 네 변명은 어떤 것이냐?)

- He alibied for her that she was very busy when they asked him why she didn't visit them.
  (그들이 왜 그녀가 자기들을 방문하지 않았느냐고 그 남자에게 묻자 그는 그때 그녀가 아주 바빴기 때문이라고 그녀를 위해 변명했다.)

  ◆ 따라서 ali-로 된 낱말은 「다른(=other)」의 의미가 있음을 알 수 있을 것이다.

  ◆ alias[éiliəs]는 「달리 불려지는 이름은」의 부사 또는 「별명」을 뜻하는 명사인데 다음과 같이 사용된다.

- The spy's real name was Harrison, but he sometimes went by the alias of Johnson.
  (그 간첩의 본명은 해리슨이었는데 때때로 존슨이란 가명으로 통했다.)

- The thief's name was Jones, alias Williams.
  (그 도둑의 이름은 존즈였고 별명은 윌리엄즈였다.)

  ◆ alien[éiliən] 역시 other의 뜻에서 「외국의」 또는 「외국인」을 말한다.

- On arriving in our country, most aliens have a strong desire to learn English.
 (우리나라에 도착하자마자 대부분의 외국인들은 영어를 배우려는 강한 욕망을 갖는다.)
  - ◆ 위의 alien에 「~하게 만들다」를 뜻하는 동사 접미사 -ate를 첨가한 alienate[éiljəneit]란 「다른 것으로 만들다」의 뜻이 발전하여 「(친구 등을) 멀리하다」 또는 「이간하다」의 뜻으로 쓰이며 우리가 흔히 쓰는 「소외감」은 alienation[èiljənéiʃən] 이라 한다.

- The American colonies were alienated from England by disputes over trade and taxation.
 (미국 식민지주들은 무역과 세제에 대한 영국과의 분쟁으로 사이가 벌어지게 되었다.)

- The condition that sociologists call "alienation", the mass society in which the old securities vanish and the individual feels adrift in an alien world, are secular facts about which party programs do nothing.
 (사회학자들이 「소외감」이라 부르는 상태와 옛날의 안정감이 사라지고 개인의 감정이 낯선 세계를 표류하는 산업화된 대중사회는 바로 정당이 어떤 계획도 짤 수 없는 현세의 현상이다.)
  - ◆ 부정 접두사 in-이 붙은 inalienable[inéiljənəbl]은 「다르게 만들 수 없는」 ⇒ 「양도할 수 없는」을 말한다.

- Life, liberty, and the pursuit of happiness have been called the inalienable rights of man.
 (생명과 자유와 행복의 추구는 인간의 양도할 수 없는 권리라 일컬어져 왔다.)
  - ◆ alter[ɔ́:ltər]는 「바꾸다(=change)」를 뜻하는 기본 동사의 하나인데 이 낱말 역시 other를 뜻하는 라틴어이다. 「다르게 만들다」가 함축된 의미이다.

☙ If this coat is too large, a tailor can alter it to fit you.
(이 코트가 너무 크면 양복 재단사가 당신에게 맞도록 고칠 수 있다.)

☙ Since her trip to Europe, her whole outlook has altered.
(유럽 여행을 다녀온 이후 그녀의 겉모습은 완전히 달라졌다.)

　　◆ alter의 명사형은 alteration[ɔ́:ltəréiʃən]으로 「변경, 개조」를 뜻한다.

☙ Love is not love which alters when it finds alteration.
(사랑이 다른 변화를 찾을 때 변하는 사랑은 사랑이 아니다.
―셰익스피어)

☙ The atomic and hydrogen bombs have led to great alteration in military planning.
(원자폭탄과 수소폭탄은 군사작전에 큰 변화를 일으켰다.)

　　◆ alter ego[ɔ́:ltər í:gou]란 말을 들어보았는지?
　　글자 그대로 other I (or self)로 「다른 나 자신」인데 「둘도 없는 친구」를 가리킬 때 쓰는 낱말이다.

☙ Marx's alternate ego, Engels, wrote that, when the aims of the Revolution had been accomplished, the state would wither away.
(맑스의 둘도 없는 친구인 엥겔스는 혁명의 목표가 달성되면 국가는 시들어 죽고말 것이다라는 글을 썼다.)

　　◆ alter에 「~하게 만들다」의 뜻인 접미사 (n)ate가 붙은 alternate[ɔ́:ltərnèit]는 「교대로 하다, 엇갈리다」를 말한다.
　　「교대의, 번갈아 하는」의 뜻으로 형용사 용법일 때는 [ɔ́:ltərnət]라 발음한다.

☙ Lucy and her sister will alternate in setting the table.
(루시와 누이동생이 번갈아 밥상을 차릴 것이다.)

☛ We get milk on alternate days because it is not delivered every day.
(우리는 하루 걸러 우유를 받고 있다. 매일 배달되지 않기 때문이다.)

◆ alternative[ɔːltə́ːrnətiv]는「양자 택일의」또는「둘 중에서의 선택」을 뜻하며 alternation[ɔːltərnéiʃən]은「교대, 하나씩 거름」을 말한다.

☛ Her father gave her the alternative of staying in high school or going to work.
(그녀의 부친은 딸에게 고등학교를 계속 다니든지 취직을 하든지 양자택일 하라고 말했다.)

☛ You might as well buy the cheese sandwich because you have no alternative. Everything else has been sold.
(다른 방도가 없으므로 치즈 샌드위치를 사는게 좋겠다. 다른 것은 모두 팔렸다.)

☛ We discussed the alternative plans of having a picnic or taking a trip on a boat.
(우리는 소풍갈 것이냐 아니면 배타고 여행갈 것이냐의 양자택일 방안을 논의했다.)

◆ alternation의 n이 c로 바뀐 altercation[ɔːltərkéiʃən]은「언쟁」을 말한다.
Norman Lewis가 쓴 WORD POWER의 이 낱말 풀이가 아주 적절하여 여기 소개한다.

☛ When you have an altercation with someone, you have a violent disagreement, a "fight" with words. And why? Because you have other ideas, plans, or opinions than those of the person on the other side of the argument.

(당신이 어느 누구와 「언쟁」할 때 당신은 격렬한 논쟁, 즉 말로 하는 「싸움」을 벌인다. 왜냐? 그 이유는 당신의 논쟁이 다른편 사람과 다른 생각, 다른 계획, 또는 다른 의견을 갖고 있기 때문이다.)

◆ altercation은 quarrel 또는 dispute 보다 더 격렬하다.

●◆ The sentiment is more heated, the disagreement is likely to be angry or even hot-tempered; there may be recourse, if the disputants are human, to profanity or obscenity.
(감정은 더욱 가열되고 의견차이는 노여움이나 심지어 발작적 분노가 되기 쉬우며 논쟁자들이 보통의 인간이라면 불경스럽거나 쌍스러운 말을 사용할 수도 있다.)

●◆ You have altercations, in short, over pretty important issues, and the word implies that you get quite excited.
(요컨대 상당히 중요한 문제를 놓고 altercation을 갖는다면 이 낱말은 당신이 아주 흥분하고 있음을 의미한다.)

●◆ The teacher halted the altercation by separating the two opponents before they could come to blows.
(선생님은 싸우는 두 사람이 주먹질을 벌이기 전에 서로 갈라 놓음으로써 그 언쟁을 중단시켰다.)

◆ 부부가 별거하거나 이혼시 남편이 아내에게 주는 「별거수당」 또는 「이혼수당」을 alimony[ǽliməni]라 하는데 ali-는 「따로 따로」의 뜻이고 -mony는 바로 money의 뜻이다.

●◆ Bigamy is one way of avoiding the painful publicity of divorce and the expense of alimony.
(중혼이란 이혼이 세상에 알려지는 고통과 별거수당의 지출을 피하는 하나의 방법이다.)

앙상블 (ensemble)

「전체가 조화를 이루는 효과」를 뜻하는 이 낱말은 together 를 뜻하는 프랑스어 ensemble이 영어에서도 그대로 사용된다. 「조화를 이루는 구성체」로도 쓰인다.

> ❦ Its members have a commendable knack of subordinating themselves as parts of the total ensemble.
> (회원들은 전체 구성체의 일부로 자신을 예속시키는 훌륭한 요령을 알고 있다.)

앙코르 (encore)

「재창(再唱)이오!」를 뜻하는 이 낱말은 프랑스어가 그대로 영어에서 쓰이고 있는데 철자는 encore이며 again을 뜻한다.

> ❦ The audience liked the song so much they shouted "Encore! Encore!"
> (청중은 그 노래를 아주 좋아하여 「앙코르! 앙코르」라 외쳤다.)

애니메이션 (animation)

「그림으로 그린 사람이나 동물 등을 살아 있는 것처럼 보이게 하는 특수한 영화 기술로 만화 영화의 수법으로 쓰이는 것」을 말하며 줄여서「동화(動畵)」라고 하는 이 animation [ǽnəméiʃən]의 첫번 째 뜻은「**생기, 활기**」를 뜻한다.

- The boy acted his part as a pirate with great animation.
  (그 소년은 해적의 역할을 정말 생동감 넘치게 연기했다.)

  ◆ 우리가 잘 아는 animal(=생물)은 생명(=life)을 뜻하는 라틴어 anima에서 나온 말이다.
  동사인 animate[ǽnəmeit]은「생명을 불어넣다」또는「생기있게 하다」를 말한다.

- Our teacher is able to animate a lecture on a dull subject with witty remarks.
  (우리 선생님은 따분한 과목에 대한 강의를 재치있는 말로 생기있게 만들 수 있다.)

애드 벌룬 (ad balloon)

「광고 풍선」을 말하는데 영어로 쓴다면 ad balloon이 되나 실제 영미인들은 이 말을 쓰지 않는다.

「광고 대행업자」를 ad agency,「광고란」을 ad column이라 한다.

balloon은 「기구, 풍선」을 말하는데 「큰(=big, large)」을 뜻하는 접미사 -on(또는 -oon)이 ball(공)에 붙은 것으로 「큰 공」을 말한다.

million「백만」, billion「10억」 등의 -on 역시 「크거나 많음」의 뜻이다. 「bass(저음) 소리를 내는 대형 목관 악기」를 bassoon이라 한다. 「큰 홀」을 뜻하는 saloon 역시 -oon의 접미사가 붙었다.

battalion은 「(군의) 대대」를 뜻하는데 「싸우는(=battle) 큰 무리(=ion)」를 말한다.

액세서리 (accessory)

「장신구」의 의미로 자주 쓰이는 이 accessory[æksésəri]의 원뜻은 「부속물」이고 「보조적인, 부대적인」의 형용사로도 많이 쓰인다. 법률 용어로 「종범(從犯)」도 accessory라 한다.

- A heater is a useful accessory to a car.
 (히터는 자동차의 유용한 부속품이다.)

- All the accessories to her costume — hat, gloves, shoes, and purse — were perfectly matched.
 (그녀 의상에 대한 모든 액세서리 즉 모자, 장갑, 구두와 핸드백은 완전히 잘 어울렸다.)

- By not reporting the theft he became an accessory.
 (절도를 신고하지 않았기 때문에 그는 종범이 되었다.)

앨범 (album)

「사진첩, 레코드첩」의 뜻으로 우리가 흔히 쓰는 이 album [ǽlbəm]의 *alb*-는 「흰(=white)」을 뜻한다.

줄리어스 시저가 영국을 침공했을 때 남부 해안이 백아질로 되어 있었기 때문에 그 지역을 **Albion**이라 불렀으며 담백질의 일종에 **Albumin**이 있다.

「계란의 흰자위」를 **albumen**[ælbjúːmin]이라 하며 「백색증에 걸린 사람 또는 동물」을 **albino**[ælbáinou]라 한다.

「신천옹」을 **albatross**[ǽlbətrɔːs]라 하는데 남태평양에 서식하는 물새로 날개가 희다. 사시사철 흰눈으로 덮혀져 있는 Alps 산맥도 *alb*-의 변형에서 생긴 이름이다.

> ☞ The albatross is the largest ocean bird and can fly long distance.
> (알바트로스는 가장 큰 해조로 먼 거리를 날을 수 있다.)

앰뷸런스 (ambulance)

「구급차」를 말하는 이 ambulance[ǽmbjuləns]는 「**이동식 야전 병원**」의 뜻도 있다.

amble[ǽmbl]은 「느릿느릿 걷다」를 뜻하는데 옛날 전쟁터에서 「이곳저곳 이동한다」는 뜻에서 「야전 병원」을 **ambulance**라 불렀는데 지금은 「구급차」의 뜻으로 많이 쓰인다.

- My horse can amble and trot.
  (내 말은 느린 걸음이나 빠른 걸음으로 갈 수 있다.)
- The ambulance driver gave Tom first aid.
  (구급차 운전수는 톰에게 응급 조치를 했다.)
  - ◆ 「서문. 전문(前文)」을 preamble[príːæmbl]이라 하는데 「먼저 걷다」의 뜻을 내포한 말이다.
- The purposes of the Founding Fathers were set out in the Preamble of the Constitution.
  (건국자들의 목적이 헌법 전문에 진술되었다.)

앰프 (amplifier)

「소리를 증폭시키는 장치」를 말하는 이 낱말은 amplifier[ǽmpləfàiər]의 준말이다.

ample[ǽmpl]은 「넓은, 큰」 또는 「충분한」을 뜻하는 형용사이고 이 낱말의 동사형은 amplify[ǽmpləfài]로 「확대하다, 증폭시키다」 또는 「상세히 설명하다」를 말한다.

- He has received ample praise for the work he did.
  (그는 자기가 행한 일에 대해 큰 칭찬을 받았다.)
- When sound is amplified, it can be heard a greater distance.
  (소리가 증폭되면 더 먼 거리에서도 들릴 수 있다.)

앵커 맨 (anchor man)

「방송에서 각종 뉴스를 종합하여 해설하는 방송인 또는 뉴스 보도의 사회자」를 말하며 여성인 경우는 「앵커 우먼」이라 한다. anchor[ǽŋkər]의 뜻에 「앵커맨 노릇을 하다」가 있으나 원뜻은 「(배의) 닻」또는 「닻을 내리다. 정박하다」를 말할 때 흔히 쓰인다. anchorage[ǽŋkəridʒ]는 「투묘. 정박」을 말하는데 대문자로 시작하는 Anchorage는 알래스카주 남부의 항구 도시로 옛날 보급선이 여기에 정박했다.

- The anchor caught in the mud of the lake bottom and kept the boat from drifting.
  (닻이 호수 바닥의 진흙에 박혀 배의 표류를 막았다.)
- Can you anchor the boat in this storm?
  (이런 폭풍우 속에서 배를 정박할 수 있는가?)
- The scouts anchored the tent to the ground.
  (수카우트 단원들은 천막을 땅에 고정시켰다.)
- His opinion was firmly anchored in faith.
  (그의 의견은 신념에 단단히 고착되어 있었다.)

어시스트 (assist)

「농구나 축구에서 득점에 공헌하는 패스를 하는 행위」를 말하는 이 assist[əsíst]는 「거들다, 돕다」를 뜻한다.

- When all assist, the job can be done quickly.
  (모두가 돕는다면 그 일은 빨리 수행될 수 있다.)
- These tablets assist digestion.
  (이 알약은 소화를 돕는다.)

   ※ 참고로 이 assist는 라틴어 assistere의 단축형으로 as(=ad,by) +sistere(=stand) ⇒ 「옆에 서다」를 뜻한다.

어패럴 (apparel)

이 낱말이 사용된 회사명이나 상점을 가끔 보는데 「의류를 취급하는 회사이거나 상점」이다.

이 apparel[əpǽrəl]은 「의복, 복장」의 명사 용법과 「옷을 입히다」의 동사 용법이 있다. 이 낱말과 비슷하여 혼동하기 쉬운 것에 appraratus[æpərǽtəs]가 있는데 「기구, 장치」를 말한다.

- Does this store sell women's apparel?
  (이 가게는 여자 의복을 팝니까?)
- An automobile is a complicated apparatus.
  (자동차는 복잡한 장치다.)

언더파 (under par)

골프에서 par란 「기준 타수」를 말하고 「**기준 타수 이하**」를 under par라 하고 「기준 타수 이상」을 over par라 한다. 「기준 타수보다 1타 적게 끝내는 것을」 birdie[bə́:rdi]라 한다.

> Palmer went over par on only six holes, birdied eighteen holes and parred the rest.
> (팔머는 6개 홀에서만 기준 타수를 초과했고 18개 홀에서 버디를 쳤으며 나머지는 기준 타수를 쳤다.)
>
> ◆ 이 par는 「동등. 표준」을 말한다.
>
> The gains and losses are about on a par.
> (이해 득실은 대략 동등하다.)

에고이즘/에고티즘 (egoism)

egoism[í:gouizm]이 「**이기주의**」임은 누구나 알고 있고 따라서 우리말 대화에서도 자주 사용되지만 egotism[í:goutizm]은 잘 모르는 사람이 있다. egotism의 어역은 사전에서 「**자기 중심의 버릇**」이라 되어 있는데 다음 영영 사전에서 설명한 egoism과 egotism의 구분을 보면 확실히 뜻을 이해할 수 있을 것이다.

> Although some people use these words interchangeably, the words retain different meaning in

careful usage.
    Egotism emphasizes conceit, boasting, and selfishness in talking about oneself and one's own affairs.
    His egotism keeps him from having friends.
    Egoism emphasizes looking at everyone and everything only as it affects oneself and one's own welfare, but does not suggest boasting or annoying conceit, nor always selfishness.
    We forget the natural egoism of a genius when he is charming.
    (비록 어떤 사람들이 이 낱말들을 혼동하여 사용하고 있지만 이 두 낱말은 서로 다른 의미를 갖고 있으므로 사용시 조심해야 한다.
    egotism은 자기 자신과 자신의 일을 말할 때 자만과 자랑과 이기심을 강조한다.
    예를 들면 「그는 자신의 일을 너무 떠들어 친구가 없다」
    egoism은 모든 사람이나 모든 일이 오직 자신과 관계가 있고 자신의 행복에 영향을 주는 관점을 강조한다. 그러나 자랑이나 듣기 싫은 자만이나 항상 이기적 행위가 내표된 것은 아니다.
    예를 들면 「우리는 천재가 우리를 매혹할 때 그의 천부적 이기심을 망각한다.」)

에너지 (energy)

　「**정력, 힘**」을 말하는 이 **energy**를 「에네르기」라 말하는 사람도 있는데 이것은 독일식 발음이다.
　이 **energy**는 라틴어 *energia*에서 생긴 말인데 *en*(=in)+*ergon*(=work)으로 「일을 하게 만드는 것」을 뜻한다.

실제 물리학에서 「열의 작용으로 이루어지는 일의 양」을 *ergon*이라 하며 약어로 *erg* 또는 「에르그」라 쓴다.

energy의 형용사는 energetic으로 「정력적인」을 말한다.

- Cool autumn days make us feel energetic.
 (선선한 가을 날이 우리를 활기찬 느낌을 갖게 한다.)

에러 (error)

「야구에서 선수의 실수」를 나타내는 말로 흔히 쓰이는 이 error[érər] 의 동사는 err[əːr]로 「잘못하다, 죄를 범하다」를 뜻하나 보통은 commit an error를 많이 쓴다.

- To err is human; to forgive, divine.
 (과실은 인간지사이고 용서는 신의 섭리다.)
- Correct errors, if any.
 (틀린 데가 있으면 고쳐라.)

에로틱 (erotic)

「그 소설은 너무 에로틱하다」라 할 경우 지나치게 「성적 자극을 호소한다」는 말이다. 이 erotic은 「**성적 사랑을 다룬**」 또는 「**색정의, 호색의**」라고 어역할 수 있는데 희랍신화에 나오는 「연애의 신」인 Eros[érɑs]에서 생긴 말이다.
「성애를 다룬 문학이나 예술」을 erotica[irátikə]라 하며 「호색적임」 또는 「이상 성욕」을 eroticism[irátəsizm]이라 한다.

- Most of his novels emphasize erotic activities; you may call them erotica.
  (그의 소설 대부분은 성적 행위를 강조한다. 에로티카라 부를 수 있다.)

에센스 (essence)

「**본질, 정수(精髓)**」라는 뜻으로 우리말에 흔히 섞어쓰는 이 낱말의 영어 철자는 essence인데 어근인 *ess*는 라틴어로 「있다(=be)」를 뜻한다. 따라서 essence는 「있는 그대로의 것」이란 의미이다.
essence의 형용사는 essential로 「본질적인, 필수적인」을 말한다.

- Good food and enough rest are essential to good health.
  (좋은 음식과 충분한 휴식이 좋은 건강을 유지하는데 필수적이다.)

   ◆ 라틴어 esse quam videri (=to be rather than to seem 「외관보다 본질」)은 North Carolina주의 모토이다.

에스오시 (SOC)

「사회 간접 자본」을 뜻하는 이 약어를 매스컴은 자주 쓰고 있는데 이것은 Social Overhead Capital의 두문자를 딴 낱말이다. overhead[óuvərhèd]란 「머리 위의」를 뜻하는 낱말이나 경제 용어로는 「간접의」 또는 「총비용을 포함한」을 말한다.

- Overhead is general expenses including rent, lighting, heating, taxes and repairs.
  (오버헤드란 집세, 전기료, 연료, 세금, 수리비 등을 포함한 총 비용을 말한다.)
    - ◆ 따라서 SOC 즉 「사회 간접 자본」이란 「산업 발전의 기반으로서 도로·항만·철도·통신·전력·수도 등의 공공 시설」을 일컫는 말이다.

에이스 (ace)

「야구의 주전 투수」 또는 「최우수 선수」를 가리키는 이 ace[éis]의 원래 의미는 「넘버 원」 즉 「최고의 것」을 말한다.

- The pilot is an ace of aces.
  (그 조종사는 하늘의 용사중 용사이다.)
- He is an ace at basketball.
  (그는 농구의 에이스이다.)

에티켓 (etiquette)

「예절」을 뜻하는 이 etiquette[étikit]은 ticket을 의미하는 프랑스어가 영어로 쓰이게 되었다. ticket은 「차표, 입장권」을 말하지만 「적당한 것, 정당한 일」을 뜻하기도 한다.

- Etiquette requires a man to rise when a woman enters the room.
  (여성이 방에 들어올 때 남자가 자리에서 일어나는 것이 에티켓이다.)
- Ambassadors observe diplomatic etiquette.
  (대사들은 외교적 예절을 준수한다.)

에피소드 (episode)

「소설·극 등의 중간에 삽입된 삽화(揷話)」 또는 「삽화적인 사건」을 말하는 이 episode[épəsòud]는 희랍어 *episodios*의 변형으로 「**추가, 사이에 끼움**」을 뜻한다.

- Being named the best athlete of the year was an important episode in the baseball player's life.
  (그 해 최고의 선수로 지명되는 것은 야구 선수 생애에서 중요한 사건이었다.)

에필로그 (epilog)

「(작품의) 후기」 또는 「(극의) 끝말」이나 「(음악의) 종곡」을 뜻하는 이 epilog(ue)[épəlɑ̀g]는 희랍어 *epilogos*에서 생긴 말로 *epi*-는 「추가하는」의 뜻이고 *logos*는 「말(=word)」을 뜻한다. 따라서 epilog의 원뜻은 「추가된 말」이다.

셰익스피어의 명언에 다음과 같은 것이 있다.

● No epilogue, I pray you; for your play needs no excuse.
(에필로그는 제발 하지 말게. 네 연극은 변명을 필요치 않으니까.)

♦ 이 낱말의 반의어는 prolog[próulɑ̀g]로 「서언, 서막, 서사」 또는 「전조, 발단」을 말한다.

● The conference had a prolog and epilog of arrivals and departures.
(그 회의는 도착과 출발이라는 시작과 종말이 있었다.)

♦ between을 뜻하는 희랍어 dia가 log에 붙은 dialog[dáiəlɑ̀g]는 「대화」 또는 「대화하다」를 말한다.

● Two actors had a dialog in the middle of the stage.
(무대 중앙에서 두 배우가 대화를 나누었다.)

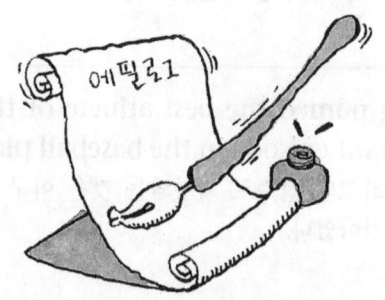

엑기스 (extract)

「달팽이 엑기스」와 같이 약물이나 식물에서 그 정액(精液)만을 뽑아 만든 분말이나 액체를 「엑기스」라 부르고 있는데 실제 이 낱말은 완전한 영어가 아니고 일본식 영어이다. television을 일본 사람들은 줄여서 「텔레비」라 하고 inflation을 「인플레」라 한다. 따라서 이런 식의 낱말들은 영미인들도 알아 들을 수 없다. 「엑기스」는 extract[ékstrækt] 즉 「추출물」의 단축어이다. 접두사 ex-는 「밖으로」의 뜻이고 어근인 tract는 「잡아당기다」의 뜻이므로 extract의 어원상 의미는 「밖으로 뽑아내다」가 되겠다.

- He extracted several sections from the article to read at the meeting.
  (그는 모임에서 읽기 위해 그 기사의 몇몇 부분을 발췌했다.)
- Vanilla extract, made from vanilla beans, is used as flavoring.
  (바닐라콩에서 만들어진 바닐라 추출물은 맛을 내기 위해 사용된다.)

엑스포 (EXPO)

몇 년전 대전에서 EXPO가 열려 큰 성황을 이루었다. 이 EXPO는 exposition의 단축형인데 「**박람회**」의 뜻 외에 「**설명, 해설, 주해**」의 뜻도 있다. 이 낱말은 expose의 명사형이다.

expose는 ex(=밖에)+pose(=두다) ⇒ 「드러내다」「진열하다」이다.

- An exposition is a world fair.
  (엑스포는 세계 박람회이다.)
- The excavation exposed some ancient ruins.
  (그 발굴이 몇점의 고대 유물을 드러냈다.)
- Goods are exposed for sale in a store.
  (상품들은 상점에서 팔기 위해 진열된다.)

엔트리 (entry)

텔레비전의 각종 경연대회의 중계 방송시 아나운서가 「참가 번호 10번」을 「엔트리 넘버 텐」이라 외치는 말을 들었을 것이다.

이 entry[éntri]는 「들어가다」를 뜻하는 동사 enter의 명사형으로 entrance와 거의 같은 의미이나 용법에 약간의 차이가 있다. entrance는 「입장, 입학, 취임, 취업」 등에 쓰이나 entry는 「가입, 참가, 등장」 등에 쓰인다.

- His sudden entry startled me.
  (갑작스런 그의 등장이 나를 놀라게 했다.)
- The car race had nine entries.
  (그 자동차 경주의 참가자는 아홉이었다.)

엘리베이터 (elevator)

「승강기(昇降機)」를 뜻하는 이 elevator[éləvèitər]의 **elevate** 는 「**사물을 올리다**」를 말하므로 영어의 뜻보다 우리말의 「승강기」가 오히려 이 기구의 명칭을 제대로 나타낸 것이라 하겠다. 「엘리베이터」는 미국인이 쓰는 말이고 영국에서는 「리프트(=lift)」라 한다. elevate는 「정신을 높이다」 또는 「사기를 북돋우다」의 뜻으로도 흔히 쓰인다.

- Reading good books elevates your mind.
  (좋은 책을 읽는 것은 정신을 고양시킨다.)
    ◆ 「고가 도로」는 elevated highway이고 「고가 철도」는 elevated railroad이다.

엘리트 (elite)

「선발된 소수의 정예」를 말하는 이 elite[elíːt]는 「선발하다」를 뜻하는 elect[ilékt]와 같은 어원에서 생긴 말이다.

- Only the elite of society attended the reception for the new governor.
  (새 주지사의 환영식에는 사회의 엘리트 층만이 참석했다.)
- Scholars are an important part of the intellectual elite of this country.
  (학자들은 이 나라의 엘리트 지식층의 중요한 부분이다.)

엠시 (M.C.)

「사회자」를 말하는데 이 낱말은 Master of Ceremonies의 약어이다. 왕왕 발음 그대로 emcee라 철자하기도 한다.

> The Big Review, a weekly hour-long musical show, had an emcee, two featured singers, a six-member dance troupe, and a six-member vocal group.
> (매주 방영되는 1시간짜리 음악 쇼 프로인 빅그 리뷰는 한 사람의 엠씨와 두명의 유명한 가수와 여섯명의 무용단과 여섯명으로 된 보컬 그룹이 있었다.)

오디오 (audio)

「비디오」는 「보는 것」이고 「오디오」는 「듣는 것」이다. 이 audio[ɔ́ːdiou]는 「듣다(=hear)」를 뜻하는 라틴어 *audire*의 변형으로 audible[ɔ́ːdəbl]이라 하면 「들을 수 있는」을 말한다.

> She spoke in such a low voice that her quiet remarks were barely audible.
> (그녀는 너무 낮은 목소리로 말하여 조용한 그녀의 말은 거의 들리지 않았다.)

♦ audibility[ɔ̀ːdəbíləti]는 「가청도」이다.

> The phonograph's low audibility made the record hard to hear.

(전축의 가청도가 낮아 레코드 소리를 듣기가 힘들었다.)

◆ 우리가 잘 아는 낱말인 audience[ɔ́:diəns] 역시 「듣다」의 어근인 aud가 든 것으로 「청중」을 뜻한다. 이것이 「관중, 관객」으로도 쓰이게 되었다.

이 audience가 모여 speaker의 연설을 듣는 장소를 auditorium[ɔ̀:dətɔ́:riəm]이라 하는데 「강당」 또는 「방청석」이라 어역한다.

예능 지원자들에게 실시하는 「시청(試聽)」을 「오디션」이라 하는데 철자는 audition[ɔ:díʃən]이다.

🔖 **Audition is a hearing to test the ability or suitability of a musician, actor or other performers.**
(오디션이란 음악가, 배우, 기타 공연자의 능력 또는 적성을 테스트하는 청취를 말한다.)

오르가즘 (orgasm)

「성적 흥분의 최고조」를 뜻하는 이 orgasm[ɔ́:rgæzm]과 「유기체(有機體)」를 뜻하는 organism[ɔ́:rgənizm]을 혼동해서는 안된다.

orgasm은 희랍어로 「부풀다(=swell)」 또는 「무르익다(=become ripe)」의 뜻이고 organism은 「기관(器官)」을 뜻하는 organ에서 생긴 말이다.

🔖 **What effect does an orgasm have on an organism?**
(오르가즘이 유기체에 어떤 영향을 미치는가?)

오리지널 (original)

「이것은 진짜 오리지널이다」라고 흔히 말하는데 그 말은 「복제품이 아니고 원판」이다를 뜻한다.

이 original[ərídʒənəl]은 「**최초의, 독창적인**」을 뜻하는 형용사와 「**원형, 원문**」을 뜻하는 명사용법이 있는데 origin[ɔ́:rədʒin] (기원, 발단)의 파생어이다.

originality[ərìdʒənǽləti]는 「독창력, 창의력」을 말한다.

- The Dutch were the original settlers of New York.
  (화란인들이 뉴욕의 최초 정착민들이었다.)
- The original of this painting is in Rome.
  (이 그림의 원판은 로마에 있다.)
- Ancient Greece has been called the origin of Western civilization.
  (고대 희랍이 서양 문명의 발상지라 불려졌다.)

오버랩 (overlap)

영화에서 「어느 한 장면에 다른 장면이 겹쳐지는 것」으로 회상이나 인물·사건을 비교할 때 쓰이는 이 overlap[òuvərlǽp]의 원뜻은 「**겹치다, 중복하다**」 또는 「**중복, 부분적 일치**」를 말한다. lap은 「무릎」을 말하며 lap over는 「겹치다. 포개다」의 뜻인데 이것이 합쳐 overlap으로 「중복」 또는 「중복하다」가 되었다.

- Shingles are laid so that they overlap each other.
  (지붕널은 서로 겹쳐지도록 깔아진다.)
- Overlaps do not matter.
  (중복되더라도 크게 문제될 것은 없다.)

오소독스 (orthodox)

우리가 흔히 사용하는 orthodox[ɔ́:θədɔ̀ks]는 형용사로 「정설의, 전통적인」을 뜻하며 명사는 orthodoxy[ɔ́:θədɔ̀ksi]로 「정설, 정통파적 관행, 통설」의 의미이다.

라틴어 *orthos*는 correct의 의미이고 *doxa*는 opinion을 뜻한다. 따라서 orthodox의 원뜻은 「올바른 의견」이다.

※반의어는 unorthodox로 「이단적인, 정통이 아닌」의 뜻이다.

- There was no religious liberty in the Massachusetts Bay Colony. Roger Williams, for example, was banished because he did not accept orthodox puritan beliefs.
  (마사츄세츠 베이 콜로니에는 종교적 자유가 없었다. 예를 들어 로저 윌리엄즈는 전통적 청교도 신앙을 받아들이지 않았기 때문에 추방되었다.)
- Vaccination was rejected as unorthodox when Dr. Jenner first suggested it.
  (제너박사가 맨 처음 예방접종을 제안하자 모두 이단적 방법이라고 거부했다.)

🔖 It is unorthodox for a girl to ask a boy for a dance.
(여자가 남자에게 춤을 추자고 요구하는 것은 정통예법에 어긋나는 일이다.)

오케이 (OK)

「좋다」를 의미하는 이 말의 철자는 OK, O.K. 또는 okay이다. 순수한 미국어인 이 낱말의 기원은 약 100년전인데 Norman Lewis가 쓴 영어 학습서 Word Power에 다음과 같은 대목이 있다.

🔖 According to one apocryphal version, it was President Andrew Jackson's odd spelling that gave birth to the expression "okay."
(출처가 의심스러운 어떤 설명에 의하면 앤드루 잭슨 대통령의 기묘한 철자법이 okay라는 표현을 낳았다는 것이다.)

🔖 Jackson thought, so goes the story, that "all correct" was spelled "oll korrect", and he used O.K. as the abbreviation for these words when he approved state papers.
(전해지는 말로는 잭슨이 all correct의 철자가 oll korrect라 생각했다는 것이다. 그래서 이 어구의 약자로 공문서에 서명할 때 O.K.라 썼다는 것이다.)

🔖 Rome is an OK city to work in.
(로마는 일하기에 좋은 도시다.)

● Trouser-suited ladies are deemed OK.
(바지입은 여자들은 멋지게 보인다.)

오토바이 (autobike)

이 낱말은 autobike의 준말이나 실제로 영어에서는 줄여서 쓰지 않는다. 또한 autobicycle 또는 autobike는 영국식 영어이고 미국에서는 motorbike 또는 motorcycle[móutər-sàikl]이라 한다.

● The motorcycle lay on the other side of the road, its wheels in the air, like a dead bug.
(그 오토바이는 길 반대편에 뒤집혀 있었는데 마치 죽은 딱정벌레 같았다.)

오퍼 (offer)

「수출업자가 상대국의 수입업자에게 내는 판매 신청」을 말하며 「이런 행위를 전문으로 하는 사람」을 「오퍼 상(商)」이라 한다. 이 offer[ɔ́:fər]는 영어의 기본 단어중 하나로 「**제공하다, 제의하다**」 또는 「**제공, 신청**」을 뜻한다. offering 역시 「신청」의 뜻도 있으나 「신에게 헌납, 헌금」 또는 「선물(=present)」을 말할 때가 많다.

- She offered a few ideas to improve the plan.
  (그녀는 그 계획을 개선할 몇가지 생각을 제의했다.)
- Miss Pole had a cousin who had offered to Miss Matty long ago.
  (폴양에게는 사촌 오빠가 있었는데 오래 전에 그가 매티양에게 결혼을 신청했다.)

오페라 (opera)

「가극(歌劇)」이라 말하는 것보다 오페라라 말하는 편이 훨씬 이해가 빠를 것이다. opera의 발음에 특히 유의하라. [ápərə]이다. 이 낱말은「작품(=a work)」을 뜻하는 라틴어 opus [óupəs]의 복수형으로 전체 의미는「여러 작품이 종합된 것」이다.

- Beethoven opus 47 is the Kreutzer Sonata.
  (베토벤의 작품 제 47번은 크로이첼 소나타이다.)
  ※ magnum opus란 말도 자주 쓰이는데 「대작(大作)」또는 「걸작품(=masterpiece)」의 의미이다.
- Opera is a blend of all the performing arts – song, instrumental music, dance and drama.
  (오페라는 모든 무대예술의 혼합체이다. 즉 가곡, 기악, 무용과 연극이 어우러져 있다.)

오펜스 (offense)

「농구에서 오펜스 반칙」이란 「공격자 반칙」을 말한다. 따라서 이 offense[əféns]는 defence(=방어)의 반의어로 「**공격, 공격자**」를 뜻하나 실제로는 「**위반, 기분을 상하게 하는 것**」을 말한다.

따라서 offensive[əfénsiv]는 「공격적인」의 뜻도 있으나 「불쾌한, 무례한」의 의미로 많이 쓰인다.

- **Murder is an offense against God and man.**
  (살인은 신과 인간에 대한 범죄이다.)

- **Try not to cause offense.**
  (남의 감정을 상하는 일이 생기지 않도록 노력하라.)

- **"Shut up" is an offensive remark.**
  (「입 닥쳐」란 말은 무례한 언사이다.)

오프 더 레코드 (off the record)

「정치가들이 오프 더 레코드의 조건으로 한 말이 즉시 기사화 되었다」의 **off the record**는 「기록하지 않음」 ⇒ 「보도를 공표하지 않음」 ⇒ 「**비공식적임**」의 뜻이다.

- Politicians often say things off the record that it would be impolitic to say directly.
  (정치가들은 직접 말한다면 불리할 것들을 발표되지 않는다는 조건으로 왕왕 말한다.)

옴니버스 (omnibus)

「몇 개의 독립한 단편을 모아 전체를 하나의 작품으로 만든 것」을 말하며 이런 책을 「옴니버스 북」이라 한다. 또한 「하나의 주제를 중심으로 몇 개의 독립한 짧은 이야기를 한 편의 작품으로 만든 영화」를 「옴니버스 영화」라 한다.

우리가 매일 타고 다니는 bus[bʌs]는 **omnibus**[ɑ́mnibʌ̀s]의 단축어로 「모든 사람이 함께 타는 자동차」의 뜻이다.

- An omnibus is used for carrying passengers between fixed stations along a route.
  (옴니버스는 일정한 도로를 따라 고정된 정류소 사이에서 승객들을 실어나르기 위해 사용된다.)

◆ omni-는 「모든, 전부의」를 나타내는 접두사로 유용한 낱말을 많이 탄생시켰는데 중요한 것은 다음과 같다.
　　omnidirectional diplomacy: 전방위 외교
　　omnifarious[àmnifέəriəs]: 여러가지의, 잡다한
　　omnipotent[ɑmnípətənt]: 전능한
　　　※ potent: powerful cf. impotent: 「무기력한」
　　omniscient[ɑmníʃənt]: 「모든 것을 알고 있는」
　　　※ science: knowledge
　　omnivorous[ɑmnívərəs]: 「무엇이나 먹는, 잡식성의」
　　　※ carnivorous: 「육식의」, herbivorous 「초식의」

● By no means trust to your own judgment alone; for no man is omniscient.
(결코 네 자신의 판단만을 신뢰하지 말아라. 어떤 인간도 전지한 자는 없다.)

● Man is an omnivorous animal.
(인간은 잡식성 동물이다.)

옵션 (option)

「선택 매매권」으로 어역되는데 「일정한 금액을 치르고 언제든지 기한 전에 할 수 있는 매매」를 말한다.

option[ɑ́pʃən]의 기본 뜻은 **「취사 선택」 「선택권」**을 말하며 형용사 optional[ɑ́pʃnəl]은 「임의의, 선택적인」을 말한다.

● Where to travel should be left to each person's option.
(여행 장소는 각자의 선택에 맡겨져야 한다.)

- We paid $5,000 for an option on the land.
  (우리는 그 토지의 선택 매매권 대금으로 5천 달러를 지불했다.)
- Attendance at the school picnic is optional.
  (학교 소풍의 참가는 선택적이다.)
  ※ 「선택 과목」을 an optional subject라 한다.

와인 (wine)

「포도주」를 일컫는 이 wine[wain]은 「포도 덩굴」을 뜻하는 vine[vain]과 같은 말이다. 원래 「포도주」를 가리킨 이 wine이 지금은 plum wine(오얏술) 또는 apricot wine(살구술) 등으로도 쓰이며 vine 역시 「담쟁이 덩굴」로도 쓰이고 수박과 오이 등 맛있는 과일이 자라는 「덩굴」에도 쓰인다.

- Please tell the gardener to trim the ivy vine near the front door.
  (정원사에게 현관 부근의 담쟁이 덩굴을 손질하도록 말해 주세요.)
  ♦ vinegar[vínigər]는 「식초」를 말하는데 원래 포도에서 만들어졌다.
- Please buy several bottles of vinegar at the store.
  (그 상점에서 식초 몇 병을 사주세요.)
  ♦ vintage[víntidʒ]는 「포도 수확」을 말하는데 이것이 「포도 풍작의 해」 또는 「포도 수확기」를 뜻하게 되었다. 왜냐하면 wine의 맛은 포도가 수확된 해의 날씨에 달렸기 때문이다.

- 1996 was an excellent vintage for Bordeaux wines.
  (1996년은 보르도우 와인의 아주 좋은 포도 수확의 해였다.)
- Vintage wines are ususlly expensive.
  (우량 포도주는 통상 값이 비싸다.)

워크숍 (workshop)

원래 「작업장, 일터」를 뜻하는 이 workshop[wə́ːrkʃap]이 실제로는 「**연구나 토론의 한 과정**」 또는 「**특정한 문제에 대한 공동 연구**」를 말한다.

- They successfully made a history workshop.
  (그들은 역사의 공동 연구를 훌륭하게 수행했다.)

워터프루프 (waterproof)

「**방수(防水)의**」를 뜻하는 이 waterproof[wɑ́tərprúːf]의 -proof는 어떤 낱말에 붙어 「~을 막아내는, ~을 견디는」을 나타낸다. 따라서 shockproof라 하면 「충격 방지의」를 말하며 fireproof라 하면 「내화성의, 불연성의」를 말한다.

- An umbrella should be waterproof.
  (우산은 방수가 되어야 한다.)

- A building made entirely of steel and concrete is fireproof.
 (완전히 강철과 콘크리트로 만들어진 건물은 불에 타지 않는다.)

위트 (wit)

「기지」나 「재치」의 뜻으로 우리말에 섞어쓰는 이 wit는 「현명한」을 뜻하는 wise와 같은 어원의 고대 영어에서 생긴 낱말이다.

따라서 두 낱말은 근본적 의미는 같다고 할 수 있는데 wit가 명사니까 이에 해당하는 다른 낱말은 wisdom이 되겠고 wise에 해당되는 다른 낱말은 witty가 되겠다.

물론 이 두 낱말은 장기간의 사용에 의하여 약간의 의미상 차이를 갖게 되었다. wise는 「오랜 경험과 신중한 판단력을 수반한 그런 현명한」을 의미하나 witty는 「총명한 두뇌에서 나오는 순간적 슬기로운」 상태를 나타낸다. 다음 예문에서 wit와 wisdom의 차이를 알아보자.

- His wit made even troubles seem amusing.
 (그의 재치는 곤란한 일조차 즐겁게 보이도록 했다.)

- Brevity is the soul of wit.
 (간결함은 재치의 정수다 — 말은 간결함이 생명이다.)

- "He who can, does, he who cannot, teaches" is one of the witty sayings by G.B. Show.

(「능력있는 자는 행하고 능력없는 자는 가르친다」는 말은 버나드 쇼의 재치있는 말 중의 하나다.)

☙ If a man is wise, he gets rich, and if he gets rich, he gets foolish, or his wife does.
(어떤 사내가 현명하다면 그는 부자가 되고 그가 부자가 되면 그는 어리석게 되거나 그의 처가 어리석게 된다.)

☙ Our wisdom, whether expressed in public or private, belongs to the world, but our follies to those we love.
(대중 앞에서 표현되었거나 사적으로 표현되었거나 우리의 지혜는 이 세상 전체에 속한다. 그러나 우리의 어리석음은 우리가 사랑하는 사람들에게 남는다.)

◆ wise에서 파생된 말에 wizard[wízərd]가 있는데 「마법사」를 뜻한다.
　wiz는 wise의 변형이고 -ard는 「사람」을 나타내는 접미사이다. (※coward, drunkard, sluggard 등). 따라서 wizard는 원래 wise man을 뜻했는데 지금은 「마법이나 초능력을 행사하는 사람」을 가리키게 되었다.
　wit에서 파생된 말에 unwittingly[ʌnwítiŋli]와 witness[wítnis]가 있다. 전자는 「자기도 모르는 사이에」 즉 「무심코, 부지중에」를 뜻하며 후자인 witness는 「알고 있는 것」 즉 「지식」이라는 의미가 발전하여 「어떤 사건을 알고 있는 사람 — 목격자」를 뜻하게 되었고 이것이 다시 발전하여 「증언」 또는 「목격하다」, 「증언하다」를 나타내게 되었다.

☙ You'd have to be a wizard to figure out these instructions.
(이 설명서를 이해하려면 마법사가 아니고서는 불가능 하다.)

☙ Many children have read the book 'The Wizard of Oz'.
(많은 아이들이 「오즈의 마법사」라는 책을 읽었다.)

- The teacher unwittingly gave away one of the test answers.
(선생님은 무심코 시험문제의 정답 하나를 말해버렸다.)
- Chris unwittingly hurt Larry's feelings.
(크리스는 부지중에 래리의 감정을 상하게 했다.)
- A person who gives false witness in court is guilty of lying under oath.
(법정에서 거짓 증언을 하는 사람은 서약하고서도 위증했다는 죄를 범하는 것이다.)
- The police questioned everyone there who witnessed the accident.
(경찰은 그 곳에서 사고를 목격한 사람 전부를 심문했다.)

유니폼 (uniform)

「제복」을 뜻하는 이 uniform은 uni(=only one)+form(=형태)으로 「형태가 똑 같은 것」을 말한다.
unique는 「유일무이한, 독특한」을 말한다.

- He discovered a unique specimen of rock in the cave.
(그는 동굴에서 독특한 바위의 견본을 발견했다.)
    ◆ uniformity 「한결같음, 균등성, 획일」
- Little by little the plain came into view that is a vast green uniformity.
(조금씩 평야가 시야에 들어왔는데 광활한 획일적 녹색지대였다.)

◆ formula「판에 박은 말. 공식」

●✚ The basic formula is; a boy meets a girl, a boy loses a girl, a boy gets a girl.
(기본적 공식은 이렇다. 사내가 여자를 만난다. 사내는 여자를 잃는다. 사내는 여자를 취한다. — 럿셀 베이커)

◆ conformity「부합. 일치」

●✚ A deadly conformity will kill every impulse toward independence and dissent.
(극심한 일치는 독립성과 의견차이에 대한 모든 충동을 없앨 것이다.)

◆ deformity「불구. 기형」 ※접두사 de는 bad의 뜻.

●✚ Doctors can now cure many deformities.
(이제 의사들은 많은 기형을 고칠 수 있다.)

이니시어티브 (initiative)

「정당내 파벌간에 이니시어티브 쟁탈전이 시작되었다」라 할 경우「주도권 쟁탈전」을 뜻한다. 이 **initiative**[iníʃətiv]는 「시작하다, 일으키다」를 뜻하는 initiate의 명사형으로 「**시작, 주도권**」의 뜻과 「**독창력**」의 뜻이 있다.

●✚ She is shy and does not take the initiative in making acquaintances.
(그녀는 수줍음을 타기 때문에 남과의 교제를 먼저 시작하지 않는다.)

※ 이 낱말의 형용사는 initial[iníʃəl]로 「최초의. 시초의」를 뜻하며 「성명의 첫글자」라는 명사로도 쓰인다.

- His initial effort at skating was a failure.
(그의 스케이팅 첫번째 시도는 실패였다.)

- When he bought the new suitcase, he had his initials printed on it in gold lettering.
(새 여행용 가방을 사자 그는 그 가방에 황금색 문자로 자기 이름의 이니셜을 박았다.)

이미지 (image)

「닮은 모습」, 「상징」, 「화신」 또는 「인상」 등의 뜻으로 「그 정치가는 자신의 이미지 관리에 애쓴다」라 할 경우 「남에게 주는 인상을 좋게하려고 애쓴다」의 뜻이다.

라틴어 그대로 영어에서도 사용되는 imago[imá:gou]는 「(부모의)면모, 영상」을 뜻하는데 이것이 image[ímidʒ]로 약간 변화하여 「닮은 모습」을 뜻하게 되었다.

imagine[imǽdʒin]은 「상상하다. 생각하다」의 뜻인데 image에서 발전된 낱말이다.

- We can hardly imagine life without electricity.
(우리는 전기가 없는 생활을 거의 상상할 수 없다.)

 ◆ imitate[ímətèit]는 「모방하다」의 뜻인데 역시 image의 파생어이다.

- A parrot imitates the sounds it hears.
(앵무새는 자기가 듣는 소리를 흉내낸다.)

이미테이션 (imitation)

「모조품」을 말하는 이 imitation[imətéiʃən]의 기본 의미는 「**모방, 흉내**」이며 동사는 imitate[íməteit]로 「모방하다」를 뜻한다.

- We learn many things by imitation.
  (우리는 모방에 의하여 많은 것을 배운다.)
- You can buy imitation pearls in many jewelry stores.
  (많은 보석 상점에서 모조 진주를 살 수 있다.)

이벤트 (event)

「빅 이벤트」란 「큰 사건」을 말하고 「이벤트 사업」이란 「개인이나 단체의 특별한 행사를 대행해 주는 사업」을 말한다.

이 event[invént]는 「**사건**」을 말하는데 이 낱말은 「밖으로」를 뜻하는 접두사 *e-*에 「오다(=come)」를 뜻하는 *vent*가 붙어 「밖으로 나오다」⇒ 「일어나다」⇒ 「사건」이 되었다.

- The discovery of polio vaccine was a great event in medicine.
  (소아마비 백신의 발견은 의학에서 하나의 큰 사건이었다.)

  ◆ come을 뜻하는 vent가 사용된 주요 낱말은 다음과 같다.
  advent[ǽdvənt]는 「이쪽으로 오다」⇒ 「출현, 도래」를 말한다.

☛ The advent of spring was a time for festivals in ancient days.
(봄이 오는 것은 고대에 있어서 축제의 시기였다.)

　　◆ invent[invént] 「안으로 오다」 ⇒ 「우연히 알아내다」 ⇒ 「발명하다」

☛ Alexander Graham Bell invented the telephone.
(알렉산더 그라햄 벨이 전화를 발명했다.)

　　◆ prevent[privént] 「미리 오다」 ⇒ 「예방하다」 명사는 prevention이다.

☛ The precautions were a prevention against fire.
(미리 조심하는 것이 화재 예방책이었다.)

　　◆ vent의 변형인 venue도 come의 뜻으로 「사건의 현장」을 뜻한다.
　　avenue[ǽvənju:]는 「가로수가 있는 큰 길. 대로」의 뜻으로 우리가 잘 아는 낱말인데 「(사람들이) 그 쪽으로 오다」를 말한다.
　　revenue[révənju:]는 「되돌아 오다」 ⇒ 「세입. 수익」의 뜻이다.

☛ The government got much revenue from taxes last year.
(정부는 작년에 세금을 거두어 많은 세입을 올렸다.)

이슈 (issue)

「당면한 이슈를 먼저 해결하자」라 할 경우 이 issue[íʃuː]는 「문제점」을 말한다. issue의 기본적 의미는 「**발행, 발행물, 유출, 결말**」이며 동사로 쓰일 때의 의미는 「**흘러나오다, 유래하다, 발행하다**」이다.

- The voters had four issues to settle at the polls.
 (유권자들은 투표로 해결할 4개의 문제점이 있었다.)
- The government controls the issue of stamps.
 (정부는 우표의 발행을 관장한다.)
- Each soldier was issued a rifle.
 (각 병사는 소총을 지급받았다.)

이퀄 (equal)

「같은, 동등한」을 뜻하는 equal[íːkwəl]은 「**동등한 사람, 동등한 사물**」의 명사 용법과 「**~와 같다, 필적하다**」의 동사 용법이 있다.

- He is equal to anything.
 (그는 어떤 일도 감당할 수 있다.)
- He is the equal of his word.
 (그는 약속을 아주 잘 지킨다.)
- I can't possibly equal his achievements.
 (나는 도저히 그의 업적을 따를 수 없다.)

※ 다음은 equal을 어근으로 한 낱말들이다.
◆ equator[i:kwéitər] 「적도(赤道)」
※ 남북을 「균등하게」 나누는 선

🔹 The ship crossed the equator.
(그 배는 적도를 통과했다.)

◆ equation[i:kwéiʃən] 「등식(等式)」

🔹 If you're studying algebra, it's important to understand equations.
(대수를 공부하겠다면 등식을 이해하는 것이 중요하다.)

◆ adequate[ǽdikwit] 「균등한 것을 지향한」 ⇒ 「적절한, 충분한」

🔹 Try to get adequate sleep the night before the test.
(시험 전날 밤에는 충분히 자도록 하라.)

◆ equivalent[ikwívələnt] 「동등한 가치의」
※ val은 value의 뜻.

🔹 Is a dollar equivalent to 900 won?
(1달러는 900원과 가치가 같나요?)

◆ qualify[kwάləfai] 「(어떤 일에)필적하게 하다」 ⇒ 「자격을 주다」

🔹 His experience qualifies him to do that job.
(그의 경험은 그 일을 하는데 적격이다.)

인센티브 (incentive)

「보너스나 승진은 종업원의 의욕을 증진시키는 인센티브이다」의 경우 이 incentive[inséntiv]는 「자극, 유인」 또는 「자극적인, 고무하는」의 뜻을 나타낸다.

- The fun of playing the game was a greater incentive than the prize.
  (경기의 흥미가 상(賞)보다 더 큰 유인 요소였다.)

- The management wanted some 250 workers to give up their present incentive pay, which would have cut their daily wages by about five dollars a man.
  (경영자측은 약 250명의 종업원들이 현재 받고 있는 생산 장려금을 포기하기를 원했다. 그렇게 되었다면 1인당 매일의 임금이 5달러 감소되었을 것이다.)

인스턴트 푸드 (instant food)

라면과 같이 「즉시 먹을 수 있는 음식」을 말한다. 「인스턴트 커피」는 뜨거운 물만 타면 바로 먹을 수 있다.

instant[ínstənt]는 *in*(=in)+*stant*(=stand)로 「가까이 서 있는」 ⇒ 「즉시의, 긴급한」의 뜻이며 **「순간, 찰나」**의 명사로도 쓰인다.

- The medicine gave instant relief from pain.
  (그 약은 고통을 즉시 완화시켰다.)

- The instant he leaves you, you and all the world are nothing to him.
  (그가 너를 떠나는 순간 너와 온 세상은 그에게 아무 의미도 없다.)

인스퍼레이션 (inspiration)

「영감」의 뜻으로 자주 쓰이는 이 낱말의 영어 철자는 **ins-piration**[insʒréiʃən]으로 inspire[inspáiər]의 명사형이다.
inspire는 「숨쉬다」를 뜻하는 라틴어 어근인 *spire*에 「안으로」를 뜻하는 *in*-이 붙은 말로 「안으로 숨쉬다」 ⇒ 「불어넣다, 고무하다, 영감을 주다」가 되었다.
aspire[əspáiər]는 「~을 향해 숨쉬다」 ⇒ 「~을 열망하다」를 뜻한다.

- **Scholars aspire after knowledge.**
  (학자들은 지식을 열망한다.)

    ◆ respire[rispáiər]는 「반복」을 뜻하는 re-가 붙어 글자 그대로 「호흡하다」를 말한다.

- **I seemed to respire hope and comfort with the free air.**
  (나는 자유의 공기로 희망과 위안을 들이마시는 것 같았다.)

    ◆ perspire[pərspáiər]는 「통하여(=through)」를 뜻하는 접두사 per-가 붙어 「(피부를 통하여) 숨쉬다」 ⇒ 「땀을 흘리다」가 되었다.

- **The lumberman perspired as he cut the trees down under the blazing sun.**
  (타는 듯한 햇볕 아래서 그 벌목공은 땀을 흘리며 나무를 베었다.)

    ◆ conspire[kənspáiər]는 「함께 숨쉬다」 ⇒ 「공모하다, 음모하다」의 뜻이다.

- **The two men conspired to steal the jewels and then sell them to a jeweler in another country.**
  (그 두 사나이들은 보석을 훔쳐 다른 나라의 보석상에 팔기로 공모했다.)

◆ expire[ikspáiər]는 「밖으로 숨쉬다」⇒ 「죽다. 효력이 중지 되다」의 뜻이다.

☙ You must obtain a new auotmobile license when your old one expires.
(자동차 운전면허의 기간이 끝나면 새 면허를 받아야 한다.)

※ spire가 든 낱말을 가르칠 때 꼭 소개하는 격언이 있다. 토마스 에디슨의 말이다.

☙ Genius is one percent inspiration and ninety nine percent perspiration.
(천재란 1퍼센트의 영감과 99퍼센트의 노력이다.)

인큐베이터 (incubator)

「보육기」를 가리키는 이 incubator는 「**부화기**」의 뜻으로도 많이 쓰인다. 동사인 incubate는 「알을 품다」, 「세균을 배양하다」 또는 「미숙아를 보육기에서 기르다」 등을 말한다.

☙ A $100 million research center near Toronto will soon be incubating ideas that may shape Canada's future.
(1억 달러의 자금을 투입한 토론토 부근의 한 연구소가 캐나다의 미래를 형성할 아이디를 곧 부화할 것이다.)

◆ incubate는 in(=in)+cubate(=lay) ⇒ 「안에 눕히다」⇒ 「부화하다」이다.
라틴어 cubare는 「눕다(=lie)」의 뜻으로 이 어근이 쓰인 영어 낱말이 몇개 있다.
incumbent는 「~위에 눕는」⇒ 「기대는. 의지하는」, 「의무로 부과된」이다.

●❖ She felt it incumbent upon her to answer the letter at once.
(그녀는 편지에 즉시 회답하는 것이 자신에게 부과된 의무라 느꼈다.)

◆ concubine은 「첩」 또는 「내연의 처」를 말하는데 con(=together)
+cubine(=lie)으로 「잠자리를 함께 하는 여자」를 뜻한다.
※「축첩」 또는 「첩의 신분」을 concubinage라 한다.

●❖ Up until fairly recently there was a great deal of selling into concubinage.
(아주 최근까지 첩으로 팔려가는 일이 아주 많았다.)

인터넷 (Internet)

요즘 거의 매일처럼 이 낱말을 신문에서 보거나 방송 매개체를 통해 듣게 되는데 알듯 모를 듯한 낱말이다.
「인터넷」이란 **International Network**의 준말로 「**전 세계의 컴퓨터 망**」을 말한다. 전 세계의 수많은 컴퓨터가 저장하고 있는 각종 정보를 이 네트워크를 통해 얻을 수 있는 지식을 말한다. 전 세계 컴퓨터가 수록한 정보는 정말 하늘의 별만큼, 해변의 모래알만큼 많을 것이다. 이 정보를 어떻게 얻는가가 인터넷을 배우는 목적이다.

●❖ How to use Internet is how to get information you need from the world-wide network of computers.
(인터넷의 활용법은 전 세계의 컴퓨터 망에서 어떻게 필요한 정보를 얻는가이다.)

인프라 (infra)

"북한은 「인프라」가 취약하여 외국 투자가들이 진출을 꺼리고 있다"에서 사용된 「인프라」는 infrastructure[ínfrəstrʌ́k-tʃər]의 단축어이다. infra-는 라틴어로 「아래의」를 뜻함으로 infrastructure는 「하부 구조」의 의미이나 통상 「산업의 기반시설」로 어역된다.

> ● The infrastructure of the French economy-the transport system, for example-is now perhaps the best in Europe.
> (프랑스 경제의 기반시설, 예를 들어 수송 체계는 아마 현재로는 유럽 최상이라 하겠다.)

인플레 (inflation)

「화폐가치의 하락과 물가 상승」을 뜻하는 inflation[infléi-ʃən]의 준말인데 영어에서는 줄여서 쓰지 않는다. 반대말은 deflation으로 「통화량의 축소에 따른 물가 하락」을 말한다.

> ● Inflation spirals inexorably on.
> (인플레이션이 무자비하게 소용돌이 치고 있다.)
>
> ※ 위 두 낱말의 어근인 flate는 「불다(=blow)」를 뜻하는 라틴어 flare의 변형이다. 따라서 inflate[infléit]는 「안으로 불다」 ⇒ 「부풀게 하다」이며 deflate는 「밑으로 불다」 ⇒ 「공기를 빼다」가 되었다.

- After his success he was inflated with self-importance.
  (그는 성공한 후로 자만심에 부풀었다.)
- We found that a nail had deflated the tire.
  (우리는 못이 박혀 타이어의 공기가 빠진 것을 알았다.)

인플루엔자 (influenza)

「유행성 독감」을 뜻하는 이 낱말은 이탈리아어가 그대로 영어에서도 쓰이고 있는데 철자와 발음은 influenza[influénzə] 이다. 줄여서 간단히 flu[flu:]라 하기도 한다.

이 flu는 또한 「흐르다(=flow)」의 뜻을 가진 어근으로 중요한 영어 낱말을 많이 만들었다.

influence[influ:əns]는 「영향」또는 「영향을 끼치다」의 뜻인데 이것은 「남의 마음 안으로 흘러들게 하다」의 의미를 내포한 말이다. 따라서 「유행성 독감」을 말하는 이 influenza도 「다른 사람의 몸안에 흘러 들어간 질병」을 말한다.

influence와 influenza에 대한 영영사전의 설명을 여기 옮겨 본다.

- Influence was once, in a less enlightened age, thought to be the flowing in of power or ethereal fluid from the stars, and now, in an etymological sense, can be considered the flow of one person's idea into another person.

(지금보다 미개한 어느 시기에 influence란 별에서 발산된 힘 또는 아주 가벼운 기체의 흐름으로 생각되었다. 그런데 지금은 어원상의 의미로 말하여 어느 한 사람의 생각이 다른 사람에게 흘러드는 것으로 생각될 수 있다.)

● Similarly, influenza in an earlier and more naive era, was thought by astrologers to be caused by this same ethereal flow from the stars.
(이와 마찬가지로 infuenza도 지금보다 순진했던 옛날 별에서 발산된 이 똑같은 가벼운 기체의 흐름에서 생긴다고 점성가들은 생각했다.)

◆ 「흐르다(=flow)」를 뜻하는 이 flu가 든 대표적 낱말에 fluent [flúːənt]가 있다. 「유창한」의 뜻인데 이것은 「물이 흐르는 듯하다」의 의미에서 생긴 말이다. 명사는 fluency이다.

● His fluency of speech has no great depth.
(그의 유창한 언변에는 깊이가 별로 없다.)

◆ flux[flʌks]는 「유동, 흐름」을 말하고 influx[ínflʌks]는 「유입」을 말하며 efflux[éflʌks]는 「유출」을 말하고 reflux [ríːflʌks]는 「역류」를 말한다.

● New words and meanings keep the English language in a state of flux.
(새로운 단어와 의미가 영어를 유동적 상태로 만든다.)

● During the late spring, beach resorts ready themselves for the expected influx of summer visitors.
(늦은 봄 동안 해변의 휴양지들은 여름철 방문객들의 예상되는 쇄도에 대비한다.)

● Every holiday weekend in America, there is an efflux of people and automobiles from the cities to the seashore, to the mountains, to camping sites, to recreation areas.

(미국에서 공휴일이 낀 주말은 언제나 도시에서 해변이나 산이나 야영지나 휴양지를 향한 사람과 차량들의 유출 사태가 일어난다.)

☞ The reflux of migrants into Korea has begun.
(이민자들이 한국으로 되돌아오는 역류 현상이 시작되었다.)

♦ affluent[ǽfluənt]는「흘러 넘치는」⇒「풍부한」을 말한다. 명사는 affluence로「풍요」를 뜻한다.

☞ The 1980's was years of affuluence; money was easy, jobs were plentiful, and though prices were high and ever rising, people bought goods and services at a frentic pace.
(1980년대는 풍요한 세월이었다. 돈은 벌기 쉬웠고, 일자리는 많았으며 비록 물가는 높고 계속 치솟았지만 사람들은 미친 듯이 물건을 샀고 서비스를 제공받았다.)

일렉트론 (electron)

「전자 (電子)」를 일컫는 이 electron[iléktrɑn]은 모든 원자핵 주변에서 발견되는 소립자로 질량은 양자의 1836분지 1이다. 「전자 공학」을 electronics[ilèktrániks]라 하며「전자 현미경」을 electronic microscope라 한다.

☞ Electronic music inspired him [Nam June Paik, a Korean] to make electronic art.
(전자 음악이 그를 [한국의 백남준] 고무하여 전자 예술을 이루게 했다. — 타임지에서)

임포 (impotence)

「남성의 성교 불능」을 말하는 이 낱말은 impotence[ímpə-təns]의 준말이다. 형용사는 impotent[ímpətənt]로 「무기력한, 어떻게 해볼 수 없는, 성교 불능의」를 말한다.

이 impotent는 *im*(=not)+*potent*(=powerful)로 「힘이 없는」을 말한다.

potent[póutənt]는 powerful의 뜻이고 potential[pəténʃəl]은 possible, latent(=잠재하는)를 말한다.

- Bravery is the most potent charm to win the favor of the fair.
 (용기는 미인의 호감을 사는데 가장 강력한 매력이다.)

- The potential efficiency of modern chemical weapons is generally comparable to that of atomic weapons.
 (현대 화학무기의 잠재적 효력은 일반적으로 원자무기의 효력에 견줄 수 있다.)

 ◆ impotent는 helpless를 뜻하며 impotence는 lack of strength를 말한다.

- Without guns and ammunition the soldiers were impotent.
 (총과 탄약이 없었기 때문에 병사들은 무력했다.)

- The government was overthrown because of its impotence when the crisis arose.
 (위기가 발생했을 때 그 대처 능력이 없었기 때문에 정부는 전복되었다.)

◆ 「성교 불능」을 impotence라 말한다고 했다. 「발기 불능」은 erectional dysfunction이라하고 「조루 현상」을 premature ejacualtion이라 한다.

장르 (genre)

「유형, 형식, 부류」를 뜻하는 이 genre[ʒɑ́:nrə]는 프랑스어가 그대로 영어에서 쓰이고 있는데 「종류, 탄생」을 뜻하는 라틴어 genus에서 생긴 말이다. 우선 예문을 통해 알아보자.

❖ The writer distinguished himself in two literary genres - the short story and the novel.
(그 작가는 문학의 두가지 유형, 즉 단편소설과 장편소설에서 뛰어났다.)

◆ 라틴어 genus를 영어에서도 그대로 「종류, 부류」의 뜻으로 사용하는데 이때 발음은 [dʒí:nəs]이다. 이 낱말에 i자가 하나 더 들어가 genius[dʒí:njəs]가 되면 「천재」를 말하는데 이 낱말에 쓰인 어근 gen-은 「탄생」을 뜻하여 「비범하게 태어난 사람」을 가리켰다.
　가령 「신사」와 「장군」과 「천재」의 공통점을 말하라는 퀴즈가 있다면 이 세개의 영어 낱말이 모두 gen-으로 시작된다는 것이다.

알다시피 「신사」는 gentleman이고 「장군」은 general이며 「천재」는 genius이다. gentle은 「온화한, 예절바른」의 의미로 사용되고 있으나 원래는 「출생성분이 좋은」을 뜻했다. 따라서 gentleman의 원래 의미는 「좋은 집안에서 태어난 사람」이었다. 「장군」을 가리키는 general은 모든 genus(=class) 즉 「모든 계층, 모든 분야에 능통한 사람」을 말한다.

「탄생, 발생, 기원」을 뜻하는 이 gen-으로 형성된 낱말 중 얼른 생각되는 것에 generate[dʒénərèit](낳다, 발생시키다), generator[dʒénərèitər](발전기), generation[dʒènəréiʃən](동시대에 태어난 사람들, 세대)이 있다. generation은 「한 사람이 태어나 장성하여 자식을 두게 되는 그 사이의 기간으로 대략 30년간」을 말한다. gentle은 「고귀하게 태어난」의 의미였다고 설명했는데 같은 어원에서 파생한 낱말에 generous[dʒénərəs](관대한, 아낌없이 주는), generosity[dʒènərásəti](관대함, 아량, 아낌없는 마음씨)가 있다.

● **The steam can generate electricity by turning an electric generator.**
(증기는 발전기를 회전시킴으로써 전기를 생산할 수 있다.)

● **In a day when the generation gap yawns ever wider, parents and children have become strangers to one another.**
(세대간의 간격이 더욱 크게 벌어지는 시기에 부모와 자식은 서로 타인처럼 되었다.)

● **Giving money to the beggar was a generosity no one expected of the stingy old man.**
(그 걸인에게 돈을 준 것은 그 인색한 노인에게 아무도 기대하지 않았던 관대한 행위였다.)

◆ 「탄생, 기원, 종류」의 의미를 가진 이 유용한 라틴어 어근인 gen-으로 형성된 낱말을 좀더 깊이 고찰해 보자.
구약성경의 제1권은 Geneseis[dʒénəsis] 즉 「창세기」다. 「지구와 인간의 탄생과 기원」이 기술되어 있다. 소문자로 시작되는 genesis는 「탄생, 기원」을 뜻한다.

◆❖ According to legend, the Trojan War had its genesis in a dispute among three Greek goddesses.
(전설에 따르면 트로이 전쟁은 세명의 희랍여신들 사이의 불화에서 생겼다고 한다.)

◆❖ If you study the genesis of the modern auotmobile, you will learn that steam-driven cars were once more popular than gasoline models.
(현대 자동차의 기원을 연구한다면 과거 한때 증기 자동차가 휘발유 자동차보다 더욱 인기가 있었음을 알 것이다.)

♦ 어떤 종류의 인간을 형성하는가는 「인자(因子)」가 결정한다. 이 인자는 「종류」의 의미인 gen-에 -e자가 붙은 gene[dʒiːn]이다. 이 낱말의 형용사는 genetic[dʒinétik]으로 「유전자의, 발생론적인」을 뜻하며 유용한 어구를 많이 만든다.
예를 들어 「유전자 공학」은 genetic engineering이라 한다. 「유전학」은 genetics[dʒinétiks] 이다.

◆❖ A gene is a minute part of a chromosome that influences the inheritance and development of some character. Genes consist essentially of deoxyribonucleic acid(DNA) and are divisable into various functional units such as the cistron. The genes inherited from the parents determine what kind of a plant or animal will develop from a fertilized egg cell.
(인자란 염색체의 미세한 부분으로 어떤 성격의 유전과 발달에 영향을 끼친다. 인자들은 디옥시리보 핵산(DNA)의 필수 구성요소로 시스트론과 같은 다양한 기능 단위로 분열될 수 있다. 부모로부터 유전된 인자들은 어떤 종류의 식물 또는 동물이 수정란 세포로부터 발달할 것인가를 결정한다.)

◆❖ A couple may seek genetic counseling if they believe they might pass on certain inherited defects to their children.

(부부가 가령 그들의 어떤 유전적 결함을 자녀에게 유전시킬지 모른다고 믿는다면 「유전 상담」을 해볼 수 있다.)

◆ genuine[dʒénjuin]은 「타고날 때부터 그대로의」 뜻이 발전하여 「참된. 진짜의」로 쓰이게 되었다.

☞ A bank clerk can easily tell the difference between genuine $100 bills and counterfeit ones.
(은행원은 진짜 100달러짜리 지폐와 위조지폐를 쉽게 구분할 수 있다.)

☞ Jeannette wore an imitation fur coat that everyone thought was made of genuine leopard skin.
(지네뜨는 모조 모피 코트를 입고 있었는데 그것을 모두 진짜 표범가죽으로 만들어진 것이라 생각했다.)

◆ gene을 「인자」라 했고 genetics를 「유전학」이라 배웠는데 같은 어원에서 파생된 낱말로 genealogy[dʒiːniǽlədʒi]가 있다. 「가계. 혈통. 계보」를 말한다.
형용사는 genealogical[dʒiːniəládʒikəl]로 「족보의. 계보의」를 뜻하는데 a genealogical chart(족보)의 어구로 흔히 쓰인다.

☞ A genealogical chart is called a family tree.
(족보는 가계라 불러진다.)

☞ A family Bible in which birth, marriage, and death have been recorded for generations can acquaint a person with his genealogy.
(여러 세대에 걸쳐 출생, 결혼, 사망이 기록된 한 집안의 족보는 그의 혈통을 알려 준다.)

◆ 「분리」를 뜻하는 접두사 de-가 「종류. 종족」을 뜻하는 gen에 붙어 degenerate[didʒénəreit]가 되면 「자기 종족에서 떨어져 나오다」로 이것이 발전하여 「퇴보하다. 타락하다」의 뜻으로 쓰이게 되었다.
또한 「~을 하게 만들다」를 뜻하는 접두사 en-이 붙은 engender [indʒéndər]는 구성요소의 의미 그대로 「~을 생기게 하다」를 뜻한다.

❧ But for the skill of the presiding officer, the debate would have degenerated into an exchange of insults.
(사회자의 노련한 수완이 없었다면 그 토론은 서로 모욕적 언사를 주고받는 상태로 타락했을 것이다.)

❧ Pity often engenders love.
(동정은 흔히 사랑을 낳는다.)

❧ Name-calling engenders hatred.
(욕설은 증오심을 낳는다.)

◆ before의 뜻을 가진 접두사 pro-가 붙은 progenitor[prou-dʒénətər]는 「앞서 태어난 사람」으로 「선조」의 뜻이다.

◆ again의 뜻을 가진 접두사 re-가 붙은 regenerate[ridʒénərèit]는 「다시 태어나게 하다」로 「재생시키다. 갱생시키다」를 뜻한다.

❧ The Bible states that Adam was the progenitor of the human race.
(성경은 아담이 인류의 조상이었다고 기술하고 있다.)

❧ The new manager regenerated the losing team and made it a strong contender for first place.
(신임 감독은 지기만하는 그 팀을 재생시켜 우승을 겨루는 강한 팀으로 만들었다.)

❧ The doctrine of the church is that children are regenerated in holy baptism.
(그 교회의 교리는 아이들이 성령의 세례를 받으므로써 다시 태어나게 된다는 것이다.)

◆ 희랍어 homo는 same을 뜻하고 hetero는 different를 뜻한다. 따라서 homogeneous[hòumədʒíːniəs]는 「종류가 같은」을 의미하며 heterogeneous[hètərədʒíːniəs]는 「종류가 다른, 잡다한」의 의미이다. homogenize[houmádʒənaiz]는 「질을 같게 만들다」를 의미한다.

◆● The dancers for the ballet were selected for similarity of height and build so that they might present a homogeneous appearance.
(그 발레의 무희들은 균등한 모습으로 보이게 신장과 체격이 비슷하게 선발되었다.)

◆● Many different racial and cultural groups are to be found in the heterogeneous population of a large city.
(잡다한 인간들이 모여 사는 대도시에서 우리는 많은 상이한 인종과 문화 집단을 볼 수 있다.)

◆● If dairies did not homogenize milk, the cream would be concentrated at the top instead of being evenly distributed.
(낙농장의 우유가 균질화되지 않으면 크림이 골고루 퍼지지 않고 위에 집중될 것이다.)

◆ water를 뜻하는 희랍어 hydro-에「종류」를 뜻하는 gen이 붙은 hydrogen[háidrədʒən]은「수소(水素)」를 말하며「날카로운 (=sharp)」을 뜻하는 희랍어 oxys에 gen이 붙은 oxygen [áksidʒən]은「산소(酸素)」를 뜻한다.
genital[dʒénətl]은「~을 탄생시키는」의 뜻에서「생식기의」 또는「생식기」를 말한다. genital gland는「생식선(腺)」을 뜻하고 genital organs는「생식기관」을 말한다.
끝으로 gender[dʒéndər]는 genre와 같은 어원에서 파생된 낱말인데 문법 용어로「(남성, 여성, 중성을 나타내는)성(性)」 을 말한다.

재킷 (jacket)

이 jacket[dʒǽkit]은「양복상의」나「윗도리」의 뜻으로 많이 쓰이지만「책표지에 씌우는 커버」를 말하기도 하고「레코드 재킷」처럼 쓰기도 한다.「감자 등의 껍질」도「재킷」이라 한다.

☙ She boiled potatoes in their jackets.
(그녀는 껍질째 감자를 삶았다.)
　　※「구명 재킷」을 life jacket이라 한다.

저널리즘 (journalism)

우리가 흔히 쓰고 또 잘 아는 낱말이라 자신하면서도 막상 정의를 내리려고 한다면 쉽지 않을 것이다. 영영 사전의 설명을 옮겨본다. 「신문·잡지의 기사를 집필, 편집하거나 관리, 출판하는 행위」 또는 「라디오와 텔레비전과 같은 뉴스 매개체를 위해 자료를 수집, 기록, 편집하는 행위」이다.

journal은 원래 daily의 뜻인 형용사였는데 이것이 a daily record(=일지)를 뜻하는 명사로 쓰이게 되었다. diary(=일기)보다 객관적이고 사실적인 기술이라 할 수 있다.

☙ During the winter we kept a journal of the temperature, clouds, rain and snow each day.
(겨울동안 우리는 온도, 구름, 강우, 강설을 매일 기록했다.)

☙ The ship's journal was a history of its voyage including where it went, how it got there, who and what took place on board and what the sailing and weather conditions were.
(배의 일지는 그 배의 항해 역사로 그배가 어디로 갔고 어떻게 거기에 도착했으며 선상에서 누가 무슨 일이 있어났으며 항해와 기상 조건은 어땠는가를 포함했다.)

◆ journalism에 종사하는 사람을 journalist라 한다.

점퍼 (jumper)

보통 「잠바」라고 말하는 이 jumper[dʒʌmpər]는 「**점프하는 사람**」의 뜻이나 「**간편한 작업용 상의**」를 말하는 것으로도 쓰이게 되었다.

옛날에는 jump에 short coat의 의미가 있었다.

> Jumpers are worn by workmen to protect their clothes and by sailors as part of a uniform.
> (잠바는 노동자들이 자기 의복이 더러워지지 않게 보호하려고 입었으며 선원들은 제복의 일부로 입었다.)

제스처 (gesture)

「**몸짓, 태도**」를 뜻하는 이 gesture는 라틴어로 「행위(=deeds)」를 뜻하는 gesta에서 생긴 말이다.

「행위」 또는 「행동하다, 나르다, 수행하다」 등의 의미를 내포한 gest를 어근으로 한 영어의 주요 낱말은 다음과 같다.

- ◆ suggest 「밑에서 나르다」 ⇒ 「제안하다」
- Mary suggested going out for dinner.
  (메리는 저녁 식사를 밖에 나가 먹자고 제안했다.)
    - ◆ congest 「함께 행동하다」 ⇒ 「혼잡하게 되다」
    - ※ 명사는 congestion으로 「혼잡」을 뜻함.

- Traffic congestion is a serious problem here.
  (여기서는 교통체증이 심각한 문제이다.)
    ◆ digest는 「따로따로 나르다」 ⇒ 「소화하다」, 「간추리다」
    ※ 명사는 digestion으로 「소화」를 말함.

- I've heard that yogurt is very easy to digest.
  (요구르트는 아주 쉽게 소화된다고 들었어요.)

- Swimming right after you eat isn't good for your digestion.
  (식후에 바로 수영을 하는 것은 소화에 좋지 않다.)
    ※ gesture가 동사로 쓰이면 「태도를 취하다」가 된다.

- He brought out his tennis racket and gestured before the mirror like a star tennis player.
  (그는 테니스 라켓을 꺼내어 거울 앞에서 마치 일류 테니스 선수처럼 태도를 취했다.)

조깅 (jogging)

「가볍게 달리기」를 말하는 이 낱말은 jog[dʒag]의 동명사이다. jog는 「살짝 밀다, 터벅터벅 걷다」 또는 「(건강을 위해) 조깅하다」를 나타낸다.

- She jogged my elbow to get my attention.
  (그녀는 내 팔꿈치를 살짝 쳐서 내 주목을 끌게 했다.)
    ※ 「조깅하는 사람」을 jogger라 한다.
    ◆ jogging pants(트레이닝 바지), jogging shoes(쿠션 운동화) 등도 흔히 쓰인다.

조인트 (joint)

「기계의 이음매」를 말하는 이 joint[dʒɔint]는 「공동의, 합동의」를 뜻하는 형용사로 많이 쓰인다.
joint communique[kəmjúːnəkèi] : 「공동 성명」
joint convention : 「(미국의) 양원 합동회의」
joint declaration : 「공동 선언」

- The Joint Chiefs of Staff is the top military advisory board to the President and the Secretary of Defense.
(합동 참모 본부는 대통령과 국방장관에 대한 최고 군사 자문 기관이다.)

징크스 (jinx)

「불길한 일」을 가리키는 이 jinx[dʒiŋks]는 옛날 희랍에서 마술에 쓰인 검은 새의 이름에서 생겼다.

- That black cat is a jinx on this house.
(저 검은 고양이는 이 집에 액운을 불러온다.)

  ※ 다음과 같이 동사로도 쓰인다

- This town has jinxed me.
(이 마을은 내게 재수가 없었다.)

채널 (channel)

「라디오나 텔레비전의 채널」을 말하는데 원래의 뜻은 「**수로** (水路)」, 「**경로**」 또는 「**해협**」이다. 영어 철자와 발음은 channel [tʃǽnl] 인데 「운하(運河)」를 뜻하는 canal [kənǽl] 과 혼동해서는 안된다.

- The English Channel lies between the North Sea and the Atlantic Ocean.
  (영국 해협은 북해와 대서양 사이에 있다.)
- He tried to find a suitable channel for his abilities.
  (그는 자기 능력에 알맞는 분야를 찾으려고 애쓴다.)
- The Suez Canal was completed in 1869 and the Panama Canal in 1914.
  (수에즈 운하는 1869년에 완공되었고 파나마 운하는 1914년에 완공되었다.)

체크 (check)

「그 서류를 체크하라」라 할 경우 「체크」는 「검토하다」를 뜻한다. 영어의 이 check[tʃek]는 다양한 의미를 갖고 있는데 그 첫번째는 **「저지하다」**의 뜻이다. 「검문소」를 checkpoint라 한다. 이 외에 「조사하다」, 「수표를 떼다」가 있으며 「호텔에서 셈을 치르고 나오다」를 check out이라 한다.

- Check your answers with mine.
  (네 답을 내 것과 대조해 보아라.)
- We loaded the car while Father checked out at the desk.
  (아버지가 데스크에서 체크 아웃의 수속을 밟는 동안 우리는 자동차에 짐을 실었다.)

치어걸 (cheer girl)

「운동 경기에서 관중의 흥을 돋우는 여자」를 일컫는데 cheer [tʃiər]는 「**격려, 환호**」 또는 「**기운을 북돋우다**」를 뜻한다.

- The warmth of the fire and a good meal brought cheer to our hearts again.
  (따뜻한 불과 좋은 식사가 우리 마음을 다시 고취시켰다.)
- Everyone cheered our team.
  (모두가 우리 팀을 응원했다.)

카니발 (carnival)

「사육제(謝肉祭)」로 어역되는 이 carnival은 원래 「천주교 국가에서 사순절 직전 사흘간의 명절」을 말하였으나 지금은 단순히 「축제(=festival)」, 「흥청거림(=revelry)」 등을 나타낼 때 쓴다.

- They plan a school carnival.
  (그들은 학교 축제를 계획하고 있다.)

    ◆ 이 낱말의 어근인 carn은 「살(=flesh)」을 의미한다.
    「연분홍 꽃」인 carnation은 「살색」의 뜻에서 생긴 명칭이고 「식인종」을 cannibal이라 함도 carn에서 생긴 말이다.

    ※ carn(=flesh)을 어근으로 한 주요 낱말은 다음과 같다.
    ◆ carnal 「육체의, 육욕적인」

- Gluttony and drunkeness have been called carnal vices.
  (폭식과 만취는 육욕적 죄악이라 불려졌다.)

◆ carnivorous「육식의」　※ herbivorous「초식의」

🔊 Cats, dogs, lions, tigers and bears are carnivorous.
(고양이, 개, 사자, 호랑이와 곰은 육식 동물이다.)

◆ incarnate「육체를 갖춘」

🔊 The villain was evil incarnate.
(그 악한은 악마의 화신이었다.)

◆ incarnation「인간화, 화신」

🔊 The miser was an incarnation of greed.
(그 구두쇠는 탐욕의 화신이었다.)

카르텔 (cartel)

「시장을 독점하여 이윤을 증대할 목적으로 이루어지는 기업 연합」을 말하는 이 「카르텔」의 영어 철자와 발음은 **cartel** [kɑːrtél] 이다.

card(카드)나 chart(도표)나 carton(판지로 만든 상자)나 catoon(만화) 등은 모두 「종이(=paper)」를 뜻하는 라틴어 *cart, chart*에서 유래한 말이다. 「종이로 만든 것, 또는 종이 위에 그려진 것」에서 생긴 말이다.

cartel 역시 「종이」의 뜻을 내포하고 있다. 옛날에는 「결투의 종이 조각(=cartel)」을 뜻하다가 그 후 「두 적대국 사이의 협정」으로 쓰였다. 그것이 현재는 「같은 종류의 사업을 하는 몇몇 회사 사이에 가격을 조정하고 경쟁을 상호 자제하는 협정, 즉 기업 연합」의 뜻을 갖게 되었다.

- Is that type of cartel illegal?
 (그런 형태의 카르텔은 불법적인가요?)
- The professor gave us a lecture on cartel and trust.
 (교수님은 「기업 연합」과 「기업 합동」에 대한 강의를 하셨다.)

카리스마 (charisma)

「절대적 권능」을 뜻하는 이 charisma[kərízmə]란 낱말은 「재능, 우아함」을 뜻한 희랍어에서 유래한 것인데 신학에 있어서 「신앙자들에게 신이 부여하는 특별한 은총, 재능」을 말하며 초기 기독교에서는 「병을 고칠 수 있는 초능력이나 예언을 할 수 있는 힘」을 말하기도 했다. 지금은 **「(일반 대중의 지지를 얻을 수 있는) 비범한 능력」** 또는 **「비범한 통솔력」** 등의 의미로 사용되고 있다. 형용사 charismatic[kǽrizmǽtik](카리스마적인)도 자주 사용된다.

- India has a dozen leaders whose charismatic appeal falls not so far short of Nehru's.
 (인도에는 카리스마적 매력이 네루의 그것에 별로 뒤지지 않는 지도자들이 10여명 있다.)

카메라 (camera)

「사진기」라는 말보다 더 친숙한 이 낱말을 여기 소개하는 것은 이 camera[kǽmərə]가 「방(=chamber)」을 뜻하는 희랍어 kamara에서 나왔다는 것을 알리기 위해서다. 실제로 in camera는 「판사의 개인 방에서」 또는 「은밀하게」를 나타낸다.

- I will tell you the rest in camera.
  (나머지 것은 네게 은밀히 말하겠다.)
    ◆ 이 camera와 「낙타」를 일컫는 camel[kǽməl]과 혼동하지 말기 바란다.
- I took a picture of a camel by my camera.
  (나는 카메라로 낙타의 사진을 찍었다.)

카무플라즈 (camouflage)

「위장」 또는 「위장하다」를 뜻하는 이 낱말은 프랑스어를 그대로 영어에서 쓴 것인데 철자와 발음이 까다롭다. camouflage [kǽməflɑ̀:ʒ]라 철자되고 발음된다.

- The guns were hidden by a camouflage of earth and branches.
  (대포들은 흙과 나무 가지로 위장하여 감추어졌다.)
- The boy camouflaged his embarrassment by laughing.
  (그 소년은 웃음으로 자기의 난처함을 감추었다.)

카버 (cover)

「덮개, 뚜껑」 또는 「덮다, 감추다, 망라하다, 보상하다」 등으로 널리 쓰인다. 「발견하다」의 discover는 「뚜껑을 벗기다」의 뜻이고 cover에 t가 붙은 covert[kʌ́vərt]는 「은신처」 또는 「은밀한」의 뜻이고 이 covert에서 c자를 뺀 overt[ouvə́ːrt]는 「명백한」을 말한다.

- The childeren cast covert glances at the box of candy they were told not to touch.
  (만지지 말라는 과자 상자에게 아이들은 은밀한 시선을 던졌다.)
- I know his overt reasons for refusing.
  (나는 그가 거부한 명백한 이유를 알고 있다.)

카운슬러 (counselor)

「상담자」 또는 「지도 교사」를 뜻하는 이 counselor[káunsələr]와 「평의원, 시의원」을 말하는 councilor[káunsələr]를 혼동해서는 안된다. 발음은 같으나 철자는 다르다.

counsel[káunsəl]은 「상담」 또는 「조언하다」이고 council[káunsəl]은 「평의회, 지방 의회, 협의회」를 말한다. council에는 동사 용법이 없다.

- The doctor counseled operating at once to save the boy's life.

(의사는 소년의 목숨을 구하기 위해 즉시 수술할 것을 권했다.)
- ☞ They called together a council of the town's industrial leaders.
(그들은 그 마을의 산업 지도자 회의를 소집했다.)

카운터 (counter)

「계산대」를 말하는 이 counter[káuntər]는 「수를 세다」를 뜻하는 count에 「사람·기구」 등을 뜻하는 접미사 -er가 붙은 말이다. 따라서 counter는 「계산대」 이외에 「계산하는 사람」의 의미로도 쓰인다.

- ☞ Wait till I count ten.
(내가 열을 세기까지 기다려라.)

  ※ under the counter란 관용구는 「암시세로」의 뜻이다.

- ☞ The Metropolitan Opera House was crammed with people eager to shed 50 dollars at the box office or 100 dollars under the counter.
(메트로폴리탄 오페라 하우스는 매표소에서 50달러 또는 암표로 100달러를 뿌리려는 열광적인 사람들로 꽉 들어찼다.)

카운터블로 (counterblow)

「권투에서 상대방 공격을 피하면서 급히 되받아 치는 타법」을 말하는데 이 counterblow[káuntərblòu]는 counter(=against)

+blow(=hitting)로 된 낱말이다.

「적대, 보복, 대응, 역행」등을 나타내는 이 *counter*는 여러가지 중요한 낱말을 만든다. *counter*의 변형인 *contra*- 역시 같은 의미이다.

「나라, 시골」을 뜻하는 country 역시 *contra*의 변형으로「반대쪽에 있는 곳」을 뜻한다.

*counter*가 붙은 주요 낱말은 다음과 같다.

◆ counteract[kàuntərǽkt] 「거스르다, 방해하다」

A hot bath and a hot drink will sometimes counteract chills.
(더운 목욕과 더운 음료는 종종 오한을 누그러뜨린다.)

◆ counterattraction[kàuntərətrǽkʃən] 「대항 인력」

When the crowds deserted her booth for the one opposite, she put up a sign "Free coffee" as a counterattraction.
(사람들이 그녀의 가게를 외면하고 맞은편 가게로 가자 그녀는 대항 인력으로「커피 무료」라는 간판을 걸었다.)

◆ counterbalance[kàuntərbǽləns] 「대등하게 만들다」 또는 「균형을 갖게하는 힘」

Her husband's cool judgment was a counterbalance to her impulsiveness.
(남편의 침착한 판단력은 그녀의 충동적 성격을 견제하는 역할을 했다.)

◆ counterculture[káuntərkʌ̀ltʃər] 「전통에 역행하는 문화」

When their own children desert to the counterculture and in effect become strangers, middle Americans say in bewilderment, "Either we neglected them or we spoiled them."

(그들 자신의 아이들이 반체제 문화를 취하여 실제 이상한 인간이 되자 중년의 미국인들은 어리둥절하여 이렇게 말한다. 「우리가 그 아이들을 소홀히 다루었나, 아니면 제멋대로 키웠나?」)

- ◆ contra- 역시 중요한 낱말을 많이 만들었다.
  contradict[kὰntrədíkt]는 「말하다」를 뜻하는 dict가 붙어 「반대로 말하다」 ⇒ 「반박하다, 부정하다」의 의미를 나타낸다. 명사는 contradiction으로 「모순, 반박」을 말한다.

❖ **You are a queer contradiction of good sense and foolish vanity.**
(자네는 양식과 어리석은 허영심이 뒤섞인 괴상하고 모순된 인간이다.)

- ◆ contraband[kάntrəbæ̀nd] 「금지된(=banned)」의 변형 band가 붙은 말로 「밀수품」을 뜻한다.

❖ **Customs officials went through each bag looking for contraband.**
(세관 관리들은 밀수품을 찾고자 모든 가방을 조사했다.)

- ◆ contrary[kάntreri]는 형용사 접미사인 -ary가 붙은 말로 「반대의(=opposite)」를 말한다.

❖ **My sister's taste in dress is contrary to my own.**
(내 언니의 옷입는 취미는 내 취미와 정반대다.)

- ◆ contrast[kάntræst]는 「서다(=stand)」의 어근인 -st가 붙은 말로 「반대로 서다」 ⇒ 「대조 (또는), 대조하다」이다. 동사로 쓰일 경우 발음은 [kəntrǽst]이다.

❖ **Black hair is a sharp contrast to a light skin.**
(검은 머리는 연한 살결과 뚜렷한 대조를 이룬다.)

- ◆ contravene[kὰntrəvíːn]은 「오다(=come)」를 뜻하는 라틴어 vene이 붙은 말로 「(법을) 위반하다, 반대하다, 모순되다」를 말한다.

❖ **By invading the neutral nation, the dictator contravened his earlier pledge to gurantee its independence.**

(중립국가를 침공함으로써 그 독재자는 그 나라의 독립을 보장하겠다는 최초의 약속을 위반했다.)

◆ contraception[kɑ̀ntrəsépʃən]은 「피임」의 뜻인데 「거부」를 뜻하는 contra와 「수납(=reception)」을 뜻하는 ception의 결합으로 「수납 거부」를 말한다.
무엇의 「수납」을 「거부」하는가? 물론 sperm[spəːrm] (정충, 정액)이다.

카지노 (casino)

「쇼·댄스·음악 등의 오락 설비를 갖춘 도박장」을 일컫는 이 casino[kəsíːnou]는 이탈리아어가 그대로 영어에서도 쓰이고 있는데 원뜻은 「작은 집」이다. 영어 발음이 우리식과 다름에 유의하라.

✎ He is working part-time at the casino.
(그는 카지노에서 아르바이트를 하고 있다.)

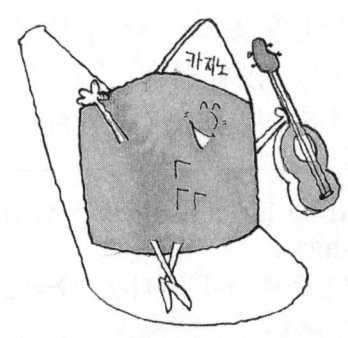

카탈로그 (catalogue)

「목록(目錄)」을 뜻하는 이 catalogue는 「아래」를 뜻하는 희랍어 *kata*의 변형 *cata*와 「말(=word)」을 뜻하는 *logue*가 결합된 낱말로 「위에서 아래로 기재된 말」⇒「목록」을 말한다.

- The latest styles are shown in this catalogue.
  (이 카탈로그는 최신 유행의 스타일을 싣고 있다.)
- The firm specializes in catalogue sales.
  (그 회사는 카탈로그에 의한 판매를 전문으로 하고 있다.)

◆ cataract[kǽtərækt]란 cata(=밑으로)+ract(=치다) ⇒ 「아래로 내리치다」⇒「폭포」를 말한다.

- There are many cataracts in the upper tributaries of the river.
  (이 강의 윗쪽 지류에는 많은 폭포들이 있다.)

카피라이터 (copywriter)

「광고문 작성자」를 말하는 copywriter[kɑ́piràitər]는 「copy를 쓰는 사람」의 뜻으로 여기서 사용된 copy는 흔히 말하는 「사본, (몇)부」의 뜻이 아니고 「광고문」을 말한다. 그러나 copyreader는 「원고 정리원, 편집사원」이다.

- You had better consult copywriters to advertise your products.
  (제품 광고를 위해 카피라이터와 의논하는게 좋겠다.)

카피라이트 (copyright)

「카피라이터」와 비슷하나 이 말은 「**저작권**」을 말하며 영어의 철자는 copyright이며 ⓒ의 기호로 나타낸다.

> ☞ The term of copyright is the lifetime of the author plus 50 years.
> (저작권의 기간은 자자의 전생애와 사후 50년 간이다.)

칵테일 (cocktail)

「**여러가지 양주에 감미료·향료·얼음조각을 넣어 배합한 음료수**」를 말하는 이 cocktail[káktèil]은 cock과 tail의 결합어이다. 1806년경 사용된 미국어로 「잡종말」을 뜻하는 cock의 꼬리(=tail)를 짧게 잘라 더욱 「잡종말」을 만들었다. 이것이 「혼합」의 뜻이 되었고 마침내 지금의 「칵테일」로 쓰이게 되었다.

tail을 꼬리에 단 영어 낱말 몇개를 알아본다.

> ◆ curtail[kə:rteil]은 「줄이다, 삭감하다」를 말하는데 curt[kə:rt]는 「무뚝뚝한, 간략한」을 뜻한다. cut의 변형으로 생각할 수 있다. 따라서 curtail은 「꼬리를 짧게 자르다」의 뜻이다.

> ☞ His curt way of speaking makes him seem rude.
> (그의 퉁명스러운 말투가 그를 무례한 것처럼 보이게 한다.)

> ☞ The boy's father curtailed his allowance from $100 to $ 50.
> (부친은 소년의 용돈을 100달러에서 50달러로 삭감했다.)

◆ entail[intéil]은 「꼬리를 달다」 ⇒ 「수반하다. 필요로 하다」를 뜻한다.

●✜ Owing an automobile entailed greater expense than he had expected.
(자동차의 소유는 예상보다 더 큰 비용을 수반했다.)

◆ detail[dí:teil]은 「세부 사항」을 말하는데 tail에는 「자르다(=cut)」의 의미가 있다. 따라서 de(=away)+tail(=cut)은 「조각 조각 잘라 버리다」 ⇒ 「상세한 것」을 말한다.

●✜ She does not enjoy the details of housekeeping.
(그녀는 자잘구레한 집안일을 좋아하지 않는다.)

◆ retail[rí:teil]은 「다시 자르다」 ⇒ 「소매하다」. 「소매. 산매」로 쓰인다.

●✜ Our grocer buys at whoesale and sells at retail.
(우리의 식료품 가게 주인은 도매로 구입하여 소매로 판다.)

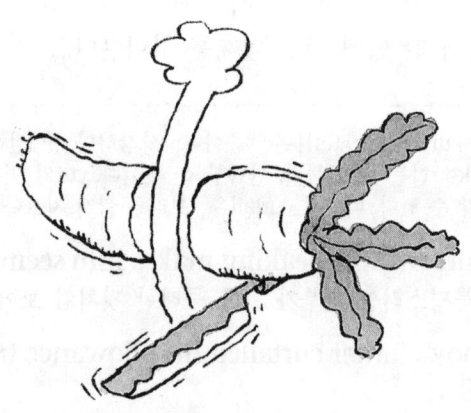

칸초네 (canzone)

이탈리아 가곡을 canzone[kænzóuni]라 하고 프랑스 가곡을 chanson[ʃɑːnsɔ́ːŋ]이라 한다.

모두 「노래하다(=sing)」를 뜻하는 리틴어 *cantare*에서 유래한 말이다.

chant[tʃænt] 역시 「노래(=song)」 또는 「노래하다」를 뜻한다.

enchant[intʃǽnt]는 「황홀하게 하다, 매혹하다」를 말하는데 원래 뜻은 「노래를 불러 마법에 걸다」이다. 명사는 enchantment로 「매혹, 황홀」을 뜻한다.

- The witch had enchanted the princess so that she slept for a month.
  (마녀가 그 공주에게 마법을 걸어 그녀는 한달간 잠을 잤다.)

- We felt the enchantment of the moonlight on the lake.
  (우리는 호수 위에 비친 달빛이 매혹적이라 생각했다.)

칼럼니스트 (columnist)

「신문·잡지 등에서 정치·사회 문제나 시사문제, 사회 풍속 등을 촌평하는 난의 기고가」를 말하는 이 columnist의 column은 「신문의 난」 이외에 「기둥·원주」와 「종열(從列)」의 뜻이 있다.

- A column of smoke rose from the fire.
  (불길에서 연기 기둥이 치솟았다.)
- A long column of cars followed the procession down the street.
  (길게 뻗은 차량이 그 행렬을 뒤따라 거리를 내려갔다.)

캐디 (caddie)

golf club을 나르면서 golfer를 도와주는 사람을 가리키는 이 caddie[kǽdi]는 스콧틀랜드어로 「심부름하는 소년」을 뜻한다. 지금 우리나라의 캐디는 대개 「젊은 여성」이지만 영국에서 처음 시작된 이 golf의 캐디는 원래 소년들이었다.

이 낱말이 동사로 쓰이면 「캐디로 일하다」가 된다.

- Nelson was just as much perfectionist as Hogan from the days they caddied together on the same Texas course.
  (넬슨은 같은 텍사스의 골프장에서 함께 캐디 노릇을 한 때로부터 호갠만큼 완벽주의자였다.)

캐비닛 (cabinet)

「장농」을 뜻하는 이 cabinet[kǽbənit]은 「오두막집」또는 「선실(船室)」을 뜻하는 cabin[kǽbin]에 지소사(指小辭) -et가

붙은 말로 원뜻은 「**작은 방**」을 말한다. 「작은 방」이 「**회의실**」의 뜻을 갖게 되었고 이 「회의실」에서 「**내각 (內閣)**」의 뜻도 갖게 되었다

- Mother keeps her good dishes in the china cabinet.
  (어머니는 좋은 그릇들을 찬장에 보관한다.)
- The Attorney General and the Secretary of Defense are members of the cabinet of the President of the United States.
  (법무장관과 국방장관은 미 대통령 내각의 구성원들이다.)
- The settlers lived in a cabin in the woods.
  (정착민들은 숲속의 오두막집에 살았다.)

캐스트 (cast)

「연극이나 영화의 배역」을 뜻하는 이 cast[kæst]의 기본 의미는 「던짐」 또는 「던지다」이다. 「배우들을 각 역할에 배역하는 것」을 캐스팅(=casting)이라 한다.

cast가 동사로 사용되어 「배역하다」를 나타내기도 한다.

- The play was well cast.
  (그 연극은 배역이 좋았다.)
  ※ cast는 과거형이나 과거분사형이나 모두 같다.
- He cast a glance of surprise at me.
  (그는 놀란 시선을 내게 던졌다.)

🖋 Casting trouble was given as the reason for the postponement of the Strauss work.
(배역의 곤란이 스트라우스 작품의 공연 연기의 이유로 제시되었다.)

캐주얼 웨어 (casual wear)

「격식을 차리지 않은 평상복」을 말하는 이 casual wear의 casual[kǽʒuəl]은 chance(우연) 또는 case(경우)와 같은 어원의 낱말로 「우연한 경우의」 ⇒ 「무심결의, 의도하지 않은」의 뜻이다. 「무심코 한 말」을 a casual remark라 하며 「어쩌다가 찾아온 방문객」을 a casual visitor라 한다.

🖋 Our long friendship began with a casual meeting at a party.
(우리의 오랜 우정은 어느 파티에서 우연히 만난 것에서 시작했다.)

🖋 American sportswear designers know how to design for up-to-date casual living.
(미국의 운동복 디자이너들은 현대의 캐주얼한 생활에 맞게 옷을 디자인하는 법을 알고 있다.)

◆ wear[wɛəɾ]는 「착용하고 있다」를 뜻하는 동사로 보통 쓰이나 「착용」 또는 「의복」의 명사로도 많이 쓰인다. 「아동복」을 children's wear, 「여성복」을 women's wear라 한다.

🖋 Clothing for summer wear is being shown in the shops.
(여름용 의류가 가게에 전시되고 있다.)

캐치프레이즈 (catchphrase)

「사람들의 마음을 끄는 기발하고 재치있는 문구」를 말하는 이 **catchphrase**의 catch는 「(사람의 이목을) 붙잡다」이고 phrase는 「구(句)」를 뜻한다.

catchphrase 대신 catchword 또는 slogan을 쓸 수 있다.

- "No taxation without representation" was a political catchphrase during the Revolutionary War.
  (「대의원 없이는 납세도 없다」가 미국 독립 전쟁시의 정치적 캐치프레이즈였다.)

캐터필러 (caterpillar)

「트랙터나 탱크를 움직이는 무한 궤도」를 가리키는 이 **caterpillar**[kǽtəpilər]의 원래 뜻은 「털이 많은 곤충」즉 「모충」을 말한다. 이것이 무한궤도의 「상품명」으로 쓰이게 되었다.

- The gardner will spray the trees to kill the caterpillars.
  (정원사는 모충을 죽이기 위해 나무에 살충제를 뿌릴 것이다.)
- Some logging equipment has caterpillar treads.
  (어떤 통나무 벌채 장비는 캐터필러식 발판을 갖고 있다.)

캔버스 (canvas)

「화포」 또는 「유화」를 뜻하는 이 canvas[kǽnvəs]의 원뜻은 「올이 굵은 아마포」이다. 권투링의 바닥을 말하기도 한다. 이 여러가지 의미를 다음 예문을 통해 알아본다.

- The art gallery purchased several beautiful canvases from the artist.
  (화랑은 그 화가로부터 아름다운 유화 몇점을 구입했다.)
- The tops of my sneakers are made of canvas.
  (내 운동화의 윗 부분은 아마포로 만들어져 있다.)
- The champion knocked his opponent to the canvas in the first round.
  (그 챔피언은 상대방을 1회에서 바닥에 때려 눕혔다.)

캠페인 (campaign)

「(사회적)운동」 또는 「선거 운동」의 뜻으로 자주 쓰이는 이 campaign[kæmpéin]은 라틴어 *campus*의 변형으로 「들판」 즉 field의 뜻이다. 따라서 이 campaign은 「들판에서의 싸움」 즉 「야전(野戰)」의 뜻이다.

field를 뜻하는 라틴어 campus는 그대로 영어에서 「대학의 교정, 구내」의 뜻으로도 쓰인다.

● Our town had a campaign to raise money for a new hospital.
(우리 마을은 새 병원을 짓기 위한 모금 운동을 벌렸다.)

캡션 (caption)

「표제, 제목」 또는 「(신문·잡지의)사진 설명문」을 말하는 이 caption[kǽpʃən]은 catch의 뜻인 라틴어 *capere*에서 생긴 말로 「사람의 시선을 붙잡는 것」의 의미를 함축한 말이다.

● Betty was laughing about the caption of the cartoon.
(베티는 만화의 설명문을 읽고 웃고 있었다.)

◆ 라틴어 capere에서 유래한 중요 낱말은 다음과 같다.
captive[kǽptiv] : 「포로, 붙잡힌 사람」
captor[kǽptər] : 「체포자, 붙잡는 사람」
captivate[kǽptivèit] : 「마음을 사로잡다」
capture[kǽptʃər] : 「사로잡다」 「포획」
captivity[kæptívəti] : 「붙잡힌 상태」

● The children were captivated by the story of Peter Pan.
(아이들은 피터팬의 이야기에 매혹되었다.)

● The pirates took many captives and sold them as slaves.
(해적들은 많은 포로들을 데리고 가서 노예로 팔았다.)

👉 Some animals can not bear captivity, and die after a few weeks in a cage.
(어떤 동물들은 갇힌 상태를 참지 못하고 울안에 들어간지 몇주 후에 죽는다.)

커넥션 (connection)

이 connection[kənékʃən]은 「연결하다」를 뜻하는 connect 의 명사형으로 「연락, 관계, 친교」의 뜻이나 현재 신문지상에서 흔히 대하는 이 「커넥션」은 **「영향력있는 배후 세력」** 또는 **「그들과의 관계」** 를 말한다.

👉 I got my summer job through one of my father's connections who knows the owner.
(나는 사장을 알고 있는 아버지의 세력있는 친구분 중 한 사람을 통해 여름철 직업을 구했다.)

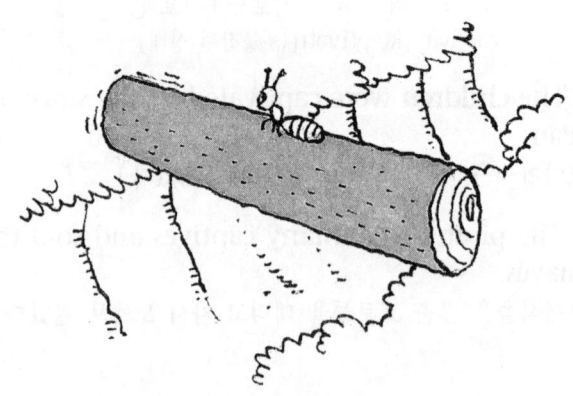

커닝 (cunning)

「컨닝」이라고도 하는데 「학생들의 시험 부정행위」를 가리켜 우리가 흔히 쓰고 있으나 영어에서는 「시험 부정」을 cheat [tʃiːt]라 하고 cunning[kʌ́niŋ]이라고는 하지 않는다.
cunning은 「**교활한, 간사한**」을 말한다.

- The cunning thief outwitted the police and got away.
  (그 교활한 도둑은 꾀를 내어 경찰을 따돌리고 도망쳤다.)

    ◆ cheat의 원래 뜻은 「속이다」 또는 「속임수」를 말한다.

- The cunning storekeeper was a cheat who added weight to all the vegetables and meat he sold.
  (그 교활한 가게 주인은 자기가 판 모든 야채와 고기에 무게를 첨가한 사기꾼이었다.)

- He cheated to pass the test.
  (그는 커닝을 하여 시험에 합격했다.)

커리어 (career)

「**경력**」을 뜻하는 이 career[kəríə]는 「**직업**」의 의미로도 자주 쓰인다. 이 낱말은 고대 프랑스어로 「경주로(=race course)」를 뜻하였다.

🔌 It is interesting to read of the careers of great men and women.
(위대한 남녀의 인생 역정을 읽는다는 것은 흥미있다.)

🔌 The boy planned to make law his career.
(그 소년은 법에 관한 일을 자기 직업으로 삼을 계획을 세웠다.)

※「출세 제일주의」를 careerism이라 한다.

🔌 Where could one find a pure passion for learning uncontaminated by snobbery or careerism?
(속물 근성이나 출세 제일주의에 오염되지 않은 순수한 학문의 열정을 어디서 발견할 수 있었겠나?)

커리큘럼 (curriculum)

「정규 교과 과정」을 말하는 이 curriculum[kəríkjuləm]은 「달리다(=run)」를 뜻하는 라틴어 curere의 파생어이다.

curere(=run)의 cur를 어근으로 한 영어 낱말은 아주 많은데 중요한 것은 다음과 같다.

cur에 형용사 접미사인 -ent가 붙은 currunt[kʌ́rənt]는 「달리는, 흐르는」⇒「현재 통용하는」을 말한다. current English 란 「현재 쓰이는 영어, 시사 영어」를 말하며 current events는 「현재의 사건들」이며 currency[kʌ́rənsi]는 「통화」를 말한다.

🔌 When traveling in Canada, you may exchange American money for Canadian currency at any bank.

(캐나다를 여행할 때 어느 은행에서나 미국 돈을 캐나다 통화와 바꿀 수 있다.)

◆ cursive[kə́:rsiv]란 「글을 마구 흘려 쓴」의 뜻이고 cursory[kə́:rsəri]란 「마구 달리는」⇒「서두르는」의 뜻이다.

● **Even a cursory reading of the letter showed many errors.**
(그 편지를 얼른 읽어보아도 많은 오자가 있음을 알았다.)

◆ cur 앞에 여러가지 접두사가 붙어 여러가지 의미의 낱말을 많이 만들었다.
concur[kənkə́:r] : 「함께 달리다」⇒「일치하다」
concurrent[kənkʌ́rənt] : 「동시 발생의」.
concurrence[kənkʌ́rəns] : 「동시 발생. 의견 일치」

● **Good sportsmanship requires you to accept the umpire's decision, even if you do not concur with it.**
(훌륭한 운동가 정신은 심판관의 결정이 당신의 견해와 일치하지 않는다 해도 그 결정을 수락할 것을 요구한다.)

● **The twins had concurrent birthdays.**
(쌍둥이는 생일이 똑 같다.)

◆ occur[əkə́:r]는 「그쪽으로 달리다」⇒「일어나다. 발생하다」이고 명사는 occurrence[əkʌ́rəns]로 「발생. 사건」이다.

● **Storms often occur in winter.**
(겨울에는 폭풍이 자주 일어난다.)

● **Newspapers record the chief occurences of the day.**
(신문은 그 날의 주요한 사건들을 기록한다.)

◆ incur[inkə́:r]는 「안으로 달리다」⇒「자초하다. 초래하다」를 말한다.

● **He incurred great debts by buying more than he could afford.**

(그는 능력 이상으로 물품을 구입하여 큰 빚을 스스로 지게 되었다.)

♦ recur[rikə́:r]는 「뒤로 흐르다」 ⇒ 「되돌아 가다」 또는 「재발 하다」이다.

🔑 **A leap year recurs every four years.**
(윤년은 4년마다 반복된다.)

♦ course[kɔ:s]는 「과정, 진로」의 의미인데 역시 curere(=run)에서 유래했다. intercourse[intərkɔ́:rs]는 「사람 사이의 흐름」 ⇒ 「교류, 교제」이다.
따라서 curriculum과 course는 같은 어원에서 파생한 낱말로 의미도 유사하다.
「정규 교과 과정」이 curriculum이므로 「과외(課外)」는 extra-curriculum이다.

🔑 **The curriculum in Grade 4 includes arithmetic, geography, reading, and spelling.**
(4학년의 교과 과정은 산술, 지리, 독해와 철자법을 포함한다.)

🔑 **Football, dramatics and debating are extracurricualr activities in our high school.**
(축구, 연극, 토론이 우리 고등학교의 과외 활동이다.)

커미션 (commission)

「**수수료, 구전**」의 뜻으로 우리가 흔히 쓰는 이 commission [kəmíʃən]은 commit의 명사형이다.

commit는 「위탁하다」「(죄나 과실을) 범하다」, 「언질을 주다」의 뜻이고 commission은 「위원회」, 「위임」, 「임무」 등의 뜻이다.

- She gets a commission of 10 per cent on all the sales she makes.
  (그녀는 자기가 판 모든 매출액에 대해 10퍼센트의 구전을 받는다.)
- The club gave its president the commission of selecting a place to meet.
  (그 클럽은 회합 장소의 선정을 회장에게 일임했다.)
- The insane woman was committed to an asylum.
  (그 미친 여자는 정신병원에 맡겨졌다.)

커브 (curve)

「커브 길에서는 운전을 조심하라」의 경우 「커브」는 「굴곡」을 말한다. 이 curve[kəːrv]는 「여자의 곡선미」를 말하기도 하며 야구의 curve ball을 말하기도 한다.

- An automobile has to slow down to go around the curves in the road.
  (자동차는 도로의 커브를 돌 때 속도를 줄여야 한다.)

  ◆ 이 curve와 curb[kəːrb]를 혼동해서는 안된다.
  curb는 「인도와 차도 사이의 턱, 또는 연석(緣石)」을 말하며 「재갈, 구속」을 의미하기도 한다.

- He parked his car close to the curb.
  (그는 자기 차를 인도의 턱 가까이 주차시켰다.)
- Put a curb on your temper.
  (네 성질을 자제하라.)

컨덕터 (conductor)

「악단의 지휘자」를 일컫는 **conductor**의 conduct는 「행동하다, 지휘하다, 안내하다」를 말하는데 *con*(=together)+*duct*(=lead)로 「함께 이끌다」를 뜻한다.

이 낱말의 *duct*는 「이끌다」의 의미인 라틴어 *ducere*의 어근인데 *duc*의 꼴로 많은 영어 낱말을 만들었다.

conduce는 「함께 이끌다」⇒「이바지하다, 좋은 결과에 이르다」를 말한다.

- **Rest conduces to health.**
  (휴식은 건강에 좋다.)

    ◆ produce는 「앞으로 이끌다」⇒「생산하다」이고 introduce는 「안쪽으로 이끌다」⇒「소개하다」인데 모두 기본적인 낱말이다. reduce는 「뒤로 이끌다」⇒「감소하다」이며 명사는 reduction으로 「축소, 할인」을 말한다.

- **She is trying to reduce her weight.**
  (그녀는 체중을 줄이려고 애쓴다.)

    ◆ duct만으로도 「이끄는 것」⇒「송수관」또는「도관(導管)」을 말하며 aqueduct(수로, 수도)와 같이 접미사로 쓰이기도 한다.

- **An aqueduct is an artificial channel or large pipe for bringing water from a distance.**
  (애퀴덕트란 멀리서 물을 끌어오기 위한 인공적 수로나 대형 도관을 말한다.)

컨베이어 (conveyor)

기계화된 생산 공장에서 「컨베이어」가 쉴새없이 부품이나 제품을 나르는 것을 볼 수 있다.

convey[kənvéi]는 「나르다, 운반하다」를 뜻하는 동사이고 여기에 -or가 붙어 conveyor[kənvéiər]가 되면 「**운반인, 전달 기구**」를 말한다.

- **It's his job to pull sealed cartons off the conveyor and open them up to see for himself.**
  (컨베이어로부터 봉함된 판지 상자를 잡아 당겨 그것들을 개봉하여 확인하는 것이 그의 일이다.)

    ◆ 이 convey의 vey는 「길(=way)」을 뜻하는 라틴어이다.
    따라서 convey는 「함께 길을 가다」의 뜻이 발전된 것이다.

    이와 같은 어원의 낱말에 convoy[kánvɔi]가 있다.
    voy 역시 way의 뜻으로 어원상 의미는 「함께 길을 가다」로 convey와 뜻이 같다.

    그러나 실제로 convey는 「나르다」이고 convoy는 「호송하다」로 사용된다.

- **A bus conveyed the passengers from the city to the airport.**
  (버스 한 대가 도시에서 공항으로 승객을 실어나랐다.)

- **Warships convoy unarmed merchant ships during time of war.**
  (전시에는 군함들이 비무장 상선을 호송한다.)

컨테이너 (container)

「화물을 담는 큰 상자」를 「컨테이너」라 하는데 화물의 적재나 하역을 간편하고 신속하게 한다. 「컨테이너」만 취급하는 전용 부두도 있다.

영어 철자는 **container**[kəntéinər]인데 이 낱말은 *con*(=together)+*tain*(=hold)+*er*(=기구)로 전체 뜻은 「모두 함께 붙잡는 기구」로 「용기(容器)」를 말한다.

어근인 *tain*은 라틴어 *tenere*의 변형으로 「붙잡다(=hold)」를 뜻하는데 중요한 영어 낱말을 많이 만들었다.

contain[kəntéin]은 「함께 붙들다」 ⇒ 「포함하다」의 뜻이다.

- **A library contains books and books contain information.**
  (도서관은 책을 갖고 있으며 책은 지식을 갖고 있다.)

  ◆ maintain[meintéin]은 「지속하다. 유지하다」의 뜻인데 원뜻은 「손으로 붙들고 있다」이다.

- **One must maintain a footing in a tug of war.**
  (줄다리기를 할 때는 발을 단단히 디디어야 한다.)

  ◆ entertain[èntərtéin]은 「사람을 즐겁게 하다」를 말하는데 이 낱말의 접두사 enter는 「사이」를 뜻하는 inter의 변형으로 전체 의미는 「일정한 시간 사이를 꽉 붙들다」이다.

- **She entertained ten people at dinner.**
  (그녀는 저녁 식사에 열명의 손님을 대접했다.)

  ◆ 「연예인」을 entertainer라 하며 「연예. 오락」을 entertainment라 한다.

abstain[əbstéin]은 「삼가다. 절제하다」를 말하는데 abs-는 from 또는 away로 「붙들고 있던 것을 놓다」의 의미이다.

❦ **If you abstain from eating candy and rich foods, you will not be so fat.**
(네가 과자와 영양가 높은 음식의 섭취를 자제한다면 그렇게 살이 찌지 않을 것이다.)

◆ pertain[pərtéin]은 「~에 속하다. 적합하다」의 뜻인데 접두사 per는 「철저히」를 말하므로 전체는 「단단히 붙들다」의 의미이다.

❦ **We had a turkey and everything else that pertains to Thanksgiving Day.**
(우리는 칠면조 한 마리와 기타 추수감사절에 필요한 모든 것을 갖고 있었다.)

◆ detain[ditéin]은 「아래로 꽉 누르다」 ⇒ 「못가게 붙들다. 억류하다」의 뜻이다.

❦ **I was detained partly by the rain, and partly by the company that I liked very much.**
(나는 비 때문에 붙들려 있기도 했지만 또한 아주 마음에 든 친구들 때문에 붙들려 있었다.)

◆ retain[ritéin]은 「뒤까지 붙들다」 ⇒ 「계속 유지하다. 간직하다」를 말한다.

❦ **China dishes retain heat longer than metal pans do.**
(도자기 그릇은 금속제 냄비보다 열을 더 오래 유지한다.)

◆ sustain[səstéin]은 「지탱하다」이 뜻인데 sus-는 sub-의 변형으로 전체는 「밑에서 붙들다」를 뜻한다.

❦ **Hope sustains him in his misery.**
(가난속에서도 희망이 그를 지탱하고 있다.)

컴퓨터 (computer)

　글을 모르는 사람을 문맹(文盲)이라 하고 「컴퓨터」를 모르는 사람을 「컴맹」이라 할 만큼 이제 「컴퓨터」는 우리 생활에 깊숙이 자리잡았다.

　computer[kəmpjúːtər]를 구성하는 낱말의 접두사 com-은 알다시피 「함께(=together)」를 뜻하고 어근인 pute는 라틴어 putare의 변형으로 「생각하다(=think)」를 뜻하며 접미사 -er는 「기구」를 뜻한다. 따라서 computer를 우리말로 의역한다면 「종합적 사고기구」가 되겠다.

　「생각하다」를 뜻하는 어근인 pute-가 사용된 대표적인 낱말에 dispute[dispjúːt]가 있다. dis-가 「다르게」를 뜻하는 접두사이므로 dispute는 「다르게 생각하다」 ⇒ 「논쟁하다. 이의를 말하다」가 된다.

● **The lawmakers disputed over the need for new taxes.**
　(입법자들은 세제 신설의 필요성을 놓고 논쟁을 벌였다.)

　◆ impute[impjúːt]는 「안으로」를 뜻하는 접두사가 붙어 「생각하게 만들다」 ⇒ 「(죄 등을)씌우다. 전가하다」가 되었다.

● **How dare you impute the failure to me?**
　(그 실패를 어떻게 감히 내 탓으로 돌리는가?)

　◆ repute[ripjúːt]는 「반복(=again)」을 뜻하는 접두사 re-가 붙어 「곰곰히 생각하다」 ⇒ 「간주하다. 평가하다」가 되었다. 명사형은 reputation으로 「평판. 명성」을 말하는데 우리가 잘 아는 낱말이다.

● **He is reputed the richest man in the city.**
　(그는 이 도시에서 최고의 부자로 평가된다.)

☞ This store has an excellent reputation for fair dealing.
(이 상점은 공정한 거래를 한다는 좋은 평판을 받고 있다.)

컴프레서 (compressor)

「공기 압축기」를 일컫는 이 compressor[kəmprésər]는 *com*(=함께)+*press*(누르다)+*or*(기구)이다.

「누르다」를 뜻하는 press가 든 주요 낱말은 다음과 같다.

impress[imprés] 「안으로 누르다」 ⇒ 「인상을 주다, 감동 시키다」

※ 명사형은 **impression**으로 「인상, 감명, 영향」의 뜻.

express[iksprés] 「밖으로 눌러내다」 ⇒ 「표현하다」

※ 명사형은 **expression**으로 「표현, 표정」의 뜻.

♦ repress[riprés] 「뒤로 누르다」 ⇒ 「억누르다, 진압하다」이다.

☞ **The dictator repressed the revolt.**
(독재자는 폭동을 진압했다.)

♦ suppress[səprés] 「밑으로 누르다」 ⇒ 「억제하다」

☞ **She suppressed a yawn.**
(그녀는 하품을 억제했다.)

♦ oppress[əprés] 「그 쪽으로 누르다」 ⇒ 「탄압하다」
※ 명사형은 oppression으로 「탄압, 억압」을 뜻함.

☞ **A good government will not oppress the people.**
(좋은 정부는 국민을 탄압하지 않는다.)

- The oppression of the people by the nobles caused the war.
  (귀족들이 국민을 탄압하여 전쟁이 일어났다.)

케첩 (catchup)

세살난 어린 아이라도 아는 이 낱말을 여기 소개하는 것은 철자가 **catchup**[kétʃʌp]과 **ketchup** 두 가지로 쓰인다는 것을 말하기 위해서다. 이 **catchup**은 중국어 *ketsiap*의 발음에서 딴 것인데 중국어의 의미는 「생선을 절인 소금물(=brine of pickled fish)」로 우리의 「젓갈」에 해당된다.

- Tomato catchup is made of tomatoes, onions, salt, sugar, and spices.
  (토마토 케첩은 토마토, 양파, 소금, 설탕과 향신료로 만들어진다.)

코멘트 (comment)

「노 코멘트」란 「할 말이 없다」는 뜻이다. comment[kάmənt]는 「**논평, 비평, 해설**」 또는 「**논평하다**」를 말하는데 「칭찬하다」를 뜻하는 commend[kəménd]와는 끝글자 하나만 다르다.

- The teacher wrote many helpful comments on the pages of the compositions he read.
 (선생님은 자기가 읽은 작문의 페이지에 도움이 되는 비평을 많이 썼다.)

- "I cannot remember a single problem that has been solved by diplomacy" was his somewhat smug comment.
 (「나는 외교로 해결된 문제를 단 하나도 기억할 수 없다」라고 다소 자만하는 말투로 언급했다.)

- The teacher commended those students who got high grades.
 (선생님은 높은 점수를 받은 학생들을 칭찬했다.)

코스트 (cost)

「**원가, 비용, 대가**」 또는 「**(비용이) 들다**」의 이 cost[kɔːst]와 「값, 가격, 시세」를 뜻하는 price[práis]를 혼동해서는 안된다. 다음 예문으로 용법을 구분하기 바란다.

◆● Paper costs represent over 25 per cent of the average printing job.
(평균 인쇄업에서 종이가 차지하는 원가는 25퍼센트를 상회한다.)

◆● The price of this coat is $100.
(이 코트의 가격은 100달러이다.)

◆● The school play had cost much time and effort.
(그 학예회의 준비는 많은 시간과 노력을 요했다.)

◆● We paid a heavy price for the victory, for we lost ten thousand soldiers.
(우리는 승리를 위해 큰 값을 치루었다. 우리는 1만명의 병사를 잃었기 때문이다.)

코아 (core)

서울의 강북에 '종로 코아'란 빌딩이 있고 강남에 '뉴코아'란 백화점이 있다.

이 core[kɔər]란 「(배·사과 등의) 응어리」를 말하고 거기서 「(사물의) 핵심, (사람의) 속마음」을 뜻한다.

이 core는 라틴어 *cordis*(=heart)의 변형이다. 「마음은 우리 몸의 가장 안쪽에 있다」는 생각에서 core가 「핵심」을 뜻하게 되었다.

❦ At the core of American foreign policy is a strategy for containing Russian expansionism in Asia.
(미국 외교 정책의 핵심에 아시아에서의 러시아 팽창주의를 견제하는 전략이 있다.)

※ heart를 뜻하는 어구인 cor, cord가 든 주요 낱말은 다음과 같다.
◆ accord[əkɔ́ːrd]「마음을 합치다」 ⇒「일치하다」

❦ His account of the accident accords with yours.
(그 사고에 대한 그의 설명은 자네 설명과 일치한다.)

◆ accordance[əkɔ́ːrdəns]「일치, 조화」를 뜻한다.

❦ What he did was in accordance with what he said.
(그가 한 행동은 자기 말과 일치했다.)

◆ concord[kánkɔːrd]는「같은 마음」 ⇒「일치, 조화, 화합」을 말하며 discord[dískɔːrd]는「다른 마음」 ⇒「불화, 불일치」를 말한다.

❦ Neighbors cannot live in concord if their children keep fighting with one another.
(자녀들이 계속 싸우면 이웃들은 화목하게 살 수 없다.)

❦ Billy Budd put an end to the discord aboard the Right-Of-Man. He was an excellent peacemaker.
(빌리 버드는「라이트 오브 맨」호 선상의 분쟁을 종식시켰다. 그는 탁월한 조정자였다.)

◆ record[rikɔ́ːrd]는「다시 마음에 두다」 ⇒「기록하다, 녹음하다」를 말한다.

◆「용기」를 courage라 하는데 이 낱말 역시 cor의 변형 cour가 명사 접미사 age와 결합된 것으로「마음에서 솟아나는 것」 ⇒「용기」가 되었다.

encourage는 「용기를 안에 낳다」 ⇒ 「격려하다」이고
discourage는 「용기를 떼어 놓다」 ⇒ 「낙담시키다」이다.

- **Courage is resistance to fear, mastery of fear — not absence of fear.**
(용기란 공포에 대한 저항이며 공포의 극복이지 — 결코 공포가 없다는 것은 아니다.)

◆ 편지를 끝맺는 말로 Yours cordially를 흔히 쓰는데 이 cordially는 「진심으로」를 말한다.
따라서 cordiality[kɔ̀:rdʒiǽləti]는 「진심. 우정」을 나타내는 말이다.

- **Dan's parents greeted me with cordiality and made me feel like an old friend of the family.**
(댄의 부모님은 나를 진심으로 맞이해 주셔서 나는 마치 그 집안의 오랜 친구같은 기분이 들었다.)

◆ 「노골적 도색 영화」를 hard core라 하며, 「암시적 도색 영화」를 soft core라 한다.

코오디네이터 (coordinator)

「분쟁 조정자」를 뜻하는 coordinator[kouɔ́:rdənèitər]의 coordinate는 「조정하다」의 뜻과 「대등하게 하다」의 의미가 있다. 이 낱말의 어근인 *ordi*는 「질서. 순서」를 뜻하는 order의 뜻으로 접두사 co(=together)와 함께 「함께 질서있게 만들다」 ⇒ 「대등하게 하다, 조정하다」가 되었다.

- A symphonic conductor coordinates the playing of the instruments in his orchestra.
  (심포니 지휘자는 자기 교향악단의 여러 악기 연주를 조화있게 한다.)

콘덴서 (condenser)

「축전기, 집광 장치」를 일컫는 이 condenser[kəndénsər]는 「condense하는 장치」를 말한다. condense는 「압축하다, (빛을) 집중시키다, 요약하다」를 말하는데 이 condense는 con(=together)+dense(=thick)로 「두껍게 하다」를 의미한다.

그러나 dense[dens]가 단독으로 쓰일 때의 의미는 「밀집한, 빽빽한」을 말하며 density[dénsəti]는 「밀도, 농도」를 말한다.

- Light is condensed by means of lenses.
  (빛은 렌즈로 집중된다.)

- A long story can sometimes be condensed into a few sentences.
  (긴 이야기도 가끔 몇줄의 문장으로 요약될 수 있다.)

- A condenser is a device for receiving and storing a charge of electricity.
  (콘덴서는 전기를 받아서 저장하는 장치이다.)

- The density of the forest prevented us from seeing more than a little ahead.
  (빽빽한 숲 때문에 앞을 조금 밖에 볼 수 없었다.)

콘돔 (condom)

서울 이태원에「콘돔 백화점」이 있다는 말을 듣고「별것 다 파는 백화점」도 있구나 하는 생각이 들었다. 주로「피임」또는「성병 예방」을 위해 남성들이 성교시 착용하는 이「콘돔」은 어느 영국군 대령의 이름에서 생겼다. 17세기 인도에 주둔한 영국군 사이에 성병이 만연하자 연대장으로 있던 Condom [kʌ́ndəm] 대령이 인도산 고무를 써서「작은 자루」를 만들어 병사들에게 나누어 주었다. 이것이 삽시간에 전 세계에 파급되어 큰 인기를 끌었다.

☞ S. Company exported various kinds of condoms worthy of 13 million dollars in 1996, the company manager said.
(S 회사는 1996년에 1,300만 달러에 달하는 다양한 콘돔을 수출했다고 그 회사의 경영자는 말했다.)

콘사이스 (concise)

「휴대하기 간편한 작은 사전」을 흔히「콘사이스」라 말하는데 이 concise[kənsáis]의 뜻에「사전」의 의미는 없다.「간결한, 간명한」의 뜻 뿐이다. 일본의 어느 출판업자가 소형 사전의 명칭에 이 낱말을 붙인 것이 그대로 통용되게 되었다.

- The chairman's concise report covered all the subjects briefly.
  (회장의 간결한 보고는 모든 과제를 간결하게 다루었다.)

  ※ 이 낱말의 어근인 cise는 「자르다(=cut)」를 뜻하는 라틴어 cadere의 변형이다. 따라서 「철저하게」를 뜻하는 접두사 con-이 붙은 이 concise는 「불필요한 것을 완전히 제거한. 아주 간결한」을 말한다. 따라서 incise라 하면 「안으로 자르다」 ⇒ 「베다. 새기다」를 말한다. excise[eksáiz]라 하면 「밖으로 잘라내다」가 된다.

- The letters on the monument had been incised with a chisel.
  (그 기념비의 문자는 끌로 새겨졌다.)

- With a penknife, he peeled the apple and excised the wormy part.
  (그는 휴대용 칼로 사과 껍질을 벗기고 벌레먹은 부분을 잘라 내었다.)

콘설턴트 (consultant)

「기업 경영의 상담·진단·조언·지도를 하는 사람」을 말한다. 「콘설턴트 회사」란 「설계를 맡거나 기술자를 제공하는, 말하자면 기술을 파는 신종 사업의 회사」이다.

이 consultant[kənsʌ́ltənt]는 consult에 사람을 나타내는 접미사 -ant가 붙은 낱말이다. consult는 「(전문가에게 의견을 묻다」, 「(의사에게)진찰을 받다」, 「(참고서·사전 등을)참고하다」 등의 의미로 쓰인다.

● Consult a dictionary for the meaning of a word.
(낱말의 뜻을 알려면 사전을 찾아보라.)

● The boy's mother consulted his teacher to learn why his grades were poor.
(소년의 어머니는 아들의 점수가 왜 나쁜지 알려고 선생님과 상담했다.)

● It would not be adequate to let his consultantship expire on June 30.
(그의 상담역 신분을 6월 30일에 끝나게 하는 것은 적절하지 못할 것이다.)

콘택트 렌즈 (contact lens)

각막에 말착시켜 근시나 원시를 교정하는 렌즈를 말하는데 contact[kántækt]는 「접촉」을 뜻한다. 접두사 *con*-은 with의 뜻이고 *tact*는 touch의 뜻으로 전체는 「함께 닿다」를 말한다. contact가 동사로 쓰이면 [kəntǽkt]라 발음하며 「접촉하다」의 뜻이 된다.

이 낱말에 *r*가 들어간 contract[kántrækt]는 「계약」을 말한다.

● If you want to make a contract with the company, you'd better contact him.
(그 회사와 계약을 맺고자 한다면 그와 접촉하는게 좋다.)

콘테스트 (contest)

「**경연 대회**」 또는 「**경쟁**」의 뜻으로 흔히 쓰이는 이 contest [kántest]는 「함께」를 뜻하는 *con*에 「시험」을 뜻하는 *test*가 붙은 말이다. 이 *test*는 「증명하다」를 뜻하는 라틴어 *testis*의 어근이다.

따라서 contest는 「함께 증명하다」 ⇒ 「경쟁하다」 또는 「경쟁」으로 쓰이게 되었다.

- **The contest between France and England for North America ended in victory for England.**
  (북아메리카를 차지하려는 영불간의 경쟁은 영국의 승리로 끝났다.)

    ◆ test(=증명하다)가 든 주요 낱말은 다음과 같다.
    testify[téstəfài] 「증명하다」

- **He hated to testify against a friend.**
  (그는 친구에게 불리한 증언을 하고싶지 않았다.)

    ◆ testimony[téstəməni] 「증언. 증거」

- **The pupils presented their teacher with a watch in testimony of their respect and affection.**
  (학생들은 존경과 애정의 증거로 선생님께 시계를 선물했다.)

    ◆ attest[atést] 「증명하다」 ※at(=ad)는 강조어.

- **The child's good health attests his mother's care.**
  (그 아이의 양호한 건강 상태는 어머니의 보살핌을 증명한다.)

    ◆ detest[ditést] 「나쁘다고 증명하다」 ⇒ 「혐오하다. 몹시 싫어하다」

- Girls usually detest snakes.
  (소녀들은 통상 뱀을 아주 싫어한다.)

    ◆ protest[prətést] 「(사람들)앞에서 증명하다」 ⇒ 「항의하다, 주장하다」 또는 「항의, 주장」

- The accused man was judged guilty in spite of his protest of innocence.
  (그 피고는 무죄라는 자신의 주장에도 불구하고 유죄 판결을 받았다.)

콤비 (combination)

「막뚱이와 홀쭉이는 명 콤비다」라 할 경우 이 「콤비」는 잘 「**어울리는 짝**」을 말한다. 때로는 「**양복의 상·하**」를 말하기도 한다.

이 낱말은 **combination**[kàmbənéiʃən]의 준말인데 의미는 「결합, 짝맞춤」을 말한다. 동사형은 combine[kəmbáin]으로 「결합시키다」를 말한다. 이 combine이 명사로 쓰이면 「(수확·탈곡을 겸한)복식 수확기」를 말하는데 이 때 발음은 [kámbain]이다. 영국 구어체로 combies[kámbiz]는 「아래 위가 달린 속옷」을 말한다.

- Our club combined the offices of secretary and treasurer so that one person could do the work of both.
  (우리 클럽은 비서실과 경리실을 합쳤다. 그래서 한 사람이 두 가지 일을 할 수 있었다.)

- The chemical revolution on the farm is as responsible for the farmer's zooming production as his tractor and combine.
(농장에서 화학적 혁신 [※비료·살충제 등]은 트랙터나 콤바인만큼 농작물 생산의 급격한 증대의 원인이다.)

- The combination of flour and water makes paste.
(밀가루와 물을 섞으면 반죽 [또는 풀]이 된다.)

- The color purple is a combination of red and blue.
(자주색은 적색과 청색의 결합이다.)

콤플렉스 (complex)

이 **complex**[kampléks]는 *com*(=together)+*plex*(=fold)로 「함께 접다」 ⇒ 「복잡한」의 뜻이다. 그러나 정신분석학 용어로 「과거의 복잡한 감정이 현재의 행동에 영향을 미치는 미묘한 사고」를 말한다.

「열등감」을 inferiority complex라 하고 「우월감」을 superiority complex라 한다.

- Hemoglobin is a complex chemical substance in the blood.
(헤모글로빈은 혈액속에 있는 복잡한 화학 물질이다.)

- Complexes are not to be regarded as distinctly abnormal phenomena, since they are a component of every individual's mental life.

(콤플렉스를 명백한 정신이상적 현상으로 간주해서는 안된다. 왜냐하면 콤플렉스는 모든 인간의 정신 생활을 구성하는 한 요소이기 때문이다.)

쿠폰 (coupon)

「떼어서 쓰는 표」로「할인권, 우대권, 경품권, 교환권, 배급표」등을 일컫는 이 coupon[kúːpɑn]은 프랑스어로「잘라낸 조각」을 말한다.

☞ She saved the coupons from boxes of soap to get a free set of cups and saucers.
(그녀는 공짜로 한 세트의 컵과 받침접시를 얻기 위해 비누 상자의 쿠폰을 모았다.)

퀴즈 (quiz)

「간단한 질문」 또는 「간단한 테스트」를 quiz[kwiz]라 하는데 이 낱말은 「추구하다」를 뜻하는 라틴어 quaerere의 단축형이다. 「질문」을 question이라 하고 「추구, 탐색」을 quest라 한다.

- Each week the teacher gives us a quiz in geography.
  (매주 선생님은 지리에 대한 퀴즈를 우리에게 내신다.)
- She went to the library in quest of something to read.
  (그녀는 읽을 거리를 찾아 도서관에 갔다.)
  - ◆ 이 quest에 「다시」를 뜻하는 re-가 붙어 request[rikwést]가 되면 「다시 추구하다」 ⇒ 「요청」, 「요청하다」가 된다.
- She did it at our request.
  (그녀는 우리의 요청에 따라 그 일을 했다.)
  - ◆ conquest[kɔ́nkwest]는 「완전히 추구함」 ⇒ 「정복」을 말한다.
- Conquest brings conceit and intolerance.
  (정복은 자만과 편협을 낳는다.)
  - ◆ 「간단한 질문」을 「앙케트」라 하는데 프랑스 말이지만 영어에서도 그대로 쓰인다. 철자와 발음은 enquete[ɑːŋkét] 이다.

큐 (cue)

「당구에서 공을 치는 막대기」와 「영화·텔레비전 등에서 대사, 동작, 음악 등의 개시 신호」를 말하는 이 낱말의 영어 철자는 cue이나 가끔 queue라 쓰기도 한다.

이 cue는 「신호 개시」의 의미에서 단순한 「신호」나 「암시」를 나타내기도 하며 「암시나 신호를 보내다」와 같이 동사로 쓰이기도 한다.

- Take your cue from me at the party about when it is time to leave.
  (파티를 떠날 시간에 대해 내게서 신호를 받아라.)

- During the rehearsal the director cued the actors.
  (리허설 동안 감독은 배우들에게 신호를 주었다.)

크랭크인 (crank in)

「영화촬영의 개시」를 뜻하는 이 crank in의 crank[kræŋk]는 「축(軸)을 회전시키는 기계적 장치」 또는 「한 동작을 다른 동작으로 바꾸는 장치」를 말한다. 자동차의 crankshaft의 crank를 생각하면 좋다.

- I turned the crank of the sharpener to sharpen my pencil.
  (나는 연필을 깎기 위해 샤프너의 크랭크를 돌렸다.)

- This French window is opened or closed by a crank.
  (이 프랑스식 창문은 크랭크에 의하여 개폐된다.)

◆ crank in은 「크랭크를 돌려서 촬영을 시작한다」의 뜻이다.
crank up 「엔진을 걸다, 착수하다」의 관용구로 쓰인다.

☞ Bayh instructed his staff to crank up for an all-out fight against the nomination.
(배이는 자기 간부들에게 그 지명을 반대하는 전면적 투쟁을 개시하도록 지시했다.)

크레디트 카드 (credit card)

소비를 조장하고 나아가 고통과 슬픔의 씨앗이 되는 이 「크레디트 카드」는 「신용 카드」라는 근사한 뜻을 갖고 있다. 즉 credit[krédit]란 「신뢰, 신용, 신용대부」 또는 「명예가 되는 것」을 말한다. 동사로 쓰이면 「믿다, 신뢰하다」가 된다. 「외상으로」의 표현은 on credit이다.

☞ He bought a new car on credit since he could not afford to make such a large purchase in cash.
(그는 현찰로 그런 큰 구매를 할 여유가 없었기 때문에 외상으로 새 차를 샀다.)

☞ He is a credit to his family.
(그는 가문의 명예이다.)

☞ Until now I have always credited you with some sense.
(지금까지 나는 네게 얼마간의 분별심은 있다고 믿었다.)

크로스바 (crossbar)

「축구 골문 또는 높이 뛰기의 가로대」를 말하는 crossbar [krɔ́ːbɑːr]의 cross는 「횡단하는, 교차하는」의 의미로 많은 낱말을 만들었다.

crossarmed는 「팔짱을 낀」의 뜻이고
crossbreed는 「잡종」 또는 「이종 교배하다」이며
cross-check는 「다각도로 검토하다」이고
cross-country는 「(스키에서)산야를 횡단하는」의 뜻이며
cross fire는 「십자 포화」를 말하며 crossroad는 「교차로」이고
cross section은 「횡단면, 단면도」이며
crossword는 「글자 맞추기 놀이」를 말한다.

클라이맥스 (climax)

「(사건등의) 절정, 최고점」을 말하는 이 climax[kláimæks]는 라틴어로 「사다리(=ladder)」를 말하는데 「사다리를 올라가 마침내 최고점에 도달한다」는 뜻이다.

> The climax of his trip to Washington was a visit with the President.
> (그의 워싱턴 여행의 클라이맥스는 대통령과의 면담이었다.)

◆ climax의 접두사 cli-는 「기울다(=lean)」의 뜻으로 여러가지 중요한 낱말을 파생시켰다.
incline[inkláin]은 「안으로 기울다」 ⇒ 「~하고 싶어지다」를 말한다.

- I incline toward your idea.
  (당신 생각에 따르고 싶어요.)

    ◆ decline[dikláin]은 「아래로 기울다」 ⇒ 「거절하다, 하락하다」의 뜻이다.

- The boy declined to do what he was told.
  (그 소년은 명령받은 일을 하기를 거절했다.)

    ◆ recline[rikláin]은 「뒤로 기울다」 ⇒ 「기대게 하다, 눕히다」

- She reclined the baby's head on a pillow.
  (그녀는 아기의 머리를 베개 위에 눕혔다.)

클래식 (classic)

「고전 음악, 고전 문학」으로 우리가 흔히 쓰는 이 classic[klǽsik]은 「최고의 class(=계층)」라는 의미로 「일류의, 고상한, 고전의」를 말한다.

classical[klǽsikəl]에는 명사 용법이 없으며 형용사로 「고전적인」을 말한다.

「고전 음악」의 정식 표현은 classical music이다.

- Schubert was the classic example of a man of genius who was so devoted to his art that he never managed to live well or adjust to the world.
  (슈베르트는 자기 예술에 너무 몰두하여 결코 잘 살거나 세상과 타협할 수 없었던 천재의 전형적 표본이었다.)

- Classical languages include ancient Greek and the Latin of the ancient Romans.
  (고전어란 고대 희랍어와 고대 로마인의 라틴어를 포함한다.)

- Symphonies and concertos are considered classical music even when they include jazz.
  (교향곡과 협주곡은 비록 재즈를 포함할 때가 있다 해도 고전 음악으로 생각된다.)

클러치 (clutch)

자동차의 「클러치」는 엔진의 동력을 회전축에 연결시키는 역할을 한다. 클러치 페달을 밟으면 분리되고 떼면 연결되어 바퀴가 회전한다. 따라서 이 clutch의 원뜻은 「꽉 붙잡음」 또는 「꽉 붙잡다」를 말한다.

- The eagle flew away with a rabbit in the clutch of its claws.
  (독수리는 발톱으로 토끼를 꽉 붙잡고 날아갔다.)

- A drowning man will clutch at a straw.
  (물에 빠진 자는 지푸라기라도 꽉 붙잡을 것이다.)

  ◆ 이 clutch가 crutch가 되면 「목발」을 말한다. 보통 복수형으로 쓴다.

- You have to clutch your crutches in order not to fall.
  (넘어지지 않도록 목발을 꽉 붙잡아야 한다.)

클럽 (club)

이 낱말은 「같은 취미를 가진 자들의 모임」을 말하는데 영어 철자는 club이다.

그런데 이 club은 위의 뜻 외에 「곤봉」의 뜻으로도 많이 쓰이며 특히 「골프나 하키의 채」를 말한다. 「곤봉으로 때리다」의 뜻인 동사 용법도 있다.

- The farmer used the branch as a club to kill the snake.
  (농부는 나무가지를 곤봉으로 써서 뱀을 때려서 죽였다.)
- The hikers clubbed the snake to death with their walking sticks.
  (등산객들은 지팡이로 뱀을 때려서 죽였다.)

클레이 피전 (clay pigeon)

「클레이 사격에서 쓰이는 진흙으로 만든 접시 모양의 표적」을 말하는데 clay[klei]는 「점토, 진흙」이고 pigeon[pídʒən]은 「비둘기」를 말한다.

- Bricks and dishes are made from various kinds of clay.
  (벽돌과 접시들은 여러가지 종류의 점토로 만들어진다.)
- The pigeon is a symbol of peace.
  (비둘기는 평화의 상징이다.)

클레임 (claim)

「무역업자가 상품의 수량, 품질 등에 위약이 있을 경우 상대방에 대한 손해 배상의 청구나 이의를 제기하는 행위, 즉 구상(求償)」을 말하는 이 claim[kleim]의 기본적 의미는 「**요구하다, 권리를 주장하다**」 또는 「**청구, 주장**」을 말한다. 때때로 「**(전쟁 · 재난 · 질병 등이)목숨을 빼앗다**」의 뜻으로도 쓰인다.

- The prospector claimed the land beyond the river as his.
 (그 광산 시굴자는 강 건너편 땅이 자기 것이라 주장했다.)
- All claims must be filled within six weeks.
 (모든 청구는 6주내로 충족되어야 한다.)
- He made great claims on us.
 (그는 우리에게 많은 요구를 했다.)
- Cholera claimed 70 in all.
 (콜레라로 모두 70명이 목숨을 잃었다.)

클로스업 (close-up)

「영화나 텔레비전에서 대상의 일부를 화면에 크게 확대함」을 말하는 이 close-up[klóusʌ̀p]은 「**근접 사진**」 또는 「**상세한 관찰**」을 뜻하는 명사이다.

이 close[klous]는 「가까운, 밀집한, 정밀한, 좁은」 등으로 쓰이는 형용사 용법과 「닫다, 끝내다」의 뜻으로 쓰이는 동사 용법이 있다. 다만 동사로 쓰일 경우는 [klouz]라 발음한다.

- Close-ups are used in motion pictures or television to give a detailed or intimate view of a scene or a character.
  (클로스업은 영화나 텔레비전에서 어떤 장면이나 인물의 세밀한 모습이나 친근한 모습을 주기 위해 사용된다.)

클리닉 (clinic)

「진료소」 또는 「개인 전문병원」을 clinic[klínik]이라 하는데 「침대(=bed)」를 뜻하는 희랍어에서 생긴 말이다.
「치과병원」을 dental clinic, 「언어 교정소」를 speech clinic 이라 한다.

- The children's clinic is open during school hours.
  (어린이 진료소는 학교의 수업시간에 문을 연다.)

  ◆ clinical[klínikəl]은 「임상의」를 말한다.

- The drug is now under clinical tests at several medical centers.
  (그 약은 몇몇 의료 센터에서 임상 실험 중이다.)

클린치 (clinch)

「권투에서 상대편의 공격을 피하기 위해 껴안는 행위」를 말하는데 이 clinch[klintʃ]는 「**죄다, 고정시키다**」, 「**맞잡고 싸우다**」등을 뜻한다.

- When the boxers clinched, the crowd booed.
  (권투 선수들이 클린치하자 군중들은 우우하고 야유했다.)
- The clinch of a few nails held the board fast.
  (못을 몇개 박아 판자를 단단히 고정시켰다.)
- The referee broke the boxers' clinch.
  (심판이 두 권투 선수의 클린치를 떼어 놓았다.)

타블로이드 (tabloid)

「보통 일간지 신문지의 절반 사이즈」를 「타블로이드판」이라 하는데 주간지에서 흔히 쓰인다. 영어 철자는 tabloid[tǽblɔid] 이다.

> He has launched another tabloid, "Municipal News", for mayors and civic officials.
> (그는 시장과 시청 공무원들이 보도록, 「시정 소식」이란 또 다른 타블로이드판 신문을 발간했다.)

타이 (tie)

「동점(同點)」을 말하는 이 tie[tai]는 「넥타이, 매듭, 끈」 또는 「매다, 결합시키다, 묶어두다」 등으로 쓰인다.

- The game ended in a tie, 3 to 3.
  (그 경기는 3대3 동점으로 끝났다.)
- Family ties have kept him at home.
  (가족적 유대가 그를 집에 있도록 했다.)
- That ribbon doesn't tie well.
  (그 리본은 잘 묶어지지 않는다.)
- Mother tied the strings of her apron behind her back.
  (어머니는 앞치마의 끈을 등 뒤에서 묶었다.)
- Harvard tied Yale in football.
  (풋볼에서 하바드 대학은 예일대학과 타이를 이루었다.)

타임 캡슐 (time capsule)

「그 시대를 대표하는 기념할 만한 기록이나 물건을 후세에 전하기 위해 땅속에 묻는 용기」를 말한다.

이 **time capsule**의 capsule[kǽpsju:l]은 「작은 상자」를 뜻하며 「막(膜)으로 된 주머니」를 말한다. 비유적 표현으로 「요약」 또는 「요약하다」를 나타내기도 한다.

- Medicine is often given in capsules made of gelatin.
  (약물은 젤라틴으로 만들어진 캡슐에 담겨질 때가 많다.)

타입 (type)

「그는 학자 타입이다」라 할 경우 이 타입은 「**형(型)**」을 말한다. 그런데 이 type[taip]은 「누르다. 치다」의 뜻인 희랍어 *typtein*에서 생긴 말이다.

- The Republican form of government is the highest form of government; but, because of this it requires the highest type of human nature.
  (공화 정체(共和政体)는 최고의 통치 형태이다; 그러나 이 때문에 이 통치 형태는 인간 본성의 최고의 형태를 요구한다.)

    ◆ type가 든 주요 낱말은 다음과 같다.
    typeface:「활자의 서체」
    typical[típikəl]:「전형적인」
    prototype[próutətàip]:「원형(原型)」
    stereotype[stériətàip]:「정형(定型)」
    stereotyped:「판에 박은. 진부한」

- "It gives me great pleasure to be with you tonight" is a stereotyped opening for a speech.
  (「오늘밤 여러분과 자리를 함께 하는 것이 내게는 큰 기쁩입니다」 라는 말은 연설을 시작하는 상투적 문구이다.)

- Our Constitution has served as the prototype of similar documents in democratic nations all over the world.
  (우리나라의 헌법은 전세계 민주국가에서 유사한 문서의 원형으로 이바지해 왔다.)

태클 (tackle)

「축구에서 공을 굴리는 상대방에게 덤비는 행위」를 말하는 이 낱말의 영어 철자는 tackle[tǽkl]로 「~에 달려들다, (일에) 부딪치다」의 의미이다.

- Everyone has his own problems to tackle.
  (모두 부딪쳐야 할 자신의 문제를 안고 있다.)
- The policeman tackled the thief and threw him.
  (그 경찰관은 도둑에 덤벼들어 그를 내동댕이쳤다.)
- The big fullback tackles hard.
  (그 몸집이 큰 풀백은 거칠게 태클한다.)

탤런트 (talent)

「라디오나 텔레비전의 예능 프로에 나오는 예능인」을 말하는 이 talent[tǽlənt]의 원뜻은 **「(특수한) 재능」**이다. 따라서 talented[tǽləntid]라 하면 「재능있는」을 의미한다. 「프로 운동 선수에게 주는 특별 상금」을 talent money라 한다.

- She has a talent for music.
  (그녀는 음악에 대한 특별한 재능이 있다.)
- Genius does what it must, and talent does what it can.
  (천재는 해야할 일을 행하고 재사는 할 수 있는 일을 행한다.)

탭댄스 (tap dance)

「금속판을 박은 구두로 마루 바닥을 치면서 추는 경쾌한 댄스」를 말하는데 이 **tap**[tæp]은 「**가볍게 두드리다**」의 뜻이다.

- She tapped him on the shoulder.
  (그녀는 그 남자의 어깨를 가볍게 쳤다.)
- She tapped her foot on the floor.
  (그녀는 마루 위에서 가볍게 발로 마루 바닥을 쳤다.)

터미널 (terminal)

이 **terminal**[tə́ːrmənl]의 뜻이 「(철도·비행기·버스 등의) 종점」임은 누구나 알고 있으리라 믿지만 새삼스럽게 거론하는 것은 이 낱말의 어원을 통해 유익한 몇몇 파생어를 공부하고자 함이다. 이 terminal은 「**종점**」의 의미뿐 아니라 「**끝의, 종말**」의 뜻을 갖고 있다.

라틴어 *terminus*는 「종말(=end)」의 뜻인데 바로 같은 꼴인 terminus[tə́ːrmənəs] 그대로 영어에서도 사용되고 있으며 뜻은 terminal과 마찬가지로 「종점, 말단」을 말한다. 이 *terminus*에 영어의 동사 접미사 -ate가 붙어 terminate가 되면 「끝내다」 또는 「끝나다」를 나타낸다. 이 terminate에 접두사 ex-(=out)가 붙어 exterminate[ikstə́ːrmənèit]가 되면 「근절시키다」를 뜻하는데 자주 쓰이는 유용한 낱말이다.

- The policeman terminated the quarrel by sending the boys home.
(경찰관은 소년들을 집에 보냄으로써 그 싸움을 종식시켰다.)

- The evening's entertainment will terminate in a dance.
(저녁의 여흥은 춤으로 끝날 것이다.)

- This poison will exterminate rats.
(이 독약은 쥐를 박멸할 것이다.)

  ◆ 우리가 잘 아는 determine(결심하다. 결정하다)이란 낱말도 「de-(=down)+termine(=end)」의 구성으로 「끝맺다」의 의미가 발전한 것이다.

터부 (taboo)

「금기 (禁忌)」를 뜻하는 이 taboo[təbúː]는 「남태평양의 작은 왕국인 Tongan의 말 tabu(=prohibition)」에서 생겼다. 형용사로도 많이 쓰이는데 「금기의」를 말한다.

- Eating human flesh is a taboo in civilized countries.
(인육을 먹는 것은 문명 국가에서 금기시되고 있다.)

- The mention of her neighbours is evidently a taboo, since she is in a state of affront with nine tenths of them.
(그녀의 이웃사람들을 언급하는 것은 분명히 금기 사항이다. 왜냐하면 그녀는 이웃 사람들의 10명중 아홉 사람에게 앙심을 품고 있기 때문이다.)

- Taboos are enforced by invoking fear.
  (금기 사항들은 공포심을 일으키므로써 시행된다.)
    ◆ 이 taboo와 비슷한 낱말에 tattoo[tætúː]가 있는데 「귀영 나팔」의 뜻과 「문신」의 뜻이 있다.
- It is a taboo to go out of the camp after a tattoo.
  (귀영 나팔이 있은 후 외출은 금지되어 있다.)
- In this country, it is a taboo to put a tattoo on the skin.
  (이 나라에서 피부에 문신을 하는 것은 금기 사항이다.)

테러 (terror)

terror[térə]는 「큰 공포」를 뜻하는데 라틴어 *terrere*(무섭게 만들다)에서 생긴 말이다.

「무섭게 만들다」란 terrify[térəfài] 이고 「무서운」은 terrible [térəbl] 이다.

terrific[tərífik] 은 「무서운」의 뜻도 있으나 구어체에서 「굉장한, 아주 멋진」의 의미로 많이 쓰인다. terrorism[térərizm] 은 「공포나 폭력에 의존하는 주의나 행위」, terrorist[térərist] 는 「폭력주의자」 등으로 해석된다.

- Terrified by the sight of the bear, he ran into the cabin.
  (곰을 보고 무서워진 그는 오두막 안으로 뛰어 들었다.)
- The terrible storm destroyed many lives.
  (무서운 폭풍우가 많은 인명을 앗아갔다.)

- A terrific hot spell ruined many of the crops.
 (굉장히 더욱 날씨가 많은 농작물을 망쳤다.)

- He is a terrific football player.
 (그는 아주 우수한 풋볼 선수다.)

- The party was terrific.
 (그 파티는 아주 좋았다.)

 ◆ 이「테러」보다 더「큰 공포」를 horror[hɔ́:rər]라 한다. 이 horror는 라틴어 *horrere*에서 파생된 낱말인데 의미는 bristle with fear로「무서워 머리칼이 곤두 서다」를 말한다.
「무서운」을 나타내는 형용사는 horrible[hɔ́:rəbl]과 horrid[hɔ́:rid]가 있는데 둘 다「아주 싫은」의 의미도 나타낸다. 따라서 abhor[əbhɔ́:r]는「몹시 싫어하다」를 뜻하고 abhorrence[əbhɔ́:rəns]는「혐오, 아주 싫은 것」을 말하며 abhorrent[əbhɔ́:rənt]는「아주 싫은」을 나타낸다.

- I couldn't stay even for a moment in that house because of a horrible smell.
 (나는 아주 고약한 냄새 때문에 단 한순간도 그 집에 머무를 수 없었다.)

- Many people abhor snakes.
 (많은 사람들이 뱀을 싫어한다.)

- Lying and stealing are abhorrent to an honest man.
 (거짓말과 도둑질은 정직한 사람에게 혐오감을 일으킨다.)

테마 (theme)

흔히 「주제」나 「제목」을 우리는 「테마」라 말하는데 이 낱말의 철자와 발음은 theme[θiːm] 이다. 「영화의 주제 음악」을 theme song이라 하고 야생 동물, 동화의 나라 등 「테마 공원」을 theme park라 한다.

이 theme은 희랍어 *thenai*(=put down)의 파생어인데 또 다른 파생어에 thesis[θíːsis] (논제, 주장, 학위 논문)가 있다. theme과 thesis가 같은 어원에서 파생되었으나 용법에 약간의 차이가 있는데 다음 예문에서 그것을 구분해 보자.

- **Patriotism was the army captain's theme when he spoke at our school assembly.**
  (우리 학교 총회에서 연설한 그 육군 대위의 주제는 애국심이었다.)

- **Do you agree with Ellen's thesis that a student court would be good for our school?**
  (학생 법정이 학교에 유익할 것이라는 엘렌의 주장에 동의하나요?)

- **Candidates for advanced college degrees usually must write a thesis based on original research.**
  (학사학위 이상의 학위를 원하는 후보자는 보통 독창적 연구에 바탕을 둔 학위 논문을 써야 한다.)

  ※ thesis의 반의어는 antithesis[æntíθəsis]로 「반대되는 주장」이다.

- **I cannot vote for a candidate who stands for the antithesis of what I belive.**

(나는 내 믿음과 반대 주장을 하는 후보에게는 투표할 수 없다.)

※ 이 thesis에 「아래의, 가정적인」의 의미를 갖는 hypo-가 붙은 hypothesis[haipάθəsis]는 「가설, 가정, 억측」을 뜻한다.

☞ When Columbus first presented his hypothesis that the earth is round, very few believed it.
(지구가 둥글다는 가설을 콜럼브스가 처음 발표하자 그것을 믿은 사람은 별로 없었다.)

테크노크라트 (technocrat)

「기술 관료」를 뜻하는 이 technocrat는 「기술」을 뜻하는 technology에 「통치 형태의 옹호자」를 뜻하는 *crat*가 붙은 말이다.

「민주주의」를 democracy라 하고 「민주주의 신봉자」를 democrat라 한다.

bureaucracy는 「관료정치」이며 bureaucrat는 「관료주의자」이다.

plutocracy는 「금권정치」이고 plutocrat는 「금권정치가」를 말한다.

☞ In a technocracy, the governing class would consist largely of engineers.
(기술관료 정치에서 통치 계급은 주로 기술자로 구성된다.)

텍스트 (text)

「본문」,「원문」의 뜻으로도 자주 쓰이나「텍스트 북」즉「교과서」를 가리키는 말로 많이 쓰인다. 이 text[tekst]는「짜다(=weave)」를 뜻하는 라틴어 texere의 파생어로「옷감을 짜듯 조리있게 글을 배열하고 구성한 것」을 말한다.

「직물」을 texture[tékstʃər]라 하며「방직 산업」을 textile industry라 한다.

「함께(=together)」를 뜻하는 접두사 con-이 붙은 context[kántekst]는「함께 짠 것」⇒「전후 관계」또는「문맥(文脈)」을 말한다.

> The context is the part of a passage in which a word is used and which helps to explain the word.
> (문맥이란 어떤 낱말이 사용되고 그 낱말을 설명하는데 도움이 되는 문장의 한 부분이다.)

텔레파시 (telepathy)

「우리는 서로 텔레파시가 통한다」라고 말할 때 그 뜻은「**멀리 떨어져 있어도 서로의 생각을 안다**」라 해석된다. 이 텔레파시의 우리말 어역은「**정신감응(精神感應)**」으로 좀 어려운 표현이다. 영어의 철자는 telepathy[tiːlépəθi]인데 발음에 유의하기 바란다.

이 낱말의 접두사 *tele*-는 알다시피 「멀리서 (=far)」의 뜻으로 television 「(멀리서 보는 것) 텔레비젼」, telephone 「(멀리서 나는 소리) 전화」, telescope「(멀리보는 기구) 망원경」 등 유용한 낱말을 많이 만들었다.

또한 이 낱말의 어근인 pathy는 「느낌, 감정(=feeling)」을 뜻하는 라틴어 *pathos*의 변형이다.

sympathy가 *sym*(=togerher)+*pathy*(=feeling)로 「공감, 동정」을 뜻한다는 것은 누구나 알 것이다.

♦ telepathize[tilépəsɑiz]는 「텔레파시를 쓰다」의 동사이다.

☞ He telepathized to what I was imagining rather than what I was saying.
(그는 내가 무슨 말을 했는가보다 내가 무엇을 생각하고 있었나를 텔레파시로 알았다.)

템포 (tempo)

「그 음악의 템포는 아주 빠르다」에서 쓰인 「템포」는 「**속도**」나 「**박자**」를 말한다.

tempo[témpou]는 「시간(=time)」을 뜻하는 라틴어 *tempus*의 변형으로 tense 「(동사의) 시제」, temporal[témpərəl] (시간의, 현세의), temporary[témpərəri] (일시적인) 등이 모두 여기 속한다.

☞ It was difficult for the old man to follow the fast

tempo of modern life.
(노인이 현대 생활의 빠른 속도를 따라가기란 어려웠다.)

● The things which are seen are temporal; but the things which are not seen are eternal.
(보여지는 것들은 잠깐이요; 보여지지 않는 것들은 영원하도다. — 고린도 후서 1:18)

토너먼트 (tournament)

「경기에서 횟수를 거듭할 적마다 패자를 탈락시켜 최후에 남은 양자가 우승을 결정짓는 방식」을 말하는 이 tournament [tɔ́:rnəmənt]는 「마상 시합」을 뜻하였던 중세 영어 turnement의 변형이다.

● The contest by the tournament requires kind of a luck.
(토너먼트 시합은 약간의 운이 필요하다.)

토스 (toss)

「배구에서 상대편으로 공을 쳐 넣기 좋도록 공을 올리는 것」으로 누구나 알고 있는 이 toss[tɔ:s]에는 여러가지 의미가 있는데 중요한 것만 여기 제시한다.

◆ 「가볍게 던지다」의 뜻이 있다.
- **She tossed a coin to the beggar.**
  (그녀는 거지에게 동전 한개를 던져 주었다.)

◆ 「동전을 던져 결정하다」의 뜻이 있다.
- **Let's toss to see who pays the bill.**
  (누가 청구서 대금을 지불할 것인가를 동전을 던져 결정하자.)

◆ 「흔들다」의 뜻이 있다.
- **The ship was tossed by the waves.**
  (배가 파도에 흔들렸다.)

◆ 「뒤척 거리다」의 뜻이 있다.
- **He tossed in his sleep all night.**
  (그는 잠자면서 밤새 뒤척였다.)

◆ 「홱 나가다」의 뜻이 있다.
- **He tossed out of the room in anger.**
  (그는 화가 나서 방을 홱 나갔다.)

◆ 「흔들어 떨어뜨리다」
- **The horse tossed the jockey off.**
  (그 말은 기수를 흔들어 떨어뜨렸다.)

토익 (TOEIC)

요즘 대기업체에서 신입 사원을 채용시 영어 시험 대신 토익 점수를 요구하는 경향이 두드러짐에 따라 취업을 앞둔 대학생들이 토익 준비에 몰두하고 있다.

TOEIC은 Test of English for International Communication의 두 문자를 딴 약어로 「국제 커뮤니케이션을 위한 영어 시험」을 뜻한다.

출제와 채점은 미국 뉴저지 주에 위치한 ETS에서 맡고 있으나 시험 업무는 서울에 있는 TOEIC 위원회에서 대행하고 있다.

TOEIC의 구성은 Listening(청취력)과 Reading(독해력)의 두 분야로 대별되며 각 분야는 100문제씩 도합 200문제이다.

각 분야별 최저점은 5점, 최고점은 495점으로 5점 단위로 점수가 매겨진다. 따라서 총점은 최저 10점, 최고 990점이다.

토일렛 (toilet)

「화장실」의 뜻으로 흔히 쓰이는 이 toilet[tɔ́ilit]은 「변기(便器)」를 가리킬 때가 많다.

보통 가정의 화장실은 a bathroom이라 하고 공중 변소는 a rest room이라 한다.

원래 이 toilet은 프랑스어로 「작은 베조각」을 말했는데 이것이 「화장용품」으로 쓰였다가 마침내 「화장실」 또는 「변기」로 쓰이게 되었다.

- We called the plumber because the toilet was stopped up.
  (변기가 막혔기 때문에 우리는 배관공을 불렀다.)
- Please buy some toilet paper at the supermarket.
  (슈퍼마켓에서 화장지를 좀 사주세요.)

토큰 (token)

「버스표」를 「버스 토큰」이라고도 한다. 이 token[tóukən]의 원뜻은 「표(=mark)」, 「증거, 상징」 또는 「기념품」이다.

- Black is a token of mourning.
  (검은 색은 애도의 표시이다.)
- His actions are a token of his sincerity.
  (그의 행동은 신중함의 증거이다.)
- This token will admit you to the swimming pool.
  (이 토큰으로 너는 수영장에 들어갈 수 있다.)

토플 (TOEFL)

미국의 유명 대학들은 외국 유학생들에게 토플 점수를 요구한다.

TOEFL은 Test of English as a Foreign Language의 두 문자를 딴 약어로 「영어를 외국어로 하는 학생들의 영어 구사력의 시험」이다.

출제와 채점은 미국 뉴저지 주에 위치한 ETS에서 맡고 있으나 시험 업무는 서울에 있는 한미교육위원단 「풀브라이트」에서 대행하고 있다.

독특한 채점 방식 때문에 규정된 만점 점수는 없으나 대체로 최고 700점 최저 200점이다. Section I은 청취력 테스트이고

Section Ⅱ는 Structure and Written Expression으로 주로 문법 지식에 대한 테스트이고 Section Ⅲ은 어휘 및 독해력 테스트이다.

톨게이트 (tollgate)

「유료 도로의 통행료 징수소」를 말하는 이 tollgate의 toll[toul]은 두 가지 의미가 있다. 하나는 「(종이) 울리다」이고 또 하나는 「**사용료**」이다.

- We pay a toll when we use that bridge.
 (우리는 저 교량을 건널 때 사용료를 지불한다.)

- Bells were tolled all over the country at the President's death.
 (대통령의 서거를 애도하여 전국의 종이 울렸다.)

 ※ 「요금 징수인」을 toll collector라 하며 「유료 도로」를 toll road 또는 tollway라 한다.

투어 (tour)

「관광 여행」 또는 「유람하다」를 뜻하는 이 tour[tuər]는 「돌다, 회전하다」를 뜻하는 turn의 변형이다. 따라서 trip이나 travel 또는 journey와는 달리 tour에는 「**순회**」나 「**유람**」의 뜻이 내포된 여행이다.

「관광」을 tourism[túərizm]이라 하고 「관광객」을 tourist[túərist]라 한다.

> ❧ In many parts of the world tourism is provding the fastest growing source of dollars which in turn provide new funds for local investment in industries.
> (세계의 많은 지역에서 관광업이 달러를 획득하는 원천으로 가장 빠르게 성장하고 있으며 이 돈은 다시 산업분야에 대한 지역 투자의 새로운 자금이 된다.)

트랙 (track)

「달리기 경기의 경주로(競走路)」를 말하는 이 track[træk]은 trace(=발자국)와 같은 어원의 낱말로 기본적 의미는 「지나간 자취」를 말하며 때로는 「(밟아서 생긴) 작은 길」도 말한다. 「육상 경기」 전부를 track 또는 track and field라 한다.

> ❧ The dirt road showed many automobile tracks.
> (흙길에 자동차 바퀴의 자국이 많이 나 있었다.)

> ❧ Sprinters, polevaulters, and shot-putters are engaged in track.
> (단거리 선수, 장대높이 뛰기 선수와 투포환 선수들은 트랙에서 경기를 한다.)

트랜스미션 (transmission)

「자동차의 변속기」로 우리가 잘 아는 이 **transmission**의 원뜻은 「**전달**」이다. 이 낱말은 「전달하다」를 뜻하는 transmit 의 명사형이다.

- **Rats transmit disease.**
  (쥐는 질병을 옮긴다.)

- **Mosquitoes are the only means of transmission of malaria.**
  (모기는 말라리아의 유일한 전달수단이다.)

  ◆ mit는 라틴어 mittere의 어근으로 「보내다(=send)」를 뜻한다. 따라서 -mit를 접미사로 한 많은 영어 낱말은 「보내다」의 의미를 내포한다. -mit로 끝나는 동사의 명사형은 -mission이다. mission만으로 「특별 사절단, 전도, 사명」의 뜻으로 쓰이며 missionary는 「선교사, 전도사」로 「먼 곳에 보내어진 사람」을 말한다.

- **It seemed to be her mission to care for her brother's children.**
  (그녀는 오빠의 자녀들을 돌보는 것이 자신의 임무인 것처럼 보였다.)

- **The missionary went to Africa to convert people to Christianity.**
  (그 선교사는 주민들을 기독교로 개종시키기 위해 아프리카로 갔다.)

  ◆ mit을 어미(語尾)로 한 주요 낱말은 다음과 같다.
  commit 「함께 보내다」 ⇒ 「위임하다」

- **The insame woman was committed to an asylum.**
  (그 미친 여자는 정신병원에 맡겨졌다.)

※「(범죄·과실 등을) 저지르다」의 경우도 commit를 쓴다.

It is not their faults that ruin them so much as the manner in which they conduct themselves after the faults have been committed.
(사람을 파멸시키는 것은 그들의 과실이 아니고 오히려 잘못을 범한 뒤에 그들이 취하는 태도인 것이다.)

♦ demit「아래로 보내다」⇒「사직하다(=resign)」

Since most of the membership disapproved of his idea, he demitted the chairmanship.
(대부분의 회원들이 그의 생각에 반대했기 때문에 그는 회장직을 사임했다.)

♦ emit「밖으로 보내다」⇒「내뿜다」

The sun emits light and heat.
(태양은 빛과 열을 발산한다.)

♦ omit「반대로 보내다」⇒「빠뜨리다. 생략하다」

He made many mistakes in spelling by omitting letters.
(그는 글자를 빠뜨리므로써 철자의 오류를 많이 범했다.)

♦ permit「통과하여 보내다」⇒「허락하다」

I will go fishing, if the weather permits.
(날씨만 괜찮으면 낚시하러 가겠다.)

♦ remit「뒤로 보내다」⇒「용서하다. 송금하다」

Christ gave His disciples the power to remit sins.
(그리스도는 죄를 용서할 권능을 제자들에게 부여했다.)

Enclosed is our bill; please remit.
(계산서를 동봉하오니 송금하시기 바랍니다.)

♦ submit「밑으로 보내다」⇒「복종시키다. 제출하다」,「순종하다」

- He submitted to the decision of fate with humility.
  (그는 운명의 결정에 겸손히 순종했다.)

트러스 (truss)

한강의 몇몇 다리는 트러스형의 다리(=truss bridge)이다.
이 truss는 라틴어 *torcere*에서 생긴 말로 「비틀다(=twist)」의 뜻이나 영어에서는 「묶다(=bind)」로 쓰인다.

- The farmer trussed up the pig to take it to market.
  (그 농부는 시장으로 운반하기 위해 그 돼지를 묶었다.)
- Engineers built a truss bridge across the river.
  (기사들은 강을 가로지르는 트러스교를 건립했다.)

트렁크 (trunk)

「자동차 뒤쪽의 짐을 넣는 곳」 또는 「여행용 큰 가방」의 뜻으로 흔히 쓰는 이 trunk[trʌnk]는 위의 의미 외에 **「나무의 몸통, 물건의 본체」**와 「**코끼리의 코**」를 말한다.

- The American colonists broke away from the trunk of the British Empire during the Revolution.
  (미국 정착민들은 독립 전쟁시 대영 제국의 본체에서 떨어져 나왔다.)

트레이너 (trainer)

「훈련자, 조련사」로 번역되기도 하나 「트레이너」라고 더 많이 쓰인다. 따라서 이 trainer[tréinər]의 train은 「열차」 또는 「긴 열(列)」의 뜻이 아니고 「훈련시키다」의 뜻이다.

- It is important to train children to be polite.
  (아이들을 예의바르게 가르치는 것이 중요하다.)
  ◆ 「훈련받는 사람」은 trainee라 한다.

트레이드 (trade)

야구 구단들은 다른 구단과 선수들을 트레이드하는 경우가 있다. 말하자면 선수를 상호 교환하는 것이다. 이 trade[treid]의 원뜻은 「무역, 상업」 또는 「장사하다, 팔아치우다」로 트레이드 대상이 되는 선수들은 마치 상품취급을 당해 기분이 좋지 않을 것이다.

- The United States has much trade with foreign countries.
  (미국은 외국과 많은 교역을 하고 있다.)
- The early settlers traded with the Indians.
  (초기 정착민들은 인디안들과 장사를 했다.)

트레이드 마크 (trade mark)

「상표(商標)」를 뜻하는데 「브랜드(=brand)」라 말하기도 한다. brand는 원래 「자기 소유의 가축임을 표시하기 위한 소인(燒印)」을 뜻한 데서 생긴 말이나 **trade mark**는 글자 그대로 **상업상의 표시**」를 말한다. trade[treid]는 「무역」, 「상업」, 「거래」, 「직업」 등 다양한 뜻을 갖고 있다.

「상호(商號)」를 trade name이라 하고 「무역 장벽」을 trade barrier라 하며 「무역 수지」를 trade balance라 하고 「무역 적자」를 trade deficit라 하며 「무역 불균형」을 trade imbalance라 한다.

「장사꾼」을 trader라 하고 「신용 조회」를 trade reference라 하며 「무역 흑자」를 trade surplus라 한다.

「상표」를 뜻하는 이 trade mark가 비유적 표현으로 어떤 「사람·사물의 특징. 특색」을 말하기도 한다.

> ◆ The use of emotive language is the trade mark of propaganda.
> (감정에 호소하는 언어의 사용이 선전 문구의 특징이다.)

트레일러 (trailer)

「견인차에 결합되어 화물을 실어 나르는 무동력 차량」을 말하는 이 trailer[tréilər]의 trail은 「끌다」의 뜻과 「추적하다」의 뜻이 있다. 명사로 쓰이면 「끌고간 자국, 흔적」을 말한다.

- The child trailed a toy horse behind him.
  (그 아이는 장난감 말을 끌었다.)
- The dog trailed its master constantly.
  (개는 주인을 항상 뒤따랐다.)
- The dogs found the trail of the rabbit.
  (개들은 토끼가 지나간 자국을 알아냈다.)

  ◆ trailer는 「(자동차에 끌려가는) 이동식 가옥」을 말하기도 한다. 이런 「이동식 가옥이 주차하는 구역」을 trailer camp 또는 trailer park라 한다.

티슈 페이퍼 (tissue paper)

「화장지」를 일컫는 이 tissue[tíʃu:]는 「아주 얇은 종이」를 말한다. 원래 뜻은 「얇은 직물」 특히 「얇은 명주」이며 생물학에서는 「(신체의) 조직」을 말한다.

- Her dress was of silk tissue.
  (그녀의 옷은 얇은 비단 직물로 만들어져 있었다.)

🕭 The teacher showed pictures of muscle tissues, brain tissues, and skin tissues.
(선생님은 근육 조직, 뇌조직과 피부 조직의 그림을 보여주었다.)

팁 (tip)

「식당 등에서 서비스에 대한 감사의 표시로 주는 약간의 돈」을 일컫는 이 **tip**을 어떤 사람은 To Insure Promptness(신속한 서비스를 보장하기 위해서)의 두 문자를 딴 낱말이라고 하나 그것은 지어낸 것이고 이 낱말의 기원은 알려져 있지 않다.

이 tip에는 「**사례금**」의 뜻 외에 여러가지 의미가 있는데 「**끝, 첨단**」,「**비밀 정보**」,「**가볍게 치는 것**」 또는 「**(물건을) 기울다, 뒤집어 엎다**」 등으로 쓰인다.

「발 끝」을 tip-toe라 하며 「정상. 꼭대기」를 tip-top이라 한다.

🕭 He tipped over his glass of water.
(그는 물잔을 엎었다.)

🕭 He gave the waiter a tip.
(그는 웨이터에게 팁을 주었다.)

🕭 I had a tip that the black horse would win the race.
(나는 그 흑마가 경주에서 이길 것이라는 정보를 얻었다.)

🕭 Did you tip the porter?
(너는 짐꾼에게 팁을 주었나?)

Someone tipped off the criminal, and he escaped before the police arrived.
(누군가가 그 범인에게 귀띔을 해주어 그는 경찰이 도착하기 전에 도망쳤다.)

파노라마 (panorma)

「전경(全景)」 또는 「회전화」를 뜻하는 이 panorma[pǽnə-rɑ́ːmə]는 all을 뜻하는 희랍어 *pan*에 view를 뜻하는 *horama*가 붙은 말로 「모든 광경」을 말한다.

> ◆ At Rio de Janeiro, Sugar Loaf Mountain is the centerpiece of a breathtaking panorama.
> (리오데자네이로에서 슈거로프산은 숨막히는 전경의 중앙부이다.)
>
> ※ 「범미의」를 Pan-American이라 하는데서 알다시피 pan-은 all을 뜻하는 희랍어이다.
>
> ◆ panacea[pæ̀nəsíə]는 「치료하다」를 뜻하는 희랍어 akos의 변형인 acea가 붙어 「만병통치약」을 말한다.

☛ Many regard education as the panacea that will cure all of society's ills.
(많은 사람들이 교육을 모든 사회질병을 고치는 만병통치약이라 생각한다.)

파마 (perm)

「머리를 곱슬곱슬하게 지지는 것」을 「파마」라 하는데 이 말은 permanent wave의 준말이나 우리식 표현이다.

permanent[pə́ːrmənənt]는 「**영속하는, 오래 지속하는, 종신의**」를 뜻하는 형용사이며 이것만으로도 「파마」를 나타내기도 한다.

☛ After doing odd jobs for a week, he got a permanent position as a helper in a store.
(1주일 동안 임시직을 수행한 후 그는 가게 보조원의 영구직을 맡았다.)

☛ Human beings have 32 permanent teeth.
(인간은 서른 두개의 영구치를 갖는다.)

파울볼 (foul ball)

「야구에서 타자가 파울 라인 밖으로 친 공」을 말한다. 따라서 파울 즉 foul[faul]은 운동 경기에서 「반칙」을 말하는데 원래 뜻은 「더러운, 악취가 나는, 부패한」 또는 「날씨가 아주 나쁜」을 말한다. 이렇게 고약한 뜻을 가진 낱말이 어찌하여 흥겨운 경기의 「반칙」에 적용되었는지 모르겠으나 아무튼 이 foul은 다음 예문에서와 같이 자주 사용되는 기본적 낱말이다.

- We opened the windows to let out the foul air.
  (우리는 나쁜 공기가 나가도록 창문을 열었다.)
- Murder is a foul crime.
  (살인은 아주 나쁜 범죄이다.)
- Foul weather delayed the ship.
  (날씨가 나빠 선박은 지연되었다.)
- I had a foul time last evening.
  (어젯밤 나는 아주 불쾌한 시간을 보냈다.)

◆ 이 foul과 발음이 같은 낱말에 fowl이 있다. 「닭과 같은 가금(家禽)」을 말한다.

- The fowl yard gives off a foul odor.
  (그 닭장은 악취를 풍긴다.)

파일 (file)

우리말에는 p와 f의 구분이 없기 때문에 이 「파일」의 영어 철자는 **pile**과 **file**의 두가지가 된다.

pile[pail]은 「말뚝」의 뜻으로 우리말에 흔히 섞어 쓰는데 이 뜻 외에 「쌓아올린 더미」 또는 「쌓아올리다」로도 많이 쓰인다.

- He could see on the shore, bamboo huts perched upon piles.
  (그는 강기슭에서 말뚝위에 얹혀진 대나무 오두막을 볼 수 있었다.)
- The boys piled the blanket in the corner.
  (소년들은 방구석에 담요를 쌓았다.)

  ◆ file[fail]은 「서류철」 또는 「(항목별로) 철하다」의 뜻인데 이 외에 「열(列)」 또는 「세로줄」을 말하기도 한다.

- Put this letter in the main file.
  (이 편지를 주 서류철에 넣어 두라.)
- The pupils filed out of the room during fire drill.
  (학생들은 소방 훈련시 교실에서 줄을 지어 밖으로 나갔다.)

파일럿 (pilot)

「비행기 조종사」로만 알고 있는 이 pilot[páilət]의 원래 뜻은 「**수로(水路) 안내인**」이다. 이 pilot은 희랍어로 「노(=oar)」를 뜻하기 때문이다.

또한 동사로도 자주 쓰이는데 「**조종하다**」 외에 「**안내하다**」의 뜻도 있다.

● The manager piloted us through the big factory.
(그 관리인은 큰 공장을 둘러보도록 우리를 안내했다.)

♦ 이 pilot과 비슷한 낱말인 pirate[páiərət]는 「해적」을 뜻한다.

● The pilot left his ship and became a pirate on another ship.
(그 도선사는 자기 배를 버리고 다른 배를 타고서 해적이 되었다.)

파티 (party)

「연회」 또는 「다과회」 등의 「즐겁고 흥겨운 모임」을 말한다. party[páːrti]에는 이 뜻 외에 「정당」의 뜻과 「일행」의 뜻이 있다.

가령 식당에 가서 「우리 일행은 4명입니다. 창가의 식탁을 원합니다」라 할 경우는 이렇게 말한다.

● We're a party of four. We'd like a table near the window.

♦ Party is over!란 말을 들어보았는지?
「노는 시간은 끝났다」 또는 「기분을 일신해야 한다」로 쓰인다.

● OK. Party is over, kids. Time to put away the games and do your homework.
(자, 애들아, 노는 시간은 끝났다. 장난감을 치우고 숙제를 해라.)

판타롱 (pantaloons)

「아랫 부분이 나팔 모양으로 된 넓은 여성용 바지」를 말하는 이 낱말은 원래 프랑스어로 영어에서는 pantaloons[pæn-təlúːns]라 한다.

「일반적 바지」는 pants 또는 trousers[tráuzərz]라 하며 우리가 흔히 말하는「팬티」는 shorts라 부른다. panties는「여자나 어린이가 속에 입는 반바지」를 말한다.「팬티 스타킹」은 panty hose라 하고「치마 바지」는 pantskirt라 함도 알아두기 바란다.

pant는「숨을 헐떡거리다」를 말하는 동사로도 많이 쓰인다.

● He is panting from playing tennis.
(그는 테니스를 쳤기 때문에 숨을 헐떡거리고 있다.)

판토마임 (pantomime)

「무언극」을 말하는 이 pantomime은「모든 것을 흉내냄」을 뜻한다. panto는 희랍어로 all을 뜻하며 mime은 영어로「흉내내다」를 말한다.

mimic은「흉내내는」과「흉내내다」의 뜻으로 쓰이며 mimicry는「흉내」를 말한다.

● As he could not speak a word of French he was obliged to convey this sentiment into pantomime.

(그는 프랑스어를 한 마디도 말할 줄 몰랐기 때문에 이 감정을 무언극으로 전하지 않을 수 없었다.)

■◆ The soldiers staged a mimic battle for the visiting general.
(병사들은 방문하는 장군을 위해 모의 전투를 연출했다.)

팡파르 (fanfare)

「화려한 트럼펫 취주」를 뜻하는 이 fanfare는 프랑스어가 그대로 영어에서도 쓰이고 있는데 영어식 발음은 약간 다르다. [fǽnfɛər]이다.

■◆ Queen Elizabeth, hailed by fanfares, passed through the nave.
(엘리자베스 여왕은 팡파르의 환영을 받으며 교회 본당을 통과했다.)

패널 (panel)

　우리말에 섞어쓰는 의미는 「라디오나 텔레비전 등에 나와 어떤 주제를 놓고 토론하는 3~4명의 그룹」을 가리키며 이 그룹의 한 사람을 panelist[pǽnəlist]라 한다.
　원래 **panel**[pǽnl]의 뜻은 건축 용어로 **「창틀, 판자」**이고 미술 용어로 캔버스 대용의 **「화판」**이다.
　이 낱말은 pane(창유리)과 같은 어원으로 「헝겊」을 뜻한다. 「창유리」 즉 pane은 원래 벽에 난 구멍(=window)을 덮는 얇은 「베조각」이었다.
　아무튼 이런 뜻에서 유래한 panel이 매스컴에 등장하는 「소규모의 토론 집단」의 의미로 널리 쓰이게 되었다.

> **A panel of experts gave its opinion on ways to solve the traffic problem.**
> (교통문제를 해결하는 방안을 놓고 전문가들로 구성된 패널이 의견을 제시했다.)

패러독스 (paradox)

　「역설(逆說)」이라 어역되는 이 paradox[pǽrədɔks]는 *para-*(=contrary to)+*dox*(=opinion)으로 「정설에 역행하는 이론」을 말한다. 「정설」을 orthodox[ɔ́:θədɔks]라 하는데 *ortho*는 희랍어로 「똑바른(=straight)」의 뜻이다.

- Man is an embodied paradox, a bundle of contradictions.
  (인간은 형상을 갖춘 역설이요, 일련의 모순 덩어리다.)
- He is an orthodox Methodist.
  (그는 정통 감리교도이다.)

패키지 투어 (package tour)

「운임·숙박비 등을 일괄해서 내는 여행사 알선의 투어」를 말하는데 이 package[pǽkidʒ]는 「꾸러미」 또는 「포장한 상품」을 뜻하는 명사이나 「포괄적인, 일괄한」의 형용사로도 쓰인다.

- The company handles package tours to over 30 destinations in the Mediterranean and east Africa.
  (그 회사는 지중해와 아프리카 동부의 30개 이상의 목적지에 대한 패키지 투어를 취급한다.)

팩스 (fax)

요즘 아무리 작은 사무실에서도 거의 필수 기구가 된 이 fax는 facsimile[fæksíməli]의 단축어로 「사진 전송」이라 어역된다.

*fac*는 「만들다」를 뜻하는 라틴어 *facere*의 어근이며 *simile*는 similar[símələr]의 변형으로 「비슷한, 유사한」을 말한다. 따라서 facsimile의 어원상 의미는 「비슷하게 만들어진 것」이다.

「만들다」를 뜻하는 어근인 *fac*(때로는 fic, fect)가 든 주요 낱말은 다음과 같다.

factory 「공장」 (※tory는 장소의 뜻)
fiction 「꾸며낸 이야기」
artificial 「인공의」 (※art는 nature에 대한 「인공」의 뜻)
artifact 「인공물」 facile 「만들 수 있는」 ⇒ 「용이한」
difficult 「어려운」 (※dif는 apart의 뜻)
malefactor 「악인」 (male은 bad의 뜻)
benefactor 「은인」 (bene는 good의 뜻)
confection 「과자」 (con은 tohether의 뜻으로 여러가지 재료를 함께 넣어 만든 것을 말함)

simile[símәli] 만으로 「직유(直喩)」를 뜻한다. similar의 반의어는 dissimilar[disímәlәr]로 「비슷하지 않은」을 말한다.

> The brothers had markedly dissimilar characteristics.
> (형제들은 아주 다른 성격을 가졌다.)

펍 (pub)

길을 가다보면 술집 간판에 「펍」이란 낱말이 붙은 것을 가끔 보게 된다. 이 **pub**은 public house의 준말인데 영국인들이 쓰는 속어로「술집」을 뜻한다. 미국인들은 이 말을 쓰지 않으며 그 대신 bar라 한다.

public을 쓴 주요 어구는 다음과 같다.

public good:「공익」 public hazard:「공해」
public health:「공중위생」 public hearing:「공청회」
public opinion:「여론」
public peace:「공공의 평안」
public school:「공립학교」
public spirit:「공공심, 애국심」
public service:「공공사업」
public servant:「공복, 공무원」
public welfare:「공공복지」

페넌트 (pennant)

이 pennant[pénənt]는「**우승기**」를 뜻하는 말로 야구에서 말하는「페넌트 레이스」란「우승기를 놓고 겨루는 시합」을 말한다. 이 pennant는「매달린 장식물」을 뜻하는 pendant [péndənt]의 변형이다.

> The pendant dangling from the chain around her neck looked like a medal, but it was really a watch.
> (목에 두른 목걸이에 매달린 장식물은 메달처럼 보였으나 실제는 시계였다.)

페널티 (penalty)

「운동 경기에서 어느 선수의 규칙 위반에 대한 벌칙」을 말한다. 특히 축구에서 「페널티 에어리어」안에서 방어측이 반칙하였을 때 공격측이 얻은 킥을 말하며 이 때 들어간 공을 「페널티 골」이라 한다.

따라서 이 penalty[pénəlti]는 「처벌(=punishment)」을 뜻한다.

- **The penalty for speeding is a fine of fifty dollars.**
  (과속 운전에 대한 처벌은 50달러의 벌금이다.)

  ◆ 형용사는 penal[píːnl]로 「형벌의」 또는 「처벌될 수 있는」의 뜻인데 발음에 유의하라.

- **Robbery is a penal offense.**
  (강도는 형법상의 범죄이다.)

  ◆ 동사인 penalize[píːnəlàiz]는 「벌하다」를 말한다.

- **Fouls are penalized in many games.**
  (많은 경기에서 반칙은 벌을 받는다.)

페달 (pedal)

「자전거 페달」 또는 「브레이크 페달」 등으로 우리가 흔히 쓰는 이 **pedal**[pédl]의 어근인 *ped*는 라틴어 pedis(=foot)의 단축형으로 유용한 영어 낱말을 많이 배출했다.

pedestal[pédistl]은 「대좌(台座)의 다리」 ⇒ 「(흉상 등의) 받침대」 또는 「기초, 근거」이다.

- Respect for others is the pedestal of society.
 (남을 존중하게 여기는 것이 사회의 근본이다.)
    - ◆ pedestrian[pidéstriən] 「발로 가는 사람」 ⇒ 「보행자」
- Pedestrians have to watch out for automobiles turning corners.
 (보행자들은 길모퉁이를 회전하는 자동차를 조심해야 한다.)
    - ◆ centipede[séntipí:d]는 「100」을 뜻하는 centi-가 ped에 붙어 「지네」를 가리키는 말인데 「지네」의 발이 실제 100개 인지는 모르겠으나 아무튼 발이 많다는 데서 생겼다.
    biped[báiped]는 「둘」을 뜻하는 bi-가 붙은 말로 인간이나 새와 같은 「두발 동물」을 말하며 「넷」을 뜻하는 quadru-가 붙은 quadruped[kwádrəped]는 「네발 짐승」을 말한다.

페미니즘 (feminism)

「여성의 정치·사회·경제상의 권리 향상을 주장하는 주의」를 말하며 이런 주의의 주창자를 feminist[fémənist]라 한다.
feminine[fémənin]은 「여자의」를 뜻하는 형용사로 「남성의」를 뜻하는 masculine[mǽskjulin]의 반의어이다.「남성」을 male이라 하고「여성」을 female이라 함은 잘 알고 있을 것인데 이 낱말의 형용사에 해당한다. 철자와 발음이 아주 다르기 때문에 유의하기 바란다.

- ☞ "Actress", "queen", "tigress" and "cow" are feminine nouns.
 (「여배우」,「여왕」,「암호랑이」와「암소」는 여성 명사이다.)
  - ◆ feminism[fémənizm]과 femininism[féməninizm]을 혼동하기 쉽다. 후자는「연약한 상태」또는「여자 특유의 말씨」를 뜻한다.
- ☞ The speaker emphasized feminism in femininism.
 (연사는 여자 특유의 말씨로 여권 신장론을 강조했다.)
  - ◆ feminine과 famine[fǽmin]도 혼동해서는 안된다. 후자는「식량 부족」「굶주림」을 말한다.
- ☞ It is deplorable that most people in North Korea have suffered from famine.
 (북한의 대다수 사람들이 굶주림에 시달려 왔다니 통탄할 일이다.)

페스티벌 (festival)

「축제」를 뜻하는 이 festival[féstəvəl]은「잔치」를 뜻하는 feast와 어원도 같고 의미도 거의 같다.「스페인·라틴 아메리카의 종교상 축제」를 fiesta[fiéstə]라 하는데 이 낱말이 feast가 되고 다시 festival이 되었다.

- Christmas and Easter are the most important feasts.
  (크리스마스와 부활절은 가장 중요한 축제일이다.)
- Every year the city has a summer music festival.
  (매년 그 도시는 여름철 음악제를 갖는다.)

페이퍼백 (paperback)

「표지가 얇은 종이로된 책」을 말한다. 따라서 이 paperback은 「값싼 문고본」을 말하기도 한다. 이 paperback에 대응하는 낱말은 hardback으로 「표지가 두꺼운 양장본」이다.

- Paperbacks are not only cheaper than the hardbacks but to the students they seem easier to read.
  (페이퍼백은 하드백보다 값이 쌀뿐 아니라 학생들에게는 읽기 편한 것처럼 보인다.)

펜팔 (pen pal)

「편지로 사귀는 친구」인 이 pen pal의 pal[pæl]은 집시인들이 쓰는 말로 형제(=brother)를 말한다.

- I miss you — I've no pal now.
  (네가 그립구나 — 지금 내게는 어떤 친구도 없다.)

◆ Ellen Roberts, a California teenager, was snowed under by an avalanche of Italian pen pals last fall.
(캘리포니아의 10대인 엘렌 로버츠는 지난 가을 이탈리아 펜 팔들의 편지가 쇄도하여 압도당했다.)

펩시 (pepsi)

「펩시콜라」로 잘 알려진 **pepsi**란 말은 「원기·기운」 또는 「원기를 북돋우다」를 뜻하는 pep에 -si라는 접미사를 붙인 상품명이다.

구어체 영어에서 흔히 쓰이는 이 pep이란 낱말은 강장제의 식물로 알려진 「후추」나 「고추」를 말하는 pepper에서 생긴 말이다. pep의 형용사는 peppy[pépi]로 「원기 왕성한」의 뜻이며 「위액속에 있는 단백질 분해 효소」를 pepsin[pépsin]이라 한다. 「기세를 고양하기 위한 집회」즉 「궐기 대회」를 pep rally라 한다.

또한 -pepsia의 꼴로 접미사가 되어 「소화(消化)」의 의미를 첨가하는데 대표적인 낱말에 dyspepsia(소화불량)가 있다. dys는 bad의 뜻인 접두사이다.

◆ A brisk walk after dinner will pep you up.
(식사후 활발하게 걸으면 기운이 날 것이다.)

◆ I had stuck at home so much that I could't help feeling pepped up at the idea of going to a party.
(나는 집안에 너무 틀어박혀 있었기 때문에 파티에 가야겠다

는 생각으로 고무되는 감정을 떨칠 수 없었다.)
- I've got to take time off to attend the pep rally.
  (나는 궐기대회에 나가기 위해 수업을 빼먹어야 하겠다.)

포럼 (forum)

「공개 토론회」란 뜻으로 유식층이 우리말에 흔히 섞어 쓰는 이 forum[fɔ́:rəm]은 「옛날 로마의 공적 집회 장소로 사용된 공공 광장」 또는 「공개 재판소, 법정」을 뜻했다.

- The word forum is now used as an assembly for discussing questions of public interest.
  (포럼이란 낱말은 이젠 대중적 관심사에 대한 여러 문제를 토의하는 모임으로 사용되고 있다.)
- An open forum was held last Tuesday evening.
  (지난 화요일 밤에 공개 토론회가 열렸다.)

포르노 (porno)

도색영화나 외설문학 등을 포르노라 하는데 이 말은 pornography[pɔ:rnágrəfi]의 준말이다. pornography는 희랍어로 「창녀」를 뜻하는 *porne*과 writing를 뜻하는 *graphy*가 합쳐진 것으로 원래 의미는 「창부 문학」을 말한다.

- **Local penalties against possession and distribution of pornography are small and not enforced effectively.**
  (외설물의 소지나 배포에 대한 지방의 처벌은 가벼워 효과적으로 시행되지 않고 있다.)

포인트 (point)

「소수점」 또는 「득점, 점수」의 뜻으로 우리가 흔히 쓰는 이 낱말 즉 point[pɔint]의 원뜻은 「뾰죽한 끝」이며 동사로는 「가리키다, 지시하다」를 나타낸다.

이 낱말이 사용된 관용구는 상당히 많으나 아주 중요한 것에 to the point가 있다. 뜻은 「핵심을 찌른」⇒「적절한, 딱 들어맞는」이다.

- **His speech was brief and to the point.**
  (그의 연설은 간략하고 적절했다.)

  ※ 이 point가 어근으로된 주요 낱말은 다음과 같다.
  ◆ appoint [əpɔ́int] ap(=toward)+point(=가르키다) ⇒「임명하다」

- **He was appointed postmaster.**
  (그는 우체국장으로 임명되었다.)

  ◆「임명」을 뜻하는 명사는 appointment이다.
  ◆ disappoint[disəpɔ́int]는 dis(=away)+appoint ⇒「요점을 벗어나다」⇒「(기대·목적을)어긋나게 하다, 실망시키다」이고 「실망」을 뜻하는 명사는 disappointment이다.

🔹 I have been too much familiar with disappointments to be very much chagrined.
(나는 실망에 너무 익숙해왔기 때문에 별로 분하지 않는다.)

포즈 (pose)

「자세(姿勢)」 또는 「자세를 취하다」를 뜻하는 이 pose[pouz]의 원뜻은 「두다, 위치시키다」로 「자기 몸매를 어떤 형태로 둔 상태」 ⇒ 「자세」가 되었다. position(위치)도 pose에서 생긴 말이다.

propose[prəpóuz]는 「제안하다」의 뜻인데 「앞에 두다」의 의미에서 생겼다.

dispose[dispóuz]는 「배치하다, 처리하다」를 말하는데 「떨어져(dis=apart) 두다」의 의미에서 생겼다.

depose[dipóuz]는 「아래에 두다」 ⇒ 「퇴임시키다」이고 impose는 「안에 두다」 ⇒ 「(의무 등을) 부과하다」를 뜻한다.

🔹 She takes the pose of being an invalid when really she is well and strong.
(그녀는 실제 건강하고 튼튼한데도 아픈 것처럼 태도를 취한다.)

🔹 Man proposes, God disposes.
(인간은 계획하고 하나님은 처리한다.)

🔹 Did the king abdicate or was he deposed?
(왕은 양위했는가 아니면 쫓겨났는가?)

🔹 The judge imposed a fine of $10,000 on the guilty man.

(판사는 죄인에게 1만달러의 벌금을 부과했다.)

※ propose는 「청혼하다」. proposal은 「결혼 신청」의 뜻으로도 많이 쓰인다.

👉 He proposed marriage to Margaret.
(그는 마가렛에게 결혼을 신청했다.)

포지티브 (positive)

「사진의 양화 (陽畵)」를 말하며 「음화(陰畵)」는 「네거티브」라 한다.

positive[pázətiv]의 원뜻은 **「명확한」** 또는 **「적극적인」**을 말하며 negative[négətiv]는 「부정적인」 또는 「소극적인」을 말한다.

👉 Light is a positive thing; darkness is only the absence of light.
(빛은 존재하는 것이며 암흑은 오직 빛이 없음을 말할 뿐이다.)

👉 Don't just make negative criticisms; give us some positive help.
(부정적 비평만 하지 말고 좀 적극적인 도움을 우리에게 달라.)

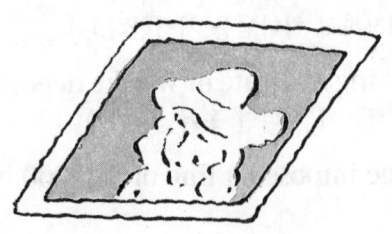

포파이 (Popeye)

「미국 만화의 주인공」에 Popeye가 있는데 선원으로 퉁방울 눈을 하고 있다.

pop eye는 「튀어나온 눈」을 말하는데 pop이란 낱말은 「펑 하고 터지다」 또는 「눈알이 튀어 나오다」를 말한다.

- He looked as if his eyes were going to pop out in surprise.
  (그는 놀라서 눈알이 튀어나올 것 같았다.)
- The chestnuts were popping in the fire.
  (밤이 불속에 펑펑 튀고 있었다.)

퓨즈 (fuse)

「전기 회로에 과대한 전류가 흐르면 곧 녹아 회로를 닫아 위험을 방지하는 금속물」을 말한다. 따라서 이 fuse[fju:z]는 「녹이다」의 동사로도 많이 쓰인다.

- Copper and zinc are fused to make brass.
  (구리와 아연을 녹여 놋쇠를 만든다.)
  - ◆ 이 fuse 앞에 여러가지 접두사가 붙어 다양한 의미의 낱말을 만들었다.
    confuse[fənfjú:z] 「함께 녹이다」 ⇒ 「혼란시키다」
    infuse[infjú:z] 「안으로 녹이다」 ⇒ 「주입시키다」

effuse[ifjú:z] 「밖으로 녹이다」 ⇒ 「발산시키다. 스며나오게 하다」
profuse[prəfjú:s] 「앞으로 녹아 내리다」 ⇒ 「풍부한」
refuse[rifjú:z] 「뒤로 녹이다」 ⇒ 「거절하다」
transfuse[trænsfjú:z] 「녹여서 옮기다」 ⇒ 「수혈하다」

- The injured man had lost so much blood that he needed an immediate transfusion.
  (그 부상자는 피를 너무 많이 잃었기 때문에 즉각적인 수혈이 필요했다.)

- They were profuse in their praise.
  (그들은 지나칠 정도로 칭찬했다.)

- The captain infused his own courage into his soldiers.
  (대위는 병사들에게 자신의 용기를 주입했다.)

프라이버시 (privacy)

「사사로운 일이 남에게 공개되지 않고 또 간섭을 받지 않는 개인의 자유」를 말한다. 「누구나 자신의 프라이버시가 침해되는 것을 용납하지 않는다」 등으로 쓰인다.

이 **privacy**[práivəsi]는 「사적(私的)인」 또는 「내밀의」를 말하는 private[práivət]의 명사형이다.

- A diary is a private journal.
  (일기는 사적 기록이다.)

- He told me his reasons in strict privacy.
  (그는 아주 은밀히 자신의 이유를 내게 말했다.)

프랜차이즈 (franchise)

「특약 가맹점 모집」 또는 「프렌차이즈 희망자 모집」이란 광고문을 종종 대하는데 이 franchise[fræntʃaiz]는 「**독점 판매권**」의 뜻 외에 「**특권, 선거권**」을 말한다.
「**(운동 경기의) 방송권**」도 franchise라 한다.

- The city granted the company a franchise to operate buses on the city streets.
  (시는 시내 도로에서 버스를 운행해도 좋다는 특권을 그 회사에 부여했다.)
- The United States granted women the franchise in 1920.
  (미국은 1920년 여성들에게 선거권을 허용했다.)

프로 (professional)

「아마추어」의 반대말인 이 「프로」는 professional[prəféʃnəl]의 준말로 「**직업 선수**」를 말하는데 영어에서는 줄여서 쓰지 않는다. professional은 형용사로 많이 쓰이는데 「직업의, 전문직의」를 말한다.

- A lawyer or a doctor is a professional person.
  (변호사나 의사는 전문직인 사람이다.)

☞ Only one member of the band is a professional; the others are amateurs.
(그 악단 중 한 사람만이 프로이고 나머지는 모두 아마추어이다.)

프로젝트 (project)

「계획」이나 「기획」이란 뜻으로 사업가나 공무원들이 흔히 쓰는 이 **project**[prádʒekt]는 「앞으로」의 뜻을 가진 접두사 *pro*-에 「던진다」를 뜻하는 라틴어 어근인 *ject*가 결합된 것이다.

따라서 이 낱말은 「**계획, 기획**」이란 명사뿐 아니라 「**발사하다, 내뿜다**」의 동사로도 많이 쓰인다.

그러므로 projector는 「계획자」의 뜻과 「영사기, 투사기」의 두가지 뜻이 있다.

☞ Flying in a heavy machine was once thought an impossible project.
(무거운 기계를 타고 하늘을 날으는 일은 과거에는 불가능한 계획으로 생각되었다.)

☞ Motion pictures are projected on the screen.
(영화가 스크린에 투사되고 있다.)

◆ throw를 뜻하는 어근인 ject 가 내포된 주요 영어 낱말은 다음과 같다.
inject[indʒékt] 「안으로 던지다」 ⇒ 「주입하다. 주사놓다」
※ 「주사」 ⇒ injection

- The dentist injected the boy's gums with novocaine.
(치과의사는 소년의 잇몸에 노보카인을 주사했다.)
    - reject[ridʒékt] 「뒤로 던지다」 ⇒ 「거절하다」
- He tried to join the army but was rejected because of poor health.
(그는 군에 입대하려 애썼으나 건강이 나빠 거절되었다.)
    - object; ob(=toward)+ject(=throw) ⇒ 「~을 향해 던지다」 ⇒ 「반대하다」
- Do you object to my going now?
(당신은 내가 지금 가는 것에 반대하나요?)
    - deject; de(=down)+ject(=throw) ⇒ 「아래로 던지다」 ⇒ 「낙담시키다」
- His troubles did not long deject him.
(그의 고난이 그를 오래 낙담시키지는 않았다.)
    - subject; sub(=under)+ject(throw) ⇒ 「밑으로 던지다」 ⇒ 「복종시키다」
- Ancient Rome subjected all Italy to her rule.
(고대 로마는 전 이탈리아를 그의 통치 아래 복종시켰다.)
    - eject[idʒékt] e(=out)+ject(=throw) ⇒ 「밖으로 던지다」 ⇒ 「축출하다. 방출하다」
- The volcano ejected lava and ashes.
(화산은 용암과 재를 분출했다.)
    - interject[intərdʒékt] inter(=between)+ject(throw) ⇒ 「사이에 던지다」 ⇒ 「불쑥 말하다. 사이에 끼워 넣다」
    ※ 「감탄사」 ⇒ interjection
- Every now and then the speaker interjected a joke or story to keep us interested.
(연사는 가끔 우리의 흥미를 지속시키려고 농담이나 이야기를 중간에 넣었다.)

프로펠러 (propeller)

비행기나 배를 앞으로 나가게하는 「**추진기(推進機)**」를 일컫는 이 **propeller**[prəpélər]는 toward를 뜻하는 접두사 *pro-*와 drive를 뜻하는 라틴어 어근인 *pel*에 「기구」를 뜻하는 접미사 *-er*가 결합된 낱말이다.

pel(=drive)을 내포한 영어의 주요 낱말은 다음과 같다.

♦ repel[ripél] re(=back)+pel(=drive) ⇒ 「뒤로 몰다」 ⇒ 「격퇴하다. 물리치다」

▪ Oil and water repel each other.
(기름과 물은 상극이다.)
▪ We can repel bad thoughts.
(우리는 나쁜 생각을 물리칠 수 있다.)

♦ impel[impél] im(=in)+pel(=drive) ⇒ 「안으로 몰다」 ⇒ 「재촉하다」

▪ He was impelled by strong emotion.
(그는 격한 감정에 휘말렸다.)

♦ dispel[dispél] dis(=apart)+pel(=drive) ⇒ 「사방으로 몰다」 ⇒ 「(근심, 걱정)을 없애다」

▪ Work dispels boredom.
(일하면 권태가 사라진다.)

♦ expel[ikspél] ex(=out)+pel(=drive) 「밖으로 몰다」 ⇒ 「내쫓다」

▪ They expelled invaders from their country.
(그들은 침략자를 자기 나라에서 내쫓았다.)

프로필 (profile)

「**사람의 옆얼굴**」을 뜻하는 이 말이 현재 매스콤에서는 「**인물 소개**」로 쓰이고 있다.

이 profile[próufail](※발음에 유의)은 라틴어 **profilare**의 변형으로 「윤곽을 그리다」의 뜻이다.

다음 예문에서와 같이 사용된다.

- In profile his long nose stuck out quite far.
 (옆얼굴의 그림에서 그의 긴 코가 아주 멀리 튀어 나와 있었다.)
- The engineer gave a detailed profile of the project.
 (그 엔지니어는 그 사업의 자세한 개요를 말해 주었다.)

프리랜서 (free-lancer)

「어느 한 집단에 예속되지 않고 자유 계약에 의하여 활동하는 작가」를 말한다.

free lance는 「중세기에 어느 영주에게 소속되지 않은 무사」를 말한다. lance[læns]는 「(槍)」 또는 「창기병」을 뜻한다.

이런 「**자유 계약의 작가**」를 free-lancer 또는 free-lance writer라 한다. free-lance가 동사로 쓰이면 「**자유 계약으로 활동하다**」가 된다.

☞ He is one of the very few outstanding modern-jazz figures who prefer to free-lance on records rather than sign an exclusive contract with one of the record companies.
(그는 현대 재즈의 몇 안되는 뛰어난 인물중 한 사람인데 그는 어느 한 레코드 회사와 전속 계약을 맺기보다 자유롭게 활동하기를 더 좋아한다.)

프리미엄 (premium)

「웃돈」으로 널리 쓰이는 이 premium[príːmiəm]은 「보수(=reward)」를 뜻하는 라틴어 *praemium*의 변형이다.

이 낱말은 「웃돈」 외에 「상금」, 「보험료」 등을 뜻하기도 한다.

☞ Mr. Brown has to pay 6 per cent interest on his loan, and also a premium of two hundred dollars.
(브라운씨는 대부금에 대해 6퍼센트의 이자를 물어야 하고 또한 200달러의 웃돈을 주어야 한다.)

☞ Giving money to beggars may put a premium on idleness.
(거지에게 돈을 주는 것은 게으름에 프리미엄을 얹혀 주는 것이 된다.)

플라스틱 (plastic)

「합성 수지」 또는 「플라스틱 제품」으로 우리가 잘 아는 이 plastic[plǽstik]의 기본적 의미는 「**조형(造形)의**」 또는 「**형성력이 있는**」이다.

따라서 「성형 외과」를 plastic surgery라 하며 「성형 수술」을 plastic operation이라 한다.

이 plastic은 「자연적인」 것에 반대되는 「인공적인」 것으로도 쓰인다.

> Now that so many of the young seem to wear their hearts on their sleeves, it is hard to tell which ones are real and which ones are plastic.
> (너무 많은 젊은이들이 감정을 감추지 않고 드러내 말하기 때문에 어느 것이 참되고 어느것이 만든 말인지 알기 어렵다.)

피겨 스케이팅 (figure skating)

「빙판 위에 여러가지 도형을 그리는 기교적 스케이팅」을 말하므로 이 **figure skating**의 figure[fígjər]는 「그림, 도형」을 뜻한다. 이 낱말은 위의 의미 외에 「숫자」, 「형상」, 「인물상」, 「외관」 등 많은 뜻이 있다.

동사로 사용되면 「계산하다」, 「생각하다」 등을 말한다.

● Circles, triangles, squares, cubes, and spheres are geometrical figures.
(원, 삼각형, 4각형, 입방체, 구형은 기하학적 도형이다.)

● Hamlet is the most enigmatic figure in Shakespeare.
(햄릿은 셰익스피어 작품에서 가장 수수께끼같은 인물이다.)

● Learning is normally represented by the figure of a torch.
(학문은 통상 횃불의 상징으로 표현된다.)

● Please figure out how much I owe you.
(제가 얼마를 지불해야 하는지 계산해 주세요.)

피날레 (finale)

「(음악의) 종악장」 또는 「(연극의) 종국, 대단원」을 말할 때 흔히 쓰는 이 낱말의 철자와 발음은 finale[finǽli]인데 이탈리아어가 그대로 영어에서 쓰이고 있다.

「마지막의, 최후의」를 말하는 final[fáinl]에서 알다시피 *fin*은 「끝」, 「한계」를 뜻한다. finish[fíniʃ]는 「끝내다」 또는 「마지막, 완결」을 말한다는 것은 누구나 알고 있다.

◆ confine[kənfáin]은 「한계안에 가두다」 ⇒ 「제한하다」를 말한다.

● I will confine my remarks to the cause of the War of 1812; the next speaker will discuss its result.
(나는 1812년의 전쟁이 일어난 원인에 대해서만 내 설명을 제한하겠습니다. 다음 연사가 그 결과를 논할 것입니다.)

※ 이 외에 fin-을 어근으로 한 낱말은 다음과 같다.
  ◆ finis[fínis] 「끝」,「최후」,「죽음」

●◆ The word finis on the screen indicates that the film has ended.
(스크린에 나온 「피니스」란 말은 영화가 끝났음을 알린다.)
  ◆ definitive[difínitiv] 「결정적인. 최종적인」

●◆ Mother gave a definitive answer; we could not go out unless we finished our homework first.
(어머니는 우리가 숙제를 먼저 하지 않으면 외출할 수 없다는 단호한 대답을 했다.)
  ◆ definite[défənit] 「한정된. 명확한」

●◆ I expect a definite answer, either yes or no.
(예 또는 아니오의 명확한 답을 기대한다.)
  ※ 부정 접두사 in-이 붙은 indefinite는 「명확하지 않은. 애매한」을 말한다.

●◆ "Maybe" is a very indefinite answer.
(「아마」라는 말은 아주 애매한 답이다.)
  ◆ finite[fáinait]는 「끝이 있는」⇒「한정된」이고 infinite[ínfənit]는 「무한한」을 말한다.

●◆ The interpretation also suggests how an intinite world could be represented by a geometry with finite lines.
(그 설명은 또한 유한의 선들로된 기하학으로 어떻게 무한한 세상을 제시할 수 있는가를 말한다.)
  ◆ affinity[əfínəti]는 af(=toward)+fin(=limit) ⇒ 「한계에 두다」⇒ 「유사성. 친화력」을 말한다.

●◆ There is an affinity among classmates that is often as strong as loyalty to one's family.
(학우들간에는 때때로 가족에 대한 충실성만큼이나 강력한 친화력이 있다.)

피드백 (feedback)

「출력 에너지의 일부를 입력 에너지로 반환시키는 조작」 또는 컴퓨터에서 「출력 신호를 제어·수정의 목적으로 입력측에 돌리는 것」을 말하는 이 feedback[fíːdbæk]의 feed는 「먹이를 주다」, 「공급하다」를 뜻하므로 글자대로의 의미는 「거꾸로 공급하다」가 된다.

feed가 쓰인 속담 3개

1. Feed a cold and starve a fever.
   (감기에는 먹고 열병일 때는 굶어라.)

2. Well fed, well bred.
   (잘 먹어야 예절을 안다.)

3. One father can feed seven children, but seven children cannot feed one father.
   (한 사람의 아버지가 일곱 자녀를 먹일 수 있으나 일곱 자녀는 한 아버지를 먹일 수 없다.)

피알 (PR)

「홍보(弘報), 선전」을 public relations라 한다. 꼴은 복수형이나 단수로 취급된다.

➤ Public relations is an essential activity to an organization which tries to win the favor of the

general public.
(피알은 대중의 호감을 얻고자 하는 조직체에 필수적 활동이다.)

피켓 (picket)

「파업 배반자를 막기 위한 감시인」의 뜻으로 사용되는 이 picket[píkit]의 원래 뜻은 「뾰죽한 말뚝」이다. 군사 용어로는 「보초, 경계병」을 말하며 picket line은 「보초선, 경계선」과 「파업 감시선」을 말한다.

- Pickets were posted on all sides of the camp.
  (경계병들이 부대의 사방에 배치되었다.)

- Pickets had been removed and workers had returned to their jobs at twelve different plants where they had been on strike.
  (파업 감시인들이 철수하고 노동자들은 파업한 12개의 각 공장의 맡은 일에 복귀했다.)

픽션 (fiction)

「꾸며낸 이야기」를 말하며 「실화」를 「논픽션」이라 한다.
fiction이나 non-fiction의 어근인 라틴어 fic(또는 fact, fect)는 「만들다」의 뜻이다.

factory는 「물건을 만드는 곳」⇒「공장」이다.

※ -tory는 「장소」를 나타내는 접미사이다. observatory(관측소), laboratory(실험실), conservatory(온실) 등이 예(例)이다.

factor는 「어떤 현상을 만드는 것」⇒「요인, 인자」이다.
proficient「앞으로 나오게 만든」⇒「숙달된」
difficult「만드는 것을 막는」⇒「곤란한」
artficial「인공으로 만든」⇒「인공의」
confection「여러가지 재료를 섞어 함께 만든 것」⇒「과자」
facile「만들기 쉬운」⇒「용이한」
affectation「만들어낸 것」⇒「꾸민 태도, 가식」
perfect「철저하게 만들어진」⇒「완전한」
defective「나쁘게 만들어진」⇒「결함이 있는」

- The explorer exaggerated so much in telling about his adventures that it was impossible to separate fact from fiction.
(그 탐험가는 자기의 모험에 대해 너무나도 과장하여 사실과 꾸민 이야기를 가려내기가 불가능했다.)

- She was very proficient in music.
(그녀는 음악에 아주 능숙했다.)

- Her roughness is an affectation; she is really a quiet, gentle girl.
(그녀의 거친 행동은 꾸민 것이다; 그녀는 실제 조용하고 유순한 소녀다.)

- A watch with defective parts will not keep time.
(결함이 있는 부품의 시계는 시간이 맞지 않을 것이다.)

핀치 (pinch)

「핀치에 몰리다」란 「위기 또는 절박한 상황에 몰리다」를 말하는데 이 pinch[pintʃ]의 원 뜻은 「꼬집다」, 「꼬집기」를 말한다. 따라서 「찌르는 듯한 아픔」을 나타내기도 한다.

- I will help you in a pinch.
  (위급할 때는 당신을 돕겠다.)
- Father pinched the baby's cheek playfully.
  (아버지는 장난으로 애기의 뺨을 살짝 꼬집었다.)
- These shoes pinch my feet.
  (이 구두가 내 발을 꽉 죈다.)

   ◆ 이제 야구에서 핀치 러너(=pinch runner), 핀치 히터(=pinch hitter)가 어떤 경우에 나가게 되는지 알 것이다.

필하모닉 (philharmonic)

교향악단을 「필하모닉 오케스트라」라고도 하고 「심포니 오케스트라」라고도 한다.

philharmonic[filəmánik]은 「사랑하는」을 뜻하는 phil-이 붙어 「하모닉(=조화)을 사랑하는」 ⇒ 「음악을 좋아하는」이며 [símfəni]는 「같은」을 뜻하는 sym-에 「소리」를 뜻하는 phony가 붙은 말로 「소리가 한결같음」을 나타낸다.

phil-은 희랍어 philein의 어근으로 많은 낱말을 만들었다.

미국 독립운동의 발상지인 Philadelphia는 *phil+adelphos*(=brother)의 합성어로「형제애가 넘치는 고장」이란 의미이다.

영미인의 흔한 이름인 Philip은 *phil+hippos*(=horse)의 합성어로「말을 사랑하는 사람」을 뜻한다.

「철학」을 philosophy[filásəfi]라 하는데 이것은 phil+sophy(=wisdom)로「지혜에 대한 사랑」을 말한다.

harmony는 희랍어 *harmonia*에서 생긴 말로「소리의 일치」를 뜻한다. harmonize[háːrmənaiz]는「소리를 일치하게 하다」⇒「조화시키다」이며 형용사는 harmonic 외에 harmonious[hɑːrmóuniəs]가 있는데「화음을 이룬」을 말한다.

- ❧ The colors in the room harmonized to give a pleasing effect.
  (그 방의 색채들은 조화를 이루어 기분좋은 효과를 주었다.)
- ❧ The children played together in a harmonic group.
  (아이들은 사이좋게 모여 함께 놀았다.)

하드 웨어 (hardware)

「컴퓨터의 기계·설비」를 말하는데 원래의 뜻은 「**쇠붙이, 철물**」이다.

※ 소프트 웨어를 참조하라.

- Software industry requires brain; hardware industry requires money.
  (소프트 웨어 산업은 두뇌가 필요하고 하드 웨어 산업은 돈이 필요하다.)

- Military weapons or equipment such as tanks, guns, and airplanes belong to hardware.
  (탱크, 대포, 항공기와 같은 무기나 군사 장비는 하드 웨어에 속한다.)

하이라이트 (highlight)

「가장 밝은 부분」 또는 「빛나는 장면」을 말하는데 때로는 「가장 흥미있는 사건」 또는 「가장 중요한 점」을 말하기도 하는 이 highlight[háilàit]가 동사로 쓰이면 「돋보이게 하다, 강조하다」를 말한다.

- The highlights of the circus were the daredevil jumps and the dancing clowns.
  (그 서커스의 가장 빛나는 부분은 위험하기 짝이 없는 점프와 춤추는 광대들이었다.)

- Now I would like to highlight some of the main features of the past year.
  (이제 저는 지난 해의 중요한 특징중 몇가지를 강조하고 싶습니다.)

하이잭 (hijack)

「공중 납치」를 뜻하는 이 hijack[háidʒæk]은 비행기가 널리 보급된 후 생긴 말이기 때문에 비교적 역사가 짧은 낱말이다. 「공중 납치범」을 hijacker라 한다.

- The insurgents Tuesday turned over 31 people seized in two hijacked Cuban airliners.

(반란자들은 납치된 두 대의 쿠바 항공기에 붙잡혀 있던 31명을 화요일에 인계했다.)

■◆ Michael said they were well looked after during the hijack but it was a frightening experience because the guerrillas filled the cockpit with explosives.
(마이클은 말하기를 그들은 납치된 동안 대우는 잘 받았으나 게릴라들이 조종실에 폭탄을 잔뜩 설치했기 때문에 무서운 경험이었다고 했다.)

핫머니 (hot money)

이 hot money의 문자 그대로의 뜻은 「뜨거운 돈」이나 경제학 용어로 「국제 금융 시장에서 고리(高利)를 노려 유동하는 단기 자금」을 말한다.

다음은 「이코노미스트」지의 기사 중 일부이다.

■◆ There has been no sudden surge of hot money from France into the mortgage market, for the French government is keeping a stern eye on bank balances.
(프랑스로부터 투기 시장으로 단기 자금이 갑작스럽게 유입되는 사태는 없었다. 왜냐하면 프랑스 정부가 은행 잔고를 엄격히 감시하고 있기 때문이다.)

해커 (hacker)

「개인 컴퓨터를 사용하여 다른 기관이 입력한 자료를 빼내는 컴퓨터 침해자」를 말하는 이 hacker[hǽkər]의 원래 뜻은 「**컴퓨터광**」이다. hacker는 「hack하는 사람」을 말하는데 hack은 「마구 자르다」의 뜻 외에 「컴퓨터 프로그래밍에 열중하다」의 뜻도 있다.

> He hacked the meat into jagged, irregular pieces instead of slicing it evenly.
> (그는 고기를 고르게 자르지 않고 아무렇게나 들쭉날쭉한 조각으로 잘랐다.)

핸들 (handlebar)

우리가 흔히 쓰는 「자동차 핸들」은 실제 영어에서는 steering wheel이라 한다. 「자전거 핸들」은 handlebar이다.

handle[hǽndl]은 「**손잡이**」 또는 「**다루다, 취급하다**」를 뜻한다.

> This is glassware. Please handle with care.
> (이것은 유리제품입니다. 조심스럽게 다루세요.)
>
> ※ 이 handle은 「손잡이」외에 「틈탈 기회」 또는 「구실」의 뜻으로도 가끔 쓰인다.

●❖ Don't let your conduct give any handle for gossip.
(네 행동이 남의 입에 오르내리는 구실이 되게 하지 말아라.)

핸디캡 (handicap)

「곤란, 불이익」의 의미로 우리말에 흔히 섞어 쓰는 이 handicap[hǽndikæp]이란 낱말에서 얼른 두 개의 낯익은 낱말 즉 hand와 cap이 눈에 띈다. hand in cap의 합성어인데 옛날 놀이의 일종으로「모자 안에 벌금 제비가 들어 있고 그 것을 뽑은 사람이 벌금을 내었다.」

이 낱말의 형용사 꼴인 handicapped도 아주 흔하게 쓰이는 데 특히「심신 장애의」를 나타낼 경우가 많다.

●❖ A sore throat is a handicap to a singer.
(목이 아픈 것은 가수에게는 핸디캡이다.)

●❖ The program is designed to show that the physical, mental, social, and emotional needs of the handicapped person are not different from those of other people.
(그 프로는 장애자의 육체적, 정신적, 사회적, 감정적 욕구가 다른 일반인들의 그것과 전혀 다르지 않다는 것을 보여주기 위해 계획되고 있다.)

●❖ Genius may have its limitation, but stupidity is not thus handicapped.
(천재에게는 한계가 있을지 모르나 바보에게는 그런 불리한 제약은 없다.)

햄버거 (hamburger)

「잘게 다진 쇠고기나 돼지고기를 양파에 둥글게 뭉쳐 구운 햄버거 스테이크를 둥근 빵 사이에 끼운 샌드위치」를 말하는데 이 낱말의 철자는 hamburger[hǽmbəːrɡər]이다.
　짐작할 수 있듯이 이 음식은 독일의 항구 도시인 Hamburg가 그 발상지이다.

　☞ I usually have a hamburger for lunch.
　　(나는 점심 식사로 보통 햄버거를 먹는다.)

핸커치프 (handkerchief)

「손수건」을 뜻하는 이 handkerchief는 두 개의 신체부위를 나타내는 명칭을 내포한 흥미있는 낱말이다. chief는 알다시피 「우두머리」를 뜻하는데 프랑스어로 (=head)를 말한다. 이 낱말의 변형인 chef는 「부엌의 우두머리」 즉 「주방장」을 말하며 achieve라는 동사는 「머리에 이르다」 ⇒ 「달성하다」로 쓰이게 되었다.
　따라서 handkerchief는 「손」과 「머리」의 뜻이 내포되어 있다. 그런데 이 「손수건(=handkerchief)」이 생기기 전에 이미 있었던 「머리에 쓰는 스카프」를 kerchief라 했다. ker는 cover를 의미하여 「머리를 감싸는 것」을 말한다.

그런데 사람들이 「머리 스카프」와 비슷한 것으로 손에 들고 다니는 헝겊의 명칭이 필요하자 kerchief 앞에 hand를 붙여 handkerchief라 부르게 되었다.

- Don't forget to take a handkerchief with you.
  (손수건을 잊지말고 갖고 가세요.)
- This hotel has a marvelous chef.
  (이 호텔에는 아주 훌륭한 주방장이 있어요.)
- You'll be able to achieve your goals if you work hard.
  (열심히 일한다면 목적을 달성할 수 있을 것이다.)

호모 (homo)

「동성연애를 하는 남자」를 말하는 이 「호모」는 homosexual [hòumənsékʃuəl]의 준말이다. gay[gei]라고도 한다. 「동성애를 하는 여자」를 「레즈비안」이라 하는데 철자는 lesbian[lézbiən]이다.

homo-는 접두사가 되어 주요한 영어 낱말을 다수 만들었는데 라틴어로 same의 뜻이다. 이 *homo*의 반대말은 *hetero* [hétərou]로 different의 뜻이다.

homogeneous[hòumədʒí:niəs]는 「동질의」를 뜻하며 homogenize[houmádʒnàiz]는 「질을 균등하게 하다」를 말한다.

🐝 When every house on the block has the same exterior, the result is a homogenous dullness.
(구역내의 모든 집이 같은 외관을 하면 그 결과는 균등이 주는 따분함이 된다.)

◆ heterogeneous[hètərədʒíːniəs]는 「이질적인」을 말한다.

🐝 Many different racial and cultural groups are to be found in the heterogeneous population of a large city.
(대도시의 이질적 사람들 속에서 많은 상이한 인종과 문화 집단들을 볼 수 있다.)

호스텔 (hostel)

「**청소년 숙박소**」를 youth hostel이라 하고 youth hotel이라 하지 않는다. 우리가 흔히 사용하는 hotel은 바로 이 hostel에서 s자가 빠진 것이다. 「손님을 접대하는 주인」을 host[hɔst]라 하고 「여자 접객인」을 hostess[hóstis]라 함은 누구나 알 것이다. 고대 프랑스어 hoste나 라틴어 hospes는 guest를 뜻했다. 따라서 hostel은 guest house의 뜻이다. 라틴어 hospes에서 생긴 hospital(병원)역시 원뜻은 「손님을 맞이하는 곳」이었다. 「손님을 따뜻이 맞이 하는」을 나타내는 형용사는 hospitable[hóspitəbl]이고 「환대」를 뜻하는 명사는 hospitality[hɔ̀spətǽləti]이다.

▆❤ People who want progress should be hospitable to new ideas.
(발전을 원하는 자는 새로운 개념을 환영해야 한다.)

호치킷츠 (Hotchkiss)

「손잡이를 누르면 쇠바늘이 튀어나와 종이를 매는 기구」를 말하는 이 Hotchkiss[hátʃikis]는 이 기구의 상표명이고 실제 이 기구의 영어 명칭은 **stapler**[stéiplər]이다. staple은 「U자 못」을 말하거나 「스테이플러로 매다」의 뜻이다.

▆❤ I stapled together the pages of my report.
(나는 내 보고서의 페이지들을 스테이플러로 매었다.)

호프 (hof)

길을 가다보면 생맥주 파는 집의 간판에서 「호프」라는 어휘를 보게 되는데 이 말은 영어가 아니다. 어떤 사람은 이 「호프」가 영어의 **hop**[hɔp]로 「맥주에 쓴 맛을 내는 열매」에서 딴 것이라 하나 사실은 독일어 hof이다. 이 hof는 「광장(=plaza), 안마당(=court)」 또는 「저택(=mansion)」을 뜻한다. 영국의 술집을 public house라 하듯이 많은 시민들이 「넓은 빈 터」인 hof에 모여 맥주를 마신데서 「맥주집」을 말하게 되었다.

히스테리 (hysteria)

「병적 흥분」이나 「광란」을 뜻하는 이 말의 영어 표기는 hysteria[histériə]인데 「자궁」을 뜻하는 희랍어 *hystera*의 변형으로 여성들의 「신경질적 흥분」을 「히스테리」라 불렀다. 형용사는 hysterical로 「병적으로 흥분한, 신경질적인」을 말한다.

> This hysterical girl was unable to stop her violent laughing and crying.
> (이 신경질적 소녀는 격렬한 웃음과 울음을 그칠 수 없었다.)

히트 (hit)

「때리다, 치다」의 뜻인 이 hit는 야구 용어로 「안타」를 나타내게 되었고 이것이 발전하여 「대 성공」을 뜻하게 되었다. 이런 뜻으로 쓰이는 것 외에 「어떤 장소에 도착하다」 또는 「생각이 떠오르다」를 나타낼 때도 흔히 쓰인다.

> When you hit Hong Kong, call me up without fail.
> (홍콩에 도착하시면 꼭 전화해 주시오.)

🖘 It hit me all of a sudden that I'd made a mistake.
(내가 실수를 저질렀다는 생각이 갑자기 떠올랐다.)

힌트 (hint)

「암시」또는「암시하다」의 뜻으로 우리가 흔히 쓰는 이 hint[hint]는 suggest와 동의어로「상대방에게 생각나게 하다」를 의미한다. 다만「힌트」는 간접적으로 suggest함을 말한다.

🖘 She hinted that she wanted to go to bed by saying, "Do you often stay up this late?"
(그녀는 자고 싶다는 암시로 이렇게 말했다.「당신은 가끔 이렇게 늦도록 자지 않나요?」)

🖘 The thought of summer suggests swimming, tennis, and hot weather.
(여름을 생각하면 수영, 테니스, 더운 날씨가 떠오른다.)

◆ insinuate[insínjuèit] 역시 hint와 동의어이나 이는「교묘하게」의 뉘앙스를 포함하여「빗대어 말하다」또는「비아냥 투로 말하다」를 뜻한다.

🖘 Are you insinuating that I am a liar?
(당신은 내가 거짓말쟁이라고 빗대어 말하는가?)

저자소개
손길영

- 미국 대사관 연구관 / 미국 Father Duenas Memorial 고교 영어 강사 / 연세대. 한국외대 강사 / 미국 USIS 후원 창작 영시화전 개최 / 문공부 전문위원 / KBS, MBC, CBS TOEFL 강좌
- 저서: 통역대화체 영작문. 초급 영작문 연구. 고급 시사 영작문. NEW TIME ESSAY, MBC TOEFL, CBS TOEFL, G-TOEIC 외 다수
- 역서: 위대한 욕망 외 다수
- 現 서강대 영문과 교수 / 한국외대 교육대학원 강사 / 국제 팬클럽 회원

우리말로 쓰는 영단어 값 9,500원

1판2쇄 2010년 2월 15일 인쇄
1판2쇄 2010년 2월 25일 발행

저　　자/ 손길영 교수

발 행 처/ 서림문화사
발 행 자/ 신 종 호
주　　소/ 서울 종로구 종로 6가 213-1
　　　　　(영안빌딩 101호)
홈페이지/ http://www.kung-fu.co.kr
　　　　　http://www.tutodown.com
전　　화/ (02)763-1445, 742-7070
팩시밀리/ (02)745-4802

등　　록/ 제1-218호(1975.12.1)
특허청 상호등록/ 022307호

ⓒ1997 Seolim Publishing Co., Printed in Korea
ISBN 89-7186-328-5 13740
ISBN 89-7186-006-5(세트)